Wasser im Garten

Hubert Hendel
Peter Keßeler

Wasser im Garten

Von der Vogeltränke zum Naturteich
Natürliche Lebensräume selbst gestalten

Inhalt

Eisvogel

Einleitung

Regen ist über das Land gezogen und hat im heißen Sommer nicht nur wohltuende Abkühlung gebracht, sondern auch die Erde getränkt – silbern glänzen die Tropfen auf den Blättern. In den Unebenheiten der Wege haben sich Pfützen gebildet, in denen lärmende Spatzenfamilien baden. Selbst die kleinste Pfütze – am nächsten Tage durch die wärmende Sonne vielleicht schon ausgetrocknet – zieht für eine kurze Zeit Lebewesen an und erfüllt damit eine wesentliche Aufgabe im Kreislauf des Naturgeschehens.
Wo Wasser ist, ist auch Leben.
In größeren Bodensenken bilden sich Tümpel, die das Wasser wochen- oder monatelang halten. In dieser wechselfeuchten Zone entsteht schon ein stabiler Lebensraum. Nach einer langen Trockenperiode bleibt zwar nur eine Schlammfläche, die jedoch, selbst wenn sie fast ganz austrocknet, Kleinlebewesen wie Strudel- und Fadenwürmer, Flohkrebse und Rädertierchen beherbergt. Auch viele Pflanzenarten wie Binsen oder Schilf stellen sich auf den unregelmäßigen Trocken-Naß-Rhythmus ein und finden im Tümpel einen wechselfeuchten Lebensraum.
Bei regelmäßiger Wasserzufuhr und weitgehend undurchlässigem Untergrund bilden sich Sumpfzonen, die einen beständigen Lebensraum für eine vielfältige Pflanzen- und Tierwelt bieten.
Überschüssiges Wasser, das der Boden nicht mehr aufnehmen kann, läuft talwärts ab. Erst in kleinen Rinnsalen, die sich zu Bächen sammeln und Teiche, Seen und Flüsse speisen, die dann das Wasser dem Meer zuführen.
Durch die Verdunstung des Wassers über dem Land und dem Meer bilden sich Wolken, die wieder das Land beregnen und damit den Kreislauf des Wassers als wichtigster Lebensgrundlage schließen.

Ob Pfütze, Tümpel, Feuchtgebiet, Bachlauf, See, Fluß oder Meer, die Gewässer prägen und beleben das Landschaftsbild auf ihre eigene Art und niemand kann sich dem Reiz des mannigfachen Lebens an und im Wasser entziehen.
Obwohl mit Hilfe modernster Techniken die Tiefen der Seen und Meere inzwischen weitgehend erforscht sind, übt das Wasser eine geheimnisvolle Anziehungskraft auch auf den gestreßten Menschen der heutigen Zeit aus.
Durch rücksichtslose Baumaßnahmen und die Ausbeutung der Landschaft haben sich erhebliche Strukturveränderungen ergeben. Intakte Ökosysteme wurden durch großräumige Flurbereinigungen, ständige Erweiterung des Straßennetzes, ausufernde Baugebiete, begradigte Bäche und kanalisierte Flüsse aus dem Gleichgewicht gebracht oder sogar völlig zerstört. Dort, wo sich früher Feuchtgebiete, Sümpfe und Tümpel befanden, wo lichtblaue Libellen über die zarten Blüten des Froschlöffels schwirrten, herrscht vielfach nur noch eine öde Steppe. Bauschutt und Planierraupen haben das Land verwüstet und dem Leben von unzähligen Unken, Kröten und Molchen ein Ende gesetzt. Wo ist der kleine Weiher, in dem sich die überhängenden Zweige verkrüppelter Weiden spiegelten und dessen Ufer Rohrkolben, Binsen und Schilf besiedelten? Niemals mehr ist an lauen Sommerabenden das Quaken der Frösche und das Läuten der Unken zu hören, die Landschaft ist ebenso verarmt wie der moderne Mensch, dem diese eindrucksvollen Naturerlebnisse fehlen.

Glänzende Schönjungfer an einer Teichrose

Es ist deshalb nicht verwunderlich, wenn sich immer mehr Gartenbesitzer entschließen, ihr eigenes Stückchen Natur durch ein Gewässer zu bereichern, um dieses Naturerlebnis zurückzugewinnen.
Auch Schulklassen werden zu »Teichbauern« und legen auf ihrem Schulgelände künstliche Gewässer an. Ganz abgesehen von der Nützlichkeit solcher Kleingewässer bietet sich hier für die Schüler die beste Gelegenheit, direkt vor Ort Kontakt mit der Natur zu bekommen und Tiere und Pflanzen, die durch ihre Lebensweise und ihre Lebensbedingungen an das Wasser gebunden sind, aus nächster Nähe kennenzulernen. Diese Arbeit an den Schulen bietet zudem die Möglichkeit, in der Bevölkerung wieder mehr Verständnis für die Natur zu wecken und dadurch die ökologischen Gesamtzusammenhänge besser begreifbar zu machen.
Der Mensch hatte immer eine Beziehung zum Wasser. Er kann seinen Blick in die Tiefe eines Gewässers senken und dabei Zeit und Raum vergessen. Ihm wird eine Welt aufgetan, die Ruhe und Besinnlichkeit vermittelt.
Viele Naturfreunde, die nicht in der glücklichen Lage sind, einen Garten zu besitzen, holen sich ein Stückchen Natur in ihr Heim, indem sie im Aquarium Fische und Pflanzen pflegen.

Auch Schulklassen werden zu »Teichbauern«. Sie legen auf dem Schulgelände künstliche Gewässer an (hier Schule Lütau).

Immer wieder aufs Neue bezaubert sie diese kleine selbstgebastelte Wasserwunderwelt.
Wer jedoch über einen Garten verfügt, ist in der glücklichen Lage, eine vielfältige Wasserlandschaft zu gestalten. Es ist nicht nur die Freude an Pflanzen und Fischen, sondern auch das Beobachten von Tieren aller Art, die plötzlich den Garten beleben, die den Teichbesitzer fasziniert. Viele Vögel werden zum Baden eingeladen und die bunt blühende Wasserflora bietet Schmetterlingen und Libellen neuen Lebensraum. Wenn sich späterhin gar noch Kröten, Frösche oder Molche einfinden, kann man sicher sein, daß der Wassergarten »funktioniert« und sich dort eine gesunde Lebensgemeinschaft gebildet hat.
Erwähnenswert ist auch der Einfluß des Wassers auf das Gartenklima. Besonders größere Teichflächen erhöhen im Sommer durch das verdunstende Wasser erheblich die Luftfeuchtigkeit. Bäume, Sträucher und Blumen atmen auf und für den Menschen stellt das Wasser im Garten einen nicht zu unterschätzenden Erholungswert dar. Es bedarf dabei nicht der prunkvollen Wassergärten der Antike, um dem Wunsch nach Entspannung zu genügen. Auch auf kleinstem Raum läßt sich ein Wassergärtchen noch reizvoll gestalten und selbst ein Springbrunnen in einer lauschigen Ecke an der Terrasse bringt schon Freude.
Vielleicht bestehen schon ganz bestimmte Vorstellungen, wie herrlich blühende Seerosen, muntere Fischlein und Wassergeplätscher den Garten beleben sollen? Bevor Sie aber an die Ausführung Ihrer Pläne gehen, sollten Sie bedenken:
Bis ein gut funktionierendes Gewässer im Garten angelegt ist, bedarf es einer sehr sorgfältigen Vorbereitung und Gewissenserforschung. Es muß intensiv überlegt und geplant werden, wenn das Gewässer mit seinen Pflanzen und Tieren die sicher hochgesteckten Erwartungen erfüllen soll. Es ist deshalb besser, drei Pläne zu verwerfen, als einmal falsch zu bauen! Diesen Grundsatz sollten sich alle »Teichbauer« zur Devise machen, bevor mit Maßband, Schubkarre und Spaten zur Arbeit geschritten wird. Mißerfolge, unnötige Arbeit und Geldausgaben müssen nicht sein, wenn über alle Probleme eines Gewässers vorher ausgiebig Informationen eingeholt und eine detaillierte Planung aufgestellt wurde. Nur nach sorgfältiger Vorbereitung kann sich ungetrübte Freude am Gewässer einstellen.
Dieses Buch hat es sich zur Aufgabe gemacht, bei der Planung und Gestaltung von Gewässern zu helfen und aufzuzeigen, wie auch mit einfachen Mitteln ein Teich in Eigeninitiative gebaut werden kann.

Ein Gartenteich läßt sich auch auf kleinstem Raum reizvoll gestalten.

Geschichte der Wassergärten

Ein typisch englischer Landschaftsgarten ist der Sheffield Park.

Der Garten der Villa Collodi bei Pistoia ist ein schönes Beispiel für einen barocken italienischen Garten.

Wassergärten gestern und heute

Chinesische und japanische Gärten, eine Stätte der Meditation

Gärten waren in der chinesischen Kultur bereits Bestandteil des täglichen Lebens, lange bevor es im europäischen Raum überhaupt eine Entwicklung zur Gartengestaltung gab.
In den Anfängen der chinesischen Kultur waren die Berge, das Meer, Steine, Felsen und die Tiere Verkörperung von Geistern, die den beiden Prinzipien des Weltalls Ying (Ruhe) und Yang (Tätigkeit) unterlagen. Ying und Yang spiegelten dem Wesen nach auch die Begriffe MÄNNLICH und WEIBLICH, BERG und TAL, sowie STEHEND und LIEGEND wieder.
Laotse lehrte im 6. Jahrh. v. Chr., daß der Mensch nur in Verbindung und Einigkeit mit dem höchsten Wesen, dem Tao (Taoismus) seine Lebensberechtigung hat. Die wahre Tugend entstand im Streben nach dem Tao, von dem alles ausgeht und zu dem alles zurückkehrt. Das Werk des Menschen kann nur dann sittlich sein, wenn es dem Tao entspringt und nicht dem Äußeren des Menschen entspricht.
Um die für die Meditation notwendige Atmosphäre und Ruhe zu finden, mußten die Chinesen aus den dicht besiedelten Gebieten an entlegene Plätze reisen. Daher versuchten die Menschen die landschaftlichen Ruhezonen, in denen sie sich dem Tao widmen konnten, an ihre Wohnstätte zu holen. Dies führte zur Entstehung der chinesischen Gärten, die den Landschaften nachempfunden wurden und ausschließlich dem Zweck dienten, die ersehnte geistige Verbindung mit Tao zu erreichen.
Wesentliche Bestandteile dieser Gärten sind Wasserläufe, Seen, Bäche, Berge, Täler, Felsen und andere Elemente der natürlichen asiatischen Landschaft. Ursprünglich entsprach der chinesische Garten also einer Verkleinerung der nachgebildeten Landschaft.
Nachdem diese Gartenkunst die »Vollendung« erreicht hatte, erstarrten die Gestaltungsregeln in einer festen Gesetzmäßigkeit. Die Gartenelemente wurden zu Symbolen erhoben. So hat sich über Jahrhunderte hinweg das Grundprinzip des chinesischen Gartens bis in die heutige Zeit hinein nicht verändert.

Chinesischer Garten; Pavillon des Winters (Mustergarten auf der IGA 83 in München)

Mit dem Buddhismus kam im 6. Jahrh. v. Chr. die Gartenkunst von China nach Japan und wurde als Teil der neuen Religion übernommen. Unter dem Einfluß der japanischen Philosophie entwickelten sich im Laufe der Jahre 3 Gartentypen: Hügelgarten, Flachgarten und Teegarten.
Der Hügelgarten bestand aus 5 Hügeln, wobei der Haupthügel in der Regel den Fujiyama darstellt, dem die anderen Hügel untergeordnet wurden.
Im Flachgarten wurden See- oder Moorszenen dargestellt. Es bedurfte jedoch nicht des Wassers, um den Eindruck dieser Landschaft zu vermitteln. Die Gartenflächen bestanden aus festgestampfter Erde, auf denen durch Kies oder Tannennadeln die Wasserbewegung dargestellt wurde. Diese Art der Gartengestaltung verlangt viel Geduld und ein besonderes Kunstverständnis. Wege aus Trittsteinen mit seitlich angeordneten Ruhesteinen erschlossen den Garten. Die Höhe der einzelnen Trittsteine war durch den sozialen Rang des Gartenbesitzers vorgegeben. Nichts wurde der Zufälligkeit überlassen, jeder Stein und jede Insel hatten ihre Bedeutung und einen meist wohlklingenden Namen.
Der Teegarten war ein ganz besonderer Gartentyp, der nicht nur der rituellen Zeremonie des Teetrinkens, sondern auch der moralischen Übung für die Tugenden der Ehrerbietung, Bescheidenheit, Höflichkeit und Feinfühligkeit diente. Die Gestaltung des Teegartens unterlag festen Regeln. Selbst die Anzahl der Nägel, die zum Bau des Teehauses oder dessen Tür verwendet werden durfte, war festgelegt. Laternen sollten von einfacher Bauweise sein, Holzelemente nach Möglichkeit Zeichen der Alterung zeigen. Selbst Brücken, meist aus Holz oder großen Felsplatten errichtet, dienten mehr als Ruhepunkt zur Betrachtung der Landschaft, als zum Überqueren des meist nur in Form von Kies dargestellten Wassers.
Bäume und Sträucher wurden in diesen Gärten ebenso wie in den chinesischen Gärten spärlich verwendet, es sei denn, sie dienten zur Vermittlung des Maßstabes, der Größe oder der Weite des Gartens. Blumen wie Chrysanthemen, Glyzinien oder Pflaumenblüten wurden zwar zu allen Zeiten sehr bewundert, konnten jedoch wegen ihrer Vergänglichkeit in diesen mystischen Gärten nicht verwendet werden.
Eine besondere Form der japanischen Gartenkunst lag in der Verkleinerung der natürlichen Landschaft durch die Darstellung bizarrer Formen aus der Natur, die in der Züchtung von Zwergbäumen (Bonsai) ihre Perfektion erreichte.
Die chinesischen und japanischen Gärten verlangen vom subjektiven Betrachter ein hohes Einfühlungsvermögen, um die in der Anordnung von Steinen, Felsen und Formationen enthaltene Bewegung, Symbolik und Mystik zu erkennen. Wem die Fähigkeit zur Meditation fehlt, dem wird es niemals gelingen, einen solchen Garten in seiner Vielfalt und Bedeutung zu erleben. Das Wasser war in diesen Gärten Bestandteil der nachempfundenen Landschaft in Form von Bächen und Seen, wobei das Element Wasser meist nur symbolisch durch Kies dargestellt wurde.

In japanischen Gärten wurde das Wasser meist nur mit Hilfe von Kies oder Tannennadeln dargestellt.

Mit Kies nachgeahmter Bachlauf

Die Entwicklung der europäischen Gärten

Mit der Geschichte Athens beginnt die europäische Gartenkunst. Die demokratische Entwicklung dieses griechischen Stadtstaates und der Glaube an die Götter erforderte öffentliche Plätze zur Götterverehrung, Diskussion und Ehrung der Helden. Dies war der Beginn für die Entwicklung von öffentlichen Parkanlagen, die sowohl Sitzgelegenheiten, Spiel-und Wettkampfplätze, als auch die entsprechende Bepflanzung mit heiligen Bäumen enthielten, in deren Schatten die oft endlosen Diskussionen geführt wurden.

Da der Landbesitz für die Athener als Seefahrervolk nur von untergeordneter Bedeutung war und die enge Stadt für Privatgärten keinen Raum bot, spielte sich das Leben in den öffentlichen Anlagen ab. Das Wasser war kein Gestaltungselement, sondern diente lediglich der Erfrischung.

Die griechische Kultur beeinflußte die Entwicklung des römischen Reiches. Durch den Reichtum der Römer veränderte sich jedoch die Gestaltung der Grünanlagen. Waren die Plätze und Alleen der Griechen noch aus dem Bedürfnis nach Freiraum und Beschattung entstanden, lag die Bedeutung bei den Römern mehr auf der Schönheit, das heißt der Gleichmäßigkeit von Alleen und dem regelmäßigen Wuchs der Bäume.

Mit ihrem unermeßlichen Reichtum schufen sich römische Kaufleute und Politiker außerhalb der Zentren große Villen. Da hier ausreichend Land zur Verfügung stand, entstanden dort entsprechend große Gartenanlagen mit Marmorsitzen und Springbrunnen. Diese hatten noch immer die Form von Parks wie bei den Griechen, jedoch dienten sie nicht mehr der Versammlung und der Erholung des Volkes, sondern nur noch der Freude des Besitzers, die Wasserbecken und Springbrunnen waren reiner Zierrat.

Mit dem Verfall des römischen Reiches war auch die erste Blüte der europäischen Gartenkunst beendet.

Im 15. Jahrhundert wurden Holzbottiche zum Baden aufgestellt, wenn keine natürlichen Gewässer zur Verfügung standen.

Das Wort Garten bedeutete ursprünglich »eingefriedeter Bezirk«. Er war bis zum Mittelalter fast ausschließlich ein Nutzgarten. Dementsprechend beschränkte sich die Bedeutung des Wassers in diesen Gärten auf die Bewässerung der Nutz- und Kulturflächen.

Der Brunnen wurde zentral angelegt und diente ausschließlich dazu, Nutzgärten zu bewässern. Die Bedeutung dieser Gärten lag nur in der Erzeugung von Früchten und Kräutern.

Erst im 15. Jahrhundert entstand eine Verbindung zwischen den antiken Gärten der Griechen und Römer und den reinen Nutzgärten des frühen Mittelalters. Die Gärten erhielten eine neue Bedeutung, sie dienten der Ruhe und dem Spiel, in ihnen wurde gegessen und geliebt. Quellen und Bäche wurden in diese Anlagen mit einbezogen. Wo keine Möglichkeit bestand, natürliche Gewässer in Anspruch zu nehmen, wurden Holzbottiche zum Baden aufgestellt. In vielen zeitgenössischen Darstellungen finden deshalb Badeszenen im Garten statt. Zu den bereits genannten Freuden des Gartens kamen später in der ritterlich-höfischen Gesellschaft die Ritterspiele hinzu. Der Garten wurde zum Symbol der Freude und sollte die Illusion des Paradieses vermitteln.

Zu dieser Zeit gehörte das Wasser in vielfältiger Form zum Bestandteil des mittelalterlichen Gartens. Man erfreute sich am Spiel und an den Geräuschen des Wassers. Es diente sowohl der körperlichen Erfrischung, als auch zur Kühlung der Getränke. Die Wassertechnik bestand zu diesem Zeitpunkt aus hochgelegenen Reservoirs, aus denen die tieferliegenden Brunnen durch die Schwerkraft des Wassers gespeist wurden. Es entwikkelten sich Wasserspeier in Form von Tierköpfen. Die Wasserbecken hatten eckige und runde Formen und waren stets Mittelpunkt der Anlage.

Von der Stadt Florenz gingen in der Zeit von 1450–1500 entsprechend ihres Reichtums und ihrer Macht neue Impulse für die Gartenkunst aus. Die wesentlichste Weiterentwicklung dieser Zeit lag in der Öffnung der Gartenanlagen über den eingefriedeten Bezirk hinaus in die landschaftliche Umgebung. Um einen Ausblick über die gesamte Anlage zu erhalten, wurden die Gebäude auf Anhöhen errichtet und besonderer Wert darauf gelegt, daß das Gebäude und die Gartenanlage harmonisch aufeinander abgestimmt waren. Der Garten wurde zusammen mit dem Gebäude gestaltet und nicht mehr nur als Anhängsel des Hauses dargestellt. Zierrat aus Portalen, Pergolen und Ziertöpfen mit Blumen wurden je nach Geschmack des Besitzers in die Gartenanlage eingearbeitet. Wasser war in diesen Gärten bereicherndes Element, es quoll aus Grotten und Muscheln.

Diese Mischung aus dem Garten des Mittelalters und der Antike bildete nun eine Einheit mit dem Haus.

Die Bedeutung des Wassers im Garten wurde einer Wandlung unterzogen. Während im Mittelalter das Wasser als Brunnen oder Wasserbecken im Mittelpunkt des Gartens stand, bediente man sich nun der Wasserkünste aus den islamischen Ländern. Es entstanden erste Wasserspiele in Form von Wassertreppen und Kaskaden.

Mit der Veränderung der italienischen Gesellschaft im 16. Jahrhundert ergab sich auch eine neue Richtung in der Gartenkunst. Der Garten wurde zum Schauplatz und zum Spiegelbild einer prunksüchtigen Gesellschaft. Die Gestaltung wurde wieder stärker formalen Zwängen unterworfen.

Durch die Kriege der Franzosen in Italien wurde die Entwicklung der italienischen Gärten zwar unterbrochen, doch die Gestaltungsidee nach Frankreich getragen. Bis zu diesem Zeitpunkt hatten sich die Franzosen durch die Kriege mit England auf den begrenzten Raum von Burgen und Schlössern beschränken müssen und hatten deshalb keinen Platz für großräumige und prunkvolle Gärten. Mit dem Wohlstand der französischen Aristokratie begann jedoch die Ausgestaltung von Gärten im italienischen Stil und durch italienische Künstler.

Bestanden die Gärten des 16. Jahrhunderts aus kleinen, aneinandergereihten Gartenteilen, so galt das Bestreben im 17. Jahrhundert, diese einzelnen Teile zu einem großen oder gar gigantischen Garten zusammenzufassen, zu einer komplexen Einheit, in der die Einzelelemente mit Bezug auf das Gebäude in einen harmonischen Einklang gebracht wurden. Der Garten wurde von der quadratischen Grundform gelöst und in Längsrichtung erweitert. Die Beete wurden

Wasser war in italienischen Gärten ein bereicherndes Element.

Herrenchiemsee

»Der Garten der Villa Negroni-Peretti in Rom«; Gemälde von Josef Anton Koch, Anfang des 19. Jahrhunderts

geometrisch angeordnet. Es entstand ein neues Raumempfinden, gebildet durch eine große Längsachse des Gartens, die mittig vom Gebäude ausging. Die Brunnen- und Wasseranlagen wurden kunstreicher und verspielter. Große Fontänen befanden sich in der Mittelachse, die häufig als Wasserachse angelegt war. Aufwendige Springbrunnen mit verschiedenen Wasserspielen in figurenreichen Brunnen und großen Bassins fanden in den seitlichen Anlagen ihren Platz.
Im Laufe der Jahrzehnte wurde der italienische Einfluß in der Gartenkunst zurückgedrängt und es kam fast unmerklich die große Zeit der barocken Gartenanlagen mit geometrischen Achsen, auf Formen geschnittenen Baumkulissen, Blumenparterre und vielfältigen Wasserbecken in geometrischer Form mit Fontänen und Figuren.

Ende des 18. Jahrhunderts wurden fremdländische Elemente wie antike Ruinen, Ruinentheater, Teehäuser, Chinahäuser und ähnliche Einrichtungen in die europäische Gartenkunst eingebracht. Zu dieser Zeit verlor auch das Wasser seine Bedeutung in der Form von großen Flächen und Fontänen. Es wurde spielerischer verwendet in Form von Quellen und Brunnen mit schönen Wasserstrahlen, Geplätscher aus künstlichen Schalen mit natürlichen Formen, Wellengekräusel und Wellenspiel ohne große Fließbewegung. Das Wasser war verzaubertes und verzauberndes Element zugleich.
Aus England kam im 18. Jahrhundert ein ganz neuer revolutionärer Gartenstil auf den Kontinent, der LANDSCHAFTSGARTEN.
Die Engländer konnten mit dem Garten als Wohn- und Repräsentationsbereich aus klimatischen Gründen nicht sehr viel anfangen. Sie sahen die Landschaft als Bild und als Kunstwerk, das zu gestalten war.
Hatte die Entwicklung der Wasserflächen von dem Brunnen im kleinen mittelalterlichen Garten bis zu den großflächigen geometrischen Wasserflächen in den Barockgärten geführt, so setzte mit dem englischen Landschaftsgarten die Gegenbewegung ein, weg von den künstlichen Formen und Schnörkeln hin zur Natürlichkeit. Es wurde damit begonnen, in den großen Prunkgärten Landschaftsbilder zu erstellen.
Die Einzelelemente wie Felsen, Felsengruppen, Jagdhütten, Badeschlösser, chinesische und japanische Teehäuser wurden in diese Gärten gebaut. Das Gelände selbst blieb unverändert. Das Wasser wurde bei der Gestaltung wieder seiner eigentlichen Funktion als Landschaftselement zugeführt und als stehendes Gewässer in Form von Teichen und Seen oder als Fließgewässer in Form von Bächen, Flüssen und Wasserfällen verwendet.
Bäume und Sträucher wurden natürlich in das »Kunstwerk Landschaft« eingegliedert.
Um 1870 verlor der Landschaftsgarten als alleinige Richtung der Gartenkunst seine Bedeutung. Parks wurden wieder formal gestaltet, als Kontrast zum Landschaftsgarten.

Ende des 19. Jahrhunderts und Anfang des 20. Jahrhunderts ergab sich durch die Verdichtung im Städtebau und den damit verbundenen Bedarf an öffentlichen Parkanlagen eine Trennung der ursprünglich zusammengehörenden Teile, nämlich dem streng gestalteten Gartenteil am Gebäude und der Erweiterung dieses Gartenteils in einen landschaftlichen Park. Aus dem streng gestalteten Garten-

Englischer Landschaftsgarten

Gartengewässer

Ein Teich bringt eine große Artenvielfalt in den Garten.

teil wurde der Hausgarten in seinen verschiedenen Formen, aus dem Parkteil der öffentliche Park für die immer stärker wachsenden Städte entwickelt.
Die rasant fortschreitende Bevölkerungsentwicklung und die immer stärkere Industrialisierung wurden von einem verheerenden Landschaftsverbrauch und der Vernichtung der natürlichen Lebensräume einschließlich der Gewässer begleitet. Durch die Mechanisierung im Bereich der Landwirtschaft und die profitorientierte Forstwirtschaft verschwanden viele natürliche Elemente aus der Landschaft.
Aus dieser Entwicklung hat sich in der heutigen Zeit das Bedürfnis der Menschen ergeben, sich einen Ersatz für die verlorene Natur zu schaffen. So ist das vielfältige Bestreben zu erklären, daß immer mehr Gärten und Parks naturnah mit Gewässern gestaltet werden. Auch im Privatgarten und auf kleinsten Flächen wird der Versuch unternommen, ein kleines Stück Natur zu schaffen und auch ein natürliches Gewässer unterzubringen. Diese Verbindung mit Wasser ist die Voraussetzung für eine große Artenvielfalt von Flora und Fauna.

Vom Tümpel bis zum Gartenteich

Die Sumpfdotterblume (Caltha palustris) liebt die Nähe des Wassers.

Ein kleiner Wassersprudel belebt jeden Gartenteich.

Gewässertypen für den Garten

Allgemeine Grundlagen

»Wasser im Garten« läßt sich auf vielfältige Art und Weise verwirklichen. Gewässertypen in streng geometrisch gestalteter oder freier Form, mit oder ohne Fauna und Flora, sowie als stehendes oder fließendes Gewässer. Eine Rolle für die Entscheidung zu einem bestimmten Gewässertyp spielen neben der verfügbaren Fläche auch die Hangneigung, die Lage zur Sonne und zum Wind, die verfügbare Wassermenge, die Höhenlage, die mögliche Wassertiefe, die Umgebung, die Pflanzen- und Tierwelt, die Pflegeintensität und die verfügbaren Finanzierungsmittel. Aus dieser sicher nur unvollständigen Aufzählung der zu berücksichtigenden Faktoren wird erkennbar, daß vor der Entscheidung für oder gegen ein Gewässer viele Überlegungen angestellt werden müssen.

Die in der Natur vorkommenden Gewässer werden unterteilt in stehende Gewässer, wie zum Beispiel der Tümpel oder der Teich und in Fließgewässer, wie zum Beispiel die Quelle, der Bach oder der Fluß.

Für den Garten werden natürliche Gewässer in verkleinerter Form nachgebildet, aber auch Wasserbecken mit Fontänen eingerichtet. Grundsätzlich lassen sich folgende Gewässertypen im Garten verwirklichen:

- Vogeltränke
- Mini-Wassergarten
- Tümpel
- Feuchtwiese
- Moorbeet
- Wasserbecken mit Fontäne
- Teich
- Wasserlauf
- Wassertreppe (Wasserfall)

Es muß eine Abstimmung in Bezug auf Größe, Formgebung und Bepflanzung erfolgen, damit das Gewässer

Die Aussicht auf das Gewässer macht dessen Vielfalt an Flora und Fauna ständig erlebbar.

Ein natürliches Gewässer mit Iris sibirica im Vordergrund

auch zur Bereicherung des Gartens beiträgt und nicht zu einer Beeinträchtigung führt.

Deshalb ist es wichtig, daß sich das Element »Wasser« harmonisch in das Gesamtbild des Gartens eingliedert. Der Wasserspiegel sollte tiefer als die Terrasse und der Fußboden des Wohnbereiches liegen, damit man von dort aus auf das Gewässer blikken kann. Durch die Aussicht auf das Gewässer ist die Vielfalt dieses Bereiches mit seiner Fauna und Flora ständig erlebbar. Bei der Suche nach einem geeigneten Standort muß auch die Topographie beachtet werden, besonders in sehr hängigem Gelände. Durch die Nutzung der Höhendifferenz bietet sich die Möglichkeit, eine Wassertreppe oder einen Wasserfall anzulegen. Diese müssen technisch so ausgebildet sein, daß möglichst wenig Wellenschlag entsteht, um Schäden an der Bepflanzung zu vermeiden. Die Geräuschentwicklung kann auf Dauer besonders von empfindlichen Nachbarn als Belästigung empfunden werden.

Für das Gewässer im Garten ist es am günstigsten, nicht einen vollsonnigen, sondern eher einen halbschattigen Standort auszusuchen und soweit notwendig Windschutz zu schaffen, damit die oftmals empfindlichen Pflanzen nicht zu stark durch die Witterung geschädigt werden.

Bei der Anlage eines Wassergartens sollten sich keine steilen Böschungen oder Geländeeinschnitte ergeben. Die Grundform ist daher so zu wählen, daß sich das Gewässer weich in das vorhandene Gelände einfügen kann.

Um ein künstliches Gewässer im Garten anzulegen, ist es auch notwendig, sich über die Konstruktionsmöglichkeiten und die hierfür erforderlichen Materialien zu informieren. Je nach Gewässertyp können verschiedene Materialien in unterschiedlicher Form zum Einsatz kommen. Hierbei spielt auch die spätere Nutzung des Gewässers eine wesentliche Rolle.

Der schwierigste Punkt bei der Abdichtung eines künstlichen Gewässers ist der Uferbereich. Einerseits muß bis zur Oberkante des Geländes durchgehend eine Abdichtung, zum Beispiel mit Folie, vorhanden sein, andererseits muß diese ausreichend geschützt werden, um Beschädigungen und damit verbundene Undichtigkeiten zu vermeiden. Für die unterschiedlichen Ufer- und Randausbildungen sind Detaillösungen entwikkelt, die in den jeweiligen Kapiteln erläutert sind.
Es ist darauf zu achten, daß das Erdreich, in dem ein Gewässer ausgebaut werden soll, gut verfestigt und in sich stabil ist, damit es nicht nachträglich zu Setzungen kommt. Diese könnten den ursprünglich waagrechten Gewässerrand so stark negativ verändern, daß das Gewässer an einer Stelle überläuft.
Nach dem Aushub muß der Boden deshalb gut mit einem Handstampfer oder einer Rüttelplatte verdichtet werden. Diese Geräte können bei Firmen für Baumaschinen oder Baubedarf ausgeliehen werden.
Unter dem Gesichtspunkt der Bodenstabilität ist es deshalb günstiger, das Gewässer nicht in aufgefülltem Gelände, sondern in gewachsenem Boden anzulegen.

Gartenteich mit vielfältiger Bepflanzung

Eine Vogeltränke darf in keinem Garten fehlen

Eine flache Wasserstelle im Garten in geschützter Lage dient der vielfältigen Vogelwelt als Trink- und Badeplatz. Durch eine solche Kleinst-Wasserfläche wird der Garten bereits erheblich belebt, da sich eine Vielzahl von Vogelarten hier einstellt und auch in der Nähe brütet. Diese Wasserstelle wird im Winter durch ein Futterhaus ergänzt.
Bei der Pflege ist darauf zu achten, daß das Wasser möglichst regelmäßig erneuert und dadurch nicht faul oder brackig wird und Algen nicht ungestört wachsen können.
Diese kleine Wasserfläche kann bei regelmäßiger Wasserzufuhr durch einen Überlauf mit einem kleinen Tümpel kombiniert werden, der das überschüssige Wasser aufnimmt.
Für die Vogeltränke im Garten gibt es zahlreiche Fertigprodukte in mehr oder weniger schönen Ausführungen. Sie sollte jedoch nicht selbst einen Zierrat darstellen, sondern den Garten dadurch bereichern, daß sie die Vögel anzieht und damit eine belebte, vielfältigere Natur schafft.

Da eine Vogeltränke nicht nur Trinkstelle sondern auch Badestelle sein soll, muß sie 5–10 cm tief und möglichst größer als $1 m^2$ sein.
Die einfachste Möglichkeit ist ein Fertigbecken aus Natur- oder Kunststein, das lediglich waagrecht in die Erde eingelassen wird und durch eine Gießkanne oder einen Gartenschlauch gefüllt werden kann. Gereinigt und entleert wird es einfach mit einem Besen.
Steht ein Gartenbrunnen oder eine große Regenzisterne zur Verfügung, kann die Vogeltränke durch eine Pumpe laufend mit Frischwasser versorgt werden. Das überlaufende Wasser wird entweder in die Gartenentwässerung oder eine Versickerung abgeleitet. Es besteht auch die Möglichkeit, an diese Vogeltränke einen Tümpel anzugliedern, der das überlaufende Wasser aufnimmt und eine weitere Bereicherung des Gartens bildet. Natürlich läßt sich eine Vogeltränke auch sehr gut mit einem Wasserbecken oder einem Gartenteich kombinieren.
Will man keine Fertigbecken verwenden, läßt sich eine Vogeltränke selbst herstellen. Die Wassertiefe sollte 5–10 cm betragen, als Mindestfläche ist etwa $1 m^2$ anzusetzen. Größere Wasserflächen bieten mehr Badespaß und verschmutzen langsamer.
Für den Bau einer Vogeltränke mit Pflasterbelag werden folgende Geräte und Materialien benötigt:

Geräte

- Zollstock
- Setzlatte mit Wasserwaage
- Hammer und Pfähle für die Absteckung
- Spaten, Spitzhacke, Schaufel und Schubkarre
- Handstampfer oder Rüttelplatte zum Verdichten des Untergrundes
- Kelle und Gummihammer für das Pflastern
- Besen, Gartenschlauch oder Gießkanne für die Verfugung

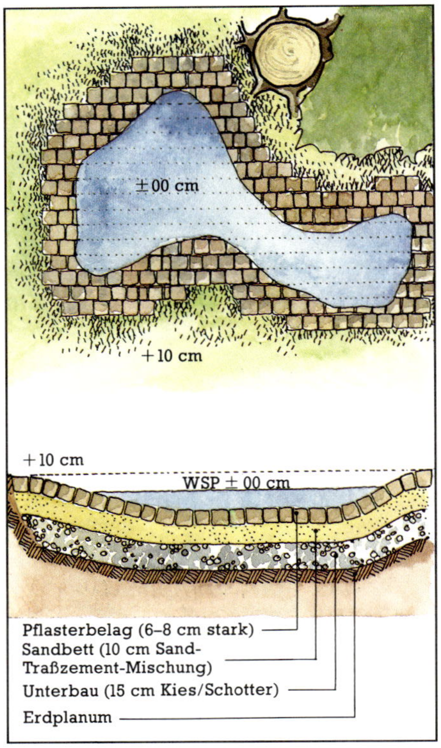

Bau einer Vogeltränke

1. **Grundriß einer Vogeltränke (oben); Schnittzeichnung der Vogeltränke (unten)**

2. **Übersicht über die Ausbaustufen**

3. **Fertige Vogeltränke mit Pflasterbelag**

Materialien

- Kies oder Mineralgemisch, Körnung 0/32 mm als Unterbau
- Sand 0/3 mm für das Sandbett
- Traßzement zum Stabilisieren des Sandbettes und der Verfugung
- Natursteinpflaster 5–7 cm bis 9–11 cm oder
- Betonpflaster 6/6/6 cm, 8/8/8 cm oder höchstens 10/10/8 cm

Zuerst wird die Größe und die Form der Vogeltränke mit Pfählen abgesteckt und dann die Wasserspiegelhöhe mit der Setzlatte und der Wasserwaage an den Pfählen markiert. Anschließend ist der Boden ungefähr 25–30 cm am Rand und nach innen bis auf eine Tiefe von 35–40 cm auszuheben. Der Boden dieser Fläche wird mit einem Handstampfer oder einer kleinen Rüttelplatte verdichtet.
Anschließend ist 15 cm stark Kies oder Schotter der Körnung 0/32 mm gleichmäßig einzubauen und ebenfalls zu verdichten. Darauf folgt ein 10 cm starkes Sandbett im Mischungsverhältnis von 6 : 1, das heißt 6 Teile Sand auf ein Teil Traßzement. In diese Bettung wird das Pflaster in Reihen mit 1–2 cm breiten Fugen eingesetzt und mit dem Gummihammer angeklopft. Anschließend werden die Fugen mit der gleichen Sand-Zement-Mischung verfüllt und vorsichtig mit der Gießkanne oder dem Gartenschlauch eingeschlämmt. Sinken die Fugen tiefer als 5 mm unter die Oberkante des Pflasterbelages ab, muß nochmals nachgefugt und gewässert werden.
Vor der Inbetriebnahme sollte die Verfugung mindestens 3 Tage abbinden, das heißt fest werden.

Bei der Verwendung von Betonpflaster muß das Pflasterbett aus der Zement-Sand-Mischung 5 cm gleichmäßig stark aufgebracht und glatt entsprechend der gewünschten Oberflächengestaltung hergestellt werden. Darauf sind die Betonpflastersteine in Reihen, mit versetzten ungefähr 1 cm breiten Fugen zu verlegen, dann auszufugen und mit dem Stampfer oder einer kleinen Rüttelplatte zu verdichten. Die Ausfugung und die eventuell notwendige Nachbehandlung erfolgt wie beim Natursteinpflaster.

Vogeltränken sollten so bepflanzt werden, daß ein Sicht- und Windschutz entsteht. Vorteilhaft ist es, wenn sie gleichzeitig beschattet werden, da das Becken dann nicht so schnell veralgt. Dabei ist jedoch zu beachten, daß die Vögel trotz der Bepflanzung anschleichende Katzen noch rechtzeitig bemerken können.

Ein Mini-Wassergarten braucht mehr Pflege

Steht für ein Gewässer nur der Balkon zur Verfügung oder ist im Garten kein Platz für einen Teich, so kann in beweglichen Gefäßen auch auf kleinstem Raum ein »Mini-Wassergarten« angelegt werden. Ähnlich einer Topfpflanze braucht er mehr Pflege und hat eine kürzere Lebenserwartung.
Für derartige Mini-Wassergärten eignen sich Gefäße aus Holz (zum Beispiel halbierte Fässer), Steinzeug (glasierter Ton), gebrannter Ton, Naturstein, Metall (Edelstahl und Zink) oder Kunststoff. Kunststoffbehälter sind möglichst zu vermeiden, da sie oft unnatürlich wirken.
Die Gefäße sollten breiter als hoch sein und an ihrem Standort möglichst nicht total der Sonne ausgesetzt wer-

Mini-Wassergarten

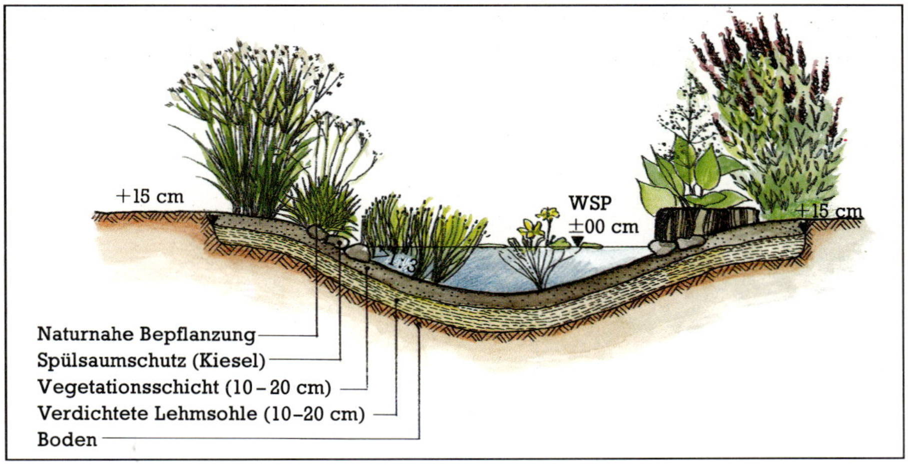

Tümpel

den. Halbschattige Stellen sind günstiger, da sich das Wasser nicht so schnell erwärmt und der Algenwuchs leichter unterdrückt werden kann. Es besteht auch die Möglichkeit, ein Mini-Sumpfgebiet in einem Gefäß anzulegen, wobei der Schutz vor zu großer Erwärmung noch wichtiger ist, um einen Fäulnis- oder Gärprozeß mit entsprechender Geruchsentwicklung zu vermeiden.
Die Wassertiefe der Gefäße sollte über einer 10–15 cm starken Bodenschicht für die Bepflanzung in der Regel noch 5–20 cm je nach Pflanzenart betragen.
Bei 20 cm Wassertiefe kann sogar die Zwergseerose (Nymphaea pygmaea alba) in einem solchen »Mini-Wassergarten« angepflanzt werden.

Der Tümpel, ein kleines Feuchtbiotop

In unserer Landschaft sind natürliche Tümpel meist in Tallagen anzutreffen. In Geländemulden mit relativ wasserundurchlässigem Untergrund bilden sich nach Regenfällen Wasserstellen, die sich je nach Witterung über eine längere oder kürzere Frist halten. Je nach Größe eines solchen Tümpels bietet er Lebensraum für unterschiedliche Pflanzen- und Tiergesellschaften, er bildet ein sogenanntes Feuchtbiotop, dessen Stabilität und Funktion weitgehend von der Größe und der regelmäßigen Wasserzuführung abhängig ist.
Die Einrichtung eines Tümpels ist mit die einfachste Form, um ein Gewässer beziehungsweise ein Feuchtgebiet im Garten zu schaffen. Die Mulde für den Tümpel wird möglichst am tiefsten Punkt im Garten ausgebildet, so daß das Gefälle der übrigen Flächen zu dieser Mulde hinführt. Falls der Untergrund aus schwerem Lehm oder Lette besteht, genügt es, den Bereich der Mulde mit einem Stampfer oder einer Rüttelplatte zu verfestigen. Durch diese Verdichtung staut sich das Wasser an und bildet damit die Grundlage für die Entwicklung des Feuchtbiotops. Falls der Untergrund jedoch zu durchlässig ist und der Tümpel zu schnell austrocknet, empfiehlt es sich, eine Abdichtung mit Ton oder durch Einlage einer Folie durchzuführen. Darauf ist dann die Vegetationsschicht mit 10–20 cm Stärke aufzubringen (siehe Kapitel »Boden und Wasser«).
Die Wassertiefe bei höchstem Wasserstand sollte wenigstens 5 cm und die kleinste Fläche eines Tümpels mindestens 5 m^2 betragen. Bei regelmäßiger Wasserzufuhr und nicht zu langen Trockenperioden kann selbst eine so kleine Fläche als Feuchtgebiet mit typischer Vegetation erhalten werden. Eine bessere Stabilität ist mit größeren Flächen zu erreichen.

Die Feuchtwiese mit ihren vielen Pflanzenarten

In unserer Landschaft sind natürliche Standorte für Feuchtwiesen ebenfalls in den Tallagen von Bächen und Flüssen anzutreffen. Sie unterscheiden sich von den Tümpeln durch den fehlenden Wasserstand und eine regelmäßige Wasserzufuhr, die natürlich in Regenperioden größer und in Trokkenperioden geringer ausfällt. Die Feuchtwiesen werden nicht oder höchstens einmal im Jahr gemäht und können dadurch einen großen Artenreichtum an Pflanzen entwickeln.
Die Einrichtung einer Feuchtwiese im Garten erfolgt wie bei einem Tümpel. Das Gelände ist lediglich so auszuformen, daß sich das Wasser nicht über den Boden anstaut, sondern bei einer Übersättigung des Bodens ablaufen kann. Dadurch bleibt die Wiese auch begehbar. Die Wasserversorgung der Feuchtwiese kann durch Einleitung der Dachentwässerung erfolgen, vorausgesetzt, das Regenwasser ist nicht zu stark mit Schadstoffen belastet.

Feuchtwiese

Wasserbecken mit Quellsprudeln und Fontänen

In der Regel versteht man unter einem Wasserbecken eine fest eingegrenzte Wasserfläche im Garten, meist aus Beton, und mit steilen Wänden, um eine optimal große Wasserfläche auf geringstem Raum zu erreichen. Diese Schwimm- und Zierbecken sind oft mit Wasserspielen wie Quellsprudel und Fontänen ausgestattet.

Mit ihrer meist geometrischen Form sind Wasserbecken möglichst dem Terrassenbereich zuzuordnen, um sie aus nächster Nähe erleben zu können. Die Wassertiefe eines Wasserbeckens sollte 50 cm nicht unterschreiten, um im Sommer eine zu schnelle Durchwärmung und damit verbundene Veralgung zu vermeiden. Günstig wirkt sich eine lichte Beschattung durch Bäume und Sträucher aus.

Geometrisches Wasserbecken mit Zierfischen

Durch das Einsetzen von Pflanzkörben oder niedrigen, lose aufgesetzten Mauern beispielsweise aus Lochziegeln können auch im Wasserbecken trotz der steilen Wände Pflanzflächen geschaffen werden. Außerdem besteht die Möglichkeit, den Beckenboden bereits abgetreppt herzustellen, so daß für die unterschiedlichen Wasserpflanzen auch unterschiedliche Wassertiefen zur Verfügung stehen.

Als Bauwerk aus Ortbeton ist ein Wasserbecken für den Eigenbau ungeeignet, es sei denn, man verfügt über

die notwendigen Fertigkeiten für die Schalung und Armierung. Bei Wasserbecken über einer Größe von 1,50 x 1,50 m sollte auf jeden Fall eine statische Berechnung durchgeführt werden, um Fehlkonstruktionen und Rissebildungen durch fehlende oder falsche Armierung zu vermeiden. Es ist auch bei dem zuständigen Bauaufsichtsamt jeweils anzufragen, ab welcher Größe ein Ortbeton-Wasserbecken als genehmigungspflichtiges Bauwerk gilt.
In Eigenbau kann ein Wasserbecken in Holzkonstruktion mit waagrecht und/oder senkrecht als Wandflächen montierten Kanthölzern 10 x 10 cm oder Holzschwellen 15 x 25 cm hergestellt werden. Allerdings werden nur mit Holzschutzsalz im Vakuum-Druck-Verfahren imprägnierte Hölzer verwendet. Die Abdichtung erfolgt durch eine Folie, mit der die gesamte Baugrube ausgekleidet wird.
Auf der Bodenfläche wird die Folie mit einer 8 mm starken Bautenschutzmatte aus Gummimaterial abgedeckt und darauf die Holzkonstruktion aufgebaut. Die Folie zieht man dann außerhalb dieser Holzkonstruktion hoch. Sie ist dadurch vor Beschädigungen geschützt und im Becken nicht sichtbar.
Bei größeren Wasserbecken ohne Bepflanzung ist eine Aufbereitung des Wassers über eine Umwälzanlage mit einem Sandfilter oder durch chemische Zusätze notwendig, um Algenwuchs und Wassertrübung zu vermeiden. Dies setzt entsprechende Ver- und Entsorgungsleitungen für Strom und Wasser voraus (siehe Kapitel »Wissenswertes über die Baustoffe«).
Fontänen können am einfachsten über in das Wasser gestellte Unterwasserpumpen betrieben werden, hierfür ist eine Stromzuleitung notwendig. Umfangreiche Fontänenanlagen und Wasserspiele bedingen jedoch einen zusätzlichen Schacht, in dem die Pumpen und die Regeltechnik untergebracht werden.

Ein natürlich gestalteter Gartenteich

Der Teich, das ökologisch wertvollste Gewässer im Garten

Im Gegensatz zum Wasserbecken ist der Gartenteich in der Regel frei ausgeformt, mit Sumpf- und Wasserpflanzen besetzt und durch entsprechende Übergangspflanzungen in die Gesamtgestaltung eines Gartens eingegliedert. Der Teich wird so gestaltet, daß die künstliche Abdichtung nicht sichtbar ist und eine natürliche Situation entsteht.
Durch seine naturnahe Konstruktion und die vielfältigen Lebensbedingungen für Fauna und Flora bildet der Gartenteich das ökologisch wertvollste Gewässer im Gartenbereich.

Entsprechend seiner Konstruktion bieten sich für den Gartenteich alle Formen, besonders jedoch die freien Formen an. Es kann jedoch auch reizvoll sein, einen Gartenteich an die geraden Kanten einer Gartenterrasse anzulehnen und zum Gartenteil hin frei auszuformen, um dort einen nahtlosen Übergang zur Vegetation herzustellen.
Ortbetonkonstruktionen sind bei diesen freien Formen zu aufwendig und bei größeren Flächen durch die notwendigen Dehnungsfugen schwierig abzudichten. Bei der Abdichtung mit Polyester entstehen Schwierigkeiten durch die Witterung und die komplizierte Herstellungsmethodik.
Für eine Abdichtung mit Naturton ist es problematisch, wirklich geeignetes, reines Material zu beschaffen, um

dieses fachgerecht in einer Stärke von 10–15 cm einzubauen.
Naturteiche sind wegen ihrer Größe und Ausformung sowie der flachen Ufergestaltung nicht als Fertigteiche im Handel erhältlich. Es verbleibt somit vorrangig die technische Möglichkeit, einen Gartenteich mit einer Kunststoff-Folie abzudichten. Ein solcher Teich kann zu einem späteren Zeitpunkt einfach erweitert oder auch verkleinert werden.
Wenn beim Ausheben des Teiches darauf geachtet wird, daß die Böschungen nicht steiler als 1 : 2 sind, das heißt, auf 2 m Länge 1 m Höhenunterschied haben, dann kann der Teich bei einer durchgehenden Bodenschicht in allen Uferbereichen stufenlos bepflanzt werden. Je nach Randausbildung können sich auch Feuchtzonen und Flachwasserbereiche angliedern, die Fauna und Flora vielfältige Entwicklungsmöglichkeiten bieten.

Es ist zu beachten, daß keine Fische in den Teich gesetzt werden, die durch Gründeln den Boden aufwühlen, dadurch das Wasser trüben und in den Böschungsbereichen den Boden zum Teichgrund hin abtragen.
Der Gartenteich sollte an einer Stelle mindestens 1,00–1,20 m tief sein. Dadurch ist es möglich, daß Fische und andere Lebewesen auch in strengen Wintern in dem Gewässer überleben können, da der Teich nicht zufriert. Außerdem erwärmt sich bei einer größeren Wassertiefe das Wasser im Sommer nicht so schnell. Bei einer zu starken Wassererwärmung stirbt das Leben im Wasser durch Sauerstoffmangel ab. Das Gewässer kippt um und verliert sein biologisches Gleichgewicht.
Bei der natürlichen Uferausbildung ist besonders am Anfang darauf zu achten, daß im Bereich des Spülsaumes, dort, wo das Wasser auf das Ufer auftrifft, ein Schutz geschaffen wird. Dazu eignet sich eine 5–10 cm starke Deckschicht aus Kies, Schotter oder Steinen. Im Bereich dieser Schicht können problemlos Pflanzen eingesetzt werden.
Für Pflegemaßnahmen ist es notwendig, die Wasserfläche an mehreren Stellen zugänglich zu halten, um Laub und Algen abzufischen. Dies kann durch Einsetzen von Natursteinen oder Kunststeinplatten erfolgen, die bündig mit dem Erdreich verlegt werden.
Durch seine flache Ufer- und Böschungsausbildung hat ein Gartenteich einen hohen Platzbedarf. Bei einer frostfreien Wassertiefe von 1,00 m für die Überwinterung von Fischen ergibt sich eine Mindestbreite von ungefähr 5,50 m. Dies bedeutet, daß die Mindestfläche 5,50 m x 5,50 m = 30,25 m² beträgt. Steht diese Fläche nicht zur Verfügung, können eine oder zwei Teichkanten als senkrechte Wand ausgebildet werden, wodurch sich die Grundfläche auf ein Mindestmaß von etwa 2,75 m x 2,75 m = 7,56 m² reduzieren läßt.
Technische Einrichtungen werden für den Gartenteich nur in geringem Umfang benötigt. Sinnvoll ist ein Überlauf, besonders bei größeren Teichen, um eine Unterspülung der Abdichtung zu vermeiden. Eine automatische Wassernachfüllung ist von Vorteil, da dann die Wasserversorgung auch bei einem längeren Urlaub im Sommer problemlos sichergestellt werden kann. Eine sinnvolle Einrichtung ist eine kleine Unterwasserpumpe, die in den Teich eingesetzt, als Quellsprudel die Sauerstoffanreicherung verbessert. Im Winter verhindert sie das restlose Zufrieren des Teiches und sichert den Fischen damit die Sauerstoffversorgung.

Nahe am Haus gelegener Gartenteich

Fließgewässer, vom plätschernden Rinnsal bis zum rauschenden Bach

Vom kleinsten Rinnsal bis zum größten Fluß reicht die Bandbreite der Fließgewässer. Zu ihnen zählen die Bäche und Flüsse, die entweder dauerhaft Wasser führen oder nur periodisch nach großen Regenfällen das Wasser ableiten. Im Garten steht für Fließgewässer meist nur ein sehr begrenzter Raum zur Verfügung, der jedoch bei guter Gestaltung und geschickter Ausnutzung von vorhande-

nen Höhendifferenzen zu einer erheblichen Steigerung des Erlebnisbereiches »Wasser« führt.
Die künstlichen Wasserläufe werden entweder durch Umwälzanlagen (Pumpen) oder durch Ableitung und Umleitung natürlicher Gewässer betrieben. Dabei ist jedoch zu beachten, daß Eingriffe in natürliche Fließgewässer, auch bei nur teilweiser Wasserentnahme für den Betrieb des Wasserlaufes im Garten, einer wasserrechtlichen Genehmigung bedürfen.
Bei der Planung künstlicher Fließgewässer ist darauf zu achten, daß das Gefälle möglichst nicht mehr als 1% aufweist, um einen zu schnellen Abfluß und die damit verbundene starke Abschwemmung (Erosion) zu vermeiden. In der Natur beträgt das Gefälle eines Fließgewässers oft weniger als 0,5%. Durch ein geringes Gefälle staut sich das Wasser im Bachbett stärker an, es entstehen breitere Wasserspiegel und weniger Fließgeräusche.
Möchte man einen »rauschenden« Bach gestalten, muß das Gefälle 2–3% betragen. Das Bachbett wird dann mit »rauher Sohle« hergestellt, das bedeutet, es wird mit groben Steinen ausgelegt.
Ein Fließgewässer sollte zur stärkeren Belebung wechselnde Wasserbreiten und unterschiedliche Gefälle aufweisen. Eine gute Gestaltungsmöglichkeit bietet ein Quellbereich mit Quellsprudeln. Dort kann das Fließgewässer entspringen und über einen gewundenen Bachlauf in den Gartenteich münden. Außerdem können zwei Teiche durch einen Bachlauf miteinander verbunden werden. Es gibt also viele Möglichkeiten der Gestaltung und man kann seiner Phantasie freien Lauf lassen.
Die Technik für den Betrieb eines künstlichen Fließgewässers kann je nach Größe und benötigter Wassermenge sehr aufwendig sein mit Pumpenschacht, automatischer Wassereinspeisung, Zeitregelung oder Intervallschaltung und Sandfilter. Eine solche Technik sollte von einem Ingenieurbüro geplant und durch Fachfirmen ausgeführt werden, damit nicht nur die Sicherheitsvorschriften eingehalten, sondern auch Funktionsfehler und Fehlinvestitionen vermieden werden.
Es besteht jedoch auch die Möglichkeit, ganz einfach durch eine in einen Teich gestellte Tauchpumpe einen Bachlauf über einen Quellsprudel zu betreiben (Materialbedarf: Steckdose, Tauchpumpe und Schlauch). Die Wassermenge wird durch die Größe der Pumpe und den Querschnitt des Schlauches geregelt.

Die Wassertreppe oder Kaskade

Zur Überwindung großer Höhendifferenzen in einem Fließgewässer werden Abstürze eingebaut. Da bei diesen Abstürzen erhebliche Kräfte freiwerden, die sich zerstörend auf das Gewässerbett auswirken, sind die Höhendifferenzen in mehrere kleine Abschnitte aufzuteilen und es entsteht eine sogenannte Wassertreppe, auch Kaskade genannt.
Eine Kaskade kann Bestandteil eines Wasserlaufes sein. Sie ist dann entsprechend den im Bachlauf verwendeten Materialien mit Findlingen oder Bruchsteinen zu gestalten. Die einzelnen Wasserstufen sollten möglichst unterschiedlich hoch und breit sein. Je nach Wassermenge und Absturzhöhe ergibt sich dabei ein leichtes Plätschern oder ein rauschender Wasserfall.
Bei der Abdichtung dieses Bereiches durch eine Folie muß beachtet werden, daß die Abdichtung an allen Stellen 10–15 cm höher als der höchste Wasserstand geführt wird, um sowohl Wasserverluste als auch Schäden durch Ausspülungen zu vermeiden.
Bei der Verbindung von geometrisch gestalteten Wasserbecken über eine Wassertreppe kann diese aus Betonfertigkeiten oder Metallschalen, eventuell auch in Kombination beider Materialien, hergestellt werden. Auch hier ist vom rauschenden Wasserfall bis zur fast geräuschlosen Wassertreppe mit dünnen Wasserfilmen eine Vielfalt an Gestaltungsvarianten möglich, die dann auch noch mit Fontänen und Wasserspielen ausgestattet werden können.

Fließgewässer

Materialien und Teichtechnik

Ein kleiner Wassersprudel wirkt sehr hübsch, wenn er mit großen Steinen eingefaßt wird.

Das Wasser fließt über verschieden hoch angelegte Steinbecken in den Gartenteich.

Wissenswertes über die Baustoffe

Die Materialien und ihre Verwendung

Für die Konstruktion und die Abdichtung von Gewässern im Garten stehen vom Fertigteil der Vogeltränke aus Natur- oder Betonwerkstein, über Polyester, Beton- und Dichtungsfolien bis zum Naturton sehr unterschiedliche Materialien zur Verfügung.
In der nachfolgenden Erläuterung werden die Eigenschaften dieser Materialien kurz beschrieben und besonders im Hinblick auf die Verwendung für den Eigenbau im Garten beurteilt.
Einschränkungen für die verschiedenen Materialien ergeben sich sowohl aus der Verarbeitung, jedoch auch aus der Nutzung, Formgebung und Größe der geplanten Wasserfläche.

Beton – ein schwieriges Unterfangen

Durch die Mischung aus kornabgestuftem Natursteinmaterial wie Kies oder Mineralgemisch mit Zement ergibt sich durch die Zugabe von Wasser eine breiige Masse, die gut zu verarbeiten ist und anschließend dauerhaft aushärtet, es entsteht Beton.
Beton kann für die Gestaltung von Wasserflächen sowohl in vorgefertigten Teilen als auch durch Konstruktion an Ort und Stelle, das heißt als Ortbeton, verwendet werden.
Bei dem Bau von künstlichen Gewässern spielt natürlich die Dichtigkeit des Betons eine sehr wichtige Rolle. Diese ist von der Betongüte abhängig. Die wiederum wird vom Mischungsverhältnis von Zement und Zuschlagsstoffen und der Verarbeitung beeinflußt. Je mehr Zement den Zuschlagsstoffen wie Kies oder Mineralgemisch beigefügt wird und je besser die Verdichtung erfolgt, desto höher ist die Betongüte. Die Haltbarkeit ist von der richtigen Bewehrung oder Armierung

Zierbecken mit Springbrunnen

mit Baustahl abhängig. Zusätzlich können spezielle Dichtungsmittel beigemischt werden, um die notwendige Dichtigkeit des Betons zu erreichen.
Die Betongüte kann am besten und sichersten bei industriell hergestellten Betonfertigteilen erreicht werden. Die Verwendung von Betonfertigteilen findet jedoch seine Grenzen sehr schnell in der Größe und im Gewicht dieser Teile, da bei größeren Abmessungen der Einbau nur mit einem Kranwagen bewerkstelligt werden kann. Der Einsatz von Betonfertigteilen beschränkt sich deshalb auf Vogeltränken und Fertigbecken bis zu einer Größe von ungefähr 100 x 100 x 50 cm.
Für die Oberflächengestaltung von Betonfertigteilen und Ortbetonkonstruktionen gibt es vielfältige Möglichkeiten. Es stehen Stahlschalung mit entsprechend glatter Oberfläche und Waschbeton mit Rundkorn oder gebrochenem Korn mit den unterschiedlichsten Farbgebungen je nach verwendetem Natursteinmaterial von weiß (Quarz oder Marmor), über grau (Kies oder Granit), braun (Granit), rot (Porphyr, Granit) und grün (Sienit) bis schwarz (Diabas) zur Verfügung. Es werden auch eingefärbte Betonfertigteile angeboten, mit den Farben weiß, rot, braun, grau und anthrazit.
Die Oberfläche des Betons kann sowohl durch handwerkliche Arbeit (Spitzen, Scharrieren, Stocken) oder Sandstrahlen als auch durch entsprechende Schalung mit rauhen Brettern oder Rohrmatten gestaltet werden.
Die Verwendung von Ortbeton in selbstgemischter Form oder als Fertigbeton (Lieferbeton) setzt erhebliche handwerkliche Fähigkeiten und Kenntnisse für die Schalung und Armierung voraus, da nur in ordnungsgemäßer Schalung und auf ebenen bis leicht geneigten Flächen (maximal 2–3%) durch Verdichtung mit entsprechenden Geräten die notwendige Betonqualität hergestellt werden kann. Bei Becken über 4,00 m Länge oder Breite sind noch zusätzlich Dehnungsfugen notwendig, deren Herstellung und vor allem Abdichtung jedoch besser einer qualifizierten Fachfirma überlassen wird.
Es gibt Empfehlungen in der Literatur, wonach es ausreicht, eine Erdmulde auszuheben, diese mit feuchtem Beton etwa 10 cm stark auszukleiden und mit den Füßen etwas festzutreten.
Eine solche Konstruktion kann nach dem Abbinden und Aushärten des Betons zwar eine Zeitlang funktionieren, nach dem ersten Winter mit entsprechender Frosteinwirkung wird die Freude jedoch beendet sein. Das Wasser des Beckens oder Teiches versickert durch die entstandenen Risse.
Auch eine zusätzliche Armierung mit einer Baustahlmatte bringt keine wesentliche Verbesserung. Durch die ungenügende Verdichtung entsteht keine ausreichende Betongüte, der Beton wird durch die fehlende Dichtigkeit in sich selbst durch Frosteinwirkung zerstört.

Polyester: nur etwas für Könner

Durch die chemische Verknüpfung von Alkydharzen und einer polymerisierbaren Verbindung, wie Styrol, entsteht Polyester, ein sehr hartes Kunstharz, das unter Verwendung von Gewebeeinlagen zu Karosserien, Booten, Tanks, Fässern und auch Fertigbecken verarbeitet werden kann.
Durch die Verbindung von Kunstharz mit einer Gewebeeinlage entsteht ein sehr stabiles, jedoch auch ausreichend flexibles Material, das dünne Wandstärken ermöglicht. Dadurch sind auch noch größere Fertigbecken aus Polyester transportabel. Durch die große Härte des Polyesters ist das Material bruch- und schlaggefährdet, das bedeutet, daß sowohl der Transport als auch der Einbau eines Polyester-Fertigbeckens mit größter Vorsicht durchgeführt werden muß.
Es besteht auch die Möglichkeit, an Ort und Stelle einen Teich oder eine Wasserfläche mit Polyester abzudichten. Dies gilt besonders für undichte Betonbecken, die einen guten Untergrund für die Polyesterbeschichtung bilden. Voraussetzung ist jedoch, daß das Betonbecken nicht weiter reißt oder sich verschiebt, da sich sonst auch Risse in der Polyesterbeschichtung bilden können.
Für die örtliche Herstellung ist die Grundfläche sauber und ganz glatt zu planieren, da sämtliche Unebenheiten mit der Polyesterbeschichtung nachgebildet werden. Die Flächen sind mit Ölpapier abzudecken. Darauf wird eine Lage Vlies ausgerollt, die mit Polyester unter Zugabe eines Härters getränkt wird. In dieser Art sind 3–4 Lagen aufzubringen, um die notwendige Schichtstärke und Stabilität zu erreichen. Ein Vorteil der Polyesterkonstruktion besteht darin, daß Schad- und Fehlerstellen durch das Aufbringen von Vlieslagen und Polyester relativ einfach auszubessern sind.
Für die Durchführung dieser Arbeiten ist jedoch Voraussetzung, daß vollkommen niederschlagfreies und warmes Wetter herrscht, möglichst auch ohne Wind, damit keine Blätter, Blüten, Kätzchen oder Samen herangeweht werden. Ebenso ist zu verhindern, daß Insekten und sonstiges Getier in der Aushärtungsphase der einzelnen Schichten die Fläche als Lauf- oder Landebahn benutzen.
Für die Bearbeitung des Polyesters sind erhebliche Vorkenntnisse und äußerste Sorgfalt erforderlich.
Aus dieser Aufzählung der Konstruktionsvoraussetzungen wird klar, daß zumindest in diesen Breitengraden der Selbstbau von Polyesterbecken nicht zu empfehlen ist.

Ton, ein Naturmaterial

Die Möglichkeit, ein Gewässer im Garten mit natürlichem Ton abzudichten, bleibt wegen den hohen Transportkosten weitgehend auf das Umland von Tongruben beschränkt.
Der für Abdichtungen verwendete Ton muß sauber und ohne Kieseinschlüsse sein. Er wird in gleicher Lage und Anordnung wie eine Folie eingebracht, jedoch in einer Stärke von 10–15 cm. Hierbei ist darauf zu achten, daß das Material stets erdfeucht bleibt und nicht austrocknet.
Die Tondichtung ist nach dem Einbau durchgehend mit einer Filtermatte mit mindestens 200 g/m^2 als Schutzschicht abzudecken. Darauf wird die Erd-Bodenmischung 10–15 cm stark als Vegetationsschicht aufgebracht. Die Filtermatte verhindert, daß die Tonabdichtung bei dem Pflanzen der Sumpf- und Wasserstauden durchstochen wird.
Bei Tonabdichtungen ist der Randbereich besonders sorgfältig auszuführen, um Schäden und Wasserverluste zu vermeiden.

Matten aus Gummi

Es sind die Gummimatten zu erwähnen, die ebenfalls für die Abdichtung von Gewässern im Handel angeboten werden.
Diese Abdichtungen aus Gummi haben gegenüber den Kunststoffolien den Vorteil, daß sie nicht so empfindlich gegen mechanische Einflüsse sind. Die einzelnen Gummibahnen können jedoch nur im Werk, also in der Produktionsstätte durch Vulkanisieren verbunden werden. Daher muß für diese Konstruktion erst der Erdaushub durchgeführt, die Fläche in Ausdehnung, Böschungsneigung und Tiefe genau gemessen und danach die Gummiabdichtung bestellt werden. Nach erfolgter Vulkanisierung im Werk und Lieferung kann diese dann verlegt werden. Daß sich dabei Meßfehler fatal auswirken, ist klar.
Da das Material relativ schwer ist und nur in einem Stück verlegt werden kann, werden nur kleine Teiche damit abgedichtet. Das relativ umständliche Verfahren und die möglichen Meßfehler empfehlen dieses System deshalb nicht für die Abdichtung von Gewässern im Garten.

Fertigbecken gibt es in großer Auswahl

Aus verschiedenen Kunststoffen und in allen nur erdenkbaren Formen sind Fertigbecken im Baustoffhandel, manchmal auch in Gartencentern erhältlich.
Neben runden, quadratischen oder rechteckigen Fertigbecken gibt es auch freie und geometrische Formen. In der Regel haben sie steile Beckenwandungen und weisen vielfach unterschiedliche Wassertiefen auf. Der Vorteil gegenüber dem Polyesterbecken liegt in der Bruch- und Schlagstabilität des Kunststoffs, sie sind allerdings schwerer.

Verschiedene Fertigteiche

Sollte es durch eine mechanische Beschädigung oder einen Materialfehlen zu Undichtigkeiten bei einem Kunststoffbecken kommen, ist eine einwandfreie und dauerhafte Reparatur nicht möglich. Allerdings sind Schäden oder Beschädigungen der Kunststoffbecken sehr selten.
Der Nachteil der Kunststoffbecken liegt in den steilen Wandungen und einer meist deutlich sichtbaren Randausbildung, die einen nahtlosen Übergang von der Pflanzung im Becken zur umgebenden Vegetation verhindern.
Hier gibt es jedoch auch neuere Konstruktionen mit einer umlaufenden Randnut. Diese bieten dem Mörtelbett einer Plattenumrandung mehr Halt und ermöglichen die Anschüttung von Boden bis unmittelbar an die innere Beckenkante.
Fertigbecken sind im Garten leicht einzubauen. Der Einbau wird detailliert ab Seite 54 erläutert.

Folien, das vielfältigste Teichbaumaterial

Die vielfältigste Möglichkeit zur Abdichtung einer Wasserfläche im Garten bietet die Kunststoffolie. Voraussetzung für die dauerhafte Haltbarkeit der Teichfolie ist jedoch, daß sie den Anforderungen der DIN 18 337 entspricht. Darin werden an thermoplastische Kunststoff-Folien folgende Anforderungen gestellt:

- wasserundurchlässig und feuchtigkeitsbeständig
- unempfindlich gegen die Einwirkung natürlicher saurer, alkalischer oder salzhaltiger Grund-, Stau- oder Sickerwässer, sowie normaler chemischer Einflüsse
- stabil gegen UV-Strahlung
- alterungsbeständig und verrottungsfest
- wurzelfest, bei einer Mindeststärke von 0,8 mm
- bei Temperaturen zwischen −20° bis +70° C dürfen sich die homogene Beschaffenheit und ihre Eigenschaften nicht verändern

Der Vorteil der Folie besteht darin, daß sie ohne Schwierigkeiten überall hintransportiert werden kann und für alle Formen eines Gartengewässers geeignet ist. Reparaturen, sowie Ergänzungen, Vergrößerungen oder Verkleinerungen und Vertiefungen sind auch nachträglich noch möglich.
Der Nachteil der Folienabdichtung besteht in ihrer Empfindlichkeit gegenüber mechanischen Beschädigungen. Daher sollte eine 1,0–1,5 mm starke Folie verwendet werden. Außerdem muß beim Bau darauf geachtet werden, daß der Untergrund glatt und eben ist.
Es empfiehlt sich, auf die Folienabdichtung eine starke Filtermatte (mindestens 200 g/m²) als Schutzschicht zu verlegen, damit beim Pflanzen der Sumpf-und Wasserstauden keine Schäden entstehen. Eine zusätzliche Sicherheit kann durch das Auflegen einer 8–10 mm starken Bautenschutzmatte aus feingeschnitzeltem und gepreßtem Reifengummi erreicht werden.
Ein weiterer Vorteil der Folienabdichtung besteht darin, daß auftretende Beschädigungen ohne großen Aufwand durch das Aufschweißen von Flicken dauerhaft behoben werden können.
Für die Folienabdichtung besteht bei kleineren Teichen oder Feuchtgebieten die Möglichkeit, die Folie in einem Stück fertigen und liefern zu lassen. Beim Verlegen ergibt sich jedoch im Randbereich eine erhebliche Faltenbildung, die teilweise durch Erd- und Schotter/Kies-Überdeckungen nicht mehr kaschiert werden kann. Deshalb ist es bei sehr bewegten Formen notwendig, an Ort und Stelle mehrere Bahnen für die Abdichtung zu verschweißen.
Man unterscheidet zwischen dem Thermoschweißen mit Industrieföhn und dem Quellschweißen durch das Auftragen eines entsprechenden Quellschweißmittels.

Die Quellschweißung

Werden Folienbahnen im Quellschweißverfahren verbunden, so sind diese Arbeiten am besten außerhalb des Gewässers auszuführen, da ein ebener Untergrund die Voraussetzung für die Durchführung der Quellverschweißung ist. Dieses Verfahren kann deshalb nur solange angewendet werden, wie die Folienabdichtung herausnehmbar und damit transportabel ist.
Für die Quellverschweißung werden folgende Geräte und Materialien benötigt:

- Folienbahnen
- Zollstock
- Messer
- Quellschweißmittel
- Arbeitsgefäß aus Keramik, Glas oder Blech
- Silikonroller
- Pinsel
- Flüssigfolie

Die Folienbahnen werden so übereinandergelegt, daß sich eine Überlappung von mindestens 5 cm ergibt. Nun wird mit Hilfe eines Pinsels zwischen den Folien das Quellschweißmittel satt aufgetragen. Ohne Einwirkungszeit werden beide Bahnen mit dem Silikonroller direkt hinter dem Pinsel aufeinandergepreßt. Die Stöße der Bahnen werden anschließend mit Flüssigfolie versiegelt. Diese dient ausschließlich zum Verschließen der Schnittkanten, nicht jedoch zur Behebung von Undichtigkeiten.
Das Quellschweißmittel ist Tetrahydrofuran (THF). Dieses Material ist feuergefährlich und setzt bei der Verdunstung gesundheitsschädliche Stoffe frei. Es darf weder eingeatmet werden, noch sollte die Haut damit in Berührung kommen. Die Verarbeitung darf deshalb nicht in geschlossenen Räumen erfolgen (Verarbeitungstemperatur = mindestens 15 °C). Es ist jeweils nur soviel Quellschweißmittel aus dem Kanister in das Arbeitsgefäß aus Keramik, Blech oder Glas abzufüllen, wie unmittelbar für die Verarbeitung benötigt wird. Das THF nimmt Wasser aus der Luft auf und wird dadurch unbrauchbar. Für das Auftragen des Quellschweißmittels sind 5 cm breite, vulkanisierte Pinsel (nicht verleimte Pinsel!) zu verwenden. Das bei dem Anpressen aus der Naht austretende Quellschweißmittel ist unbedenklich, es zeigt vielmehr an, daß die ausreichende Menge für das ordnungsgemäße Verschweißen aufgebracht wurde.
Wichtig ist, daß die notwendige Verarbeitungstemperatur eingehalten wird. Behelfsweise kann die Folie im Bereich der Schweißnaht angewärmt werden. Die Gefahr von Fehlerstellen ist dabei relativ groß. Nach erfolgter Verschweißung werden die Stöße der Bahnen beidseitig mit Flüssigfolie versiegelt.

Die Quellverschweißung

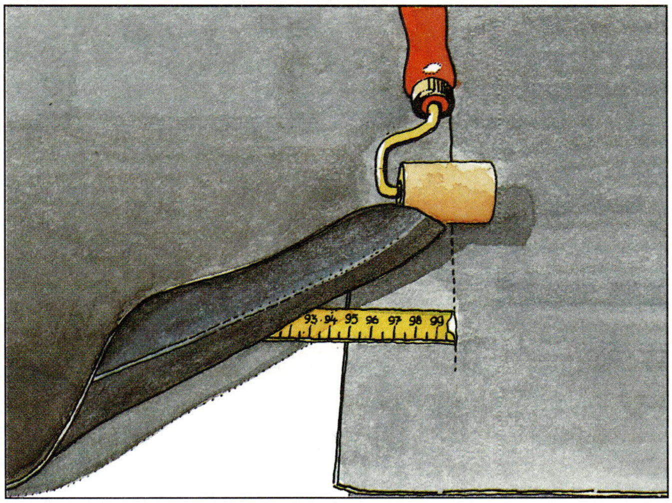

1. Die zu verschweißenden Folien überlappen sich um mindestens 5 cm.

2. Das Quellschweißmittel wird mit einem Pinsel aufgetragen. Ohne Einwirkungszeit werden die beiden Bahnen mit dem Silikonroller aufeinandergepreßt und mit Flüssigfolie versiegelt.

Die Thermoschweißung

Wenn durch die Größe eines Teiches die Abdichtungsbahnen innerhalb der Anlage zu verschweißen sind, ist das Heißluftverfahren oder Thermoschweißen anzuwenden.
Dafür werden folgende Geräte und Materialien benötigt:

Die Thermoverschweißung

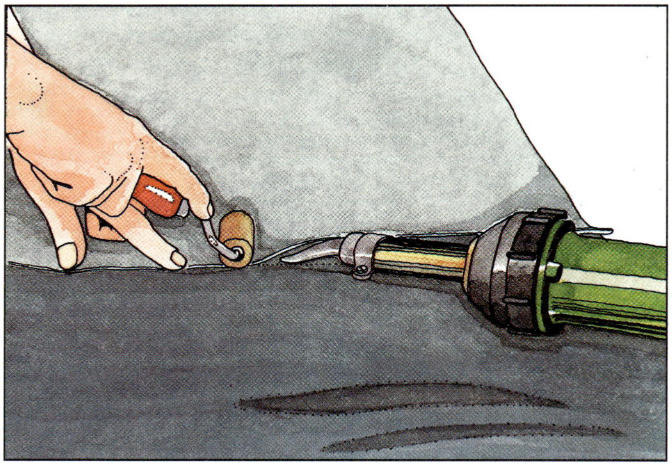

1. Die zu verschweißenden Folien überlappen sich um mindestens 5 cm. Sie werden durch den Industriefön mit der breiten Düse zum Schmelzen gebracht und direkt dahinter mit dem Silikonroller zusammengepreßt.

2. Zur Kontrolle wird die Schweißnaht mit der schmalen Düse noch einmal nachgearbeitet. Die Folienkante muß direkt hinter der Düse mit dem Silikonroller angepreßt werden.

3. Die Schweißnaht wird mit Flüssigfolie versiegelt.

- Folienbahnen
- Zollstock und/oder Bandmaß
- Messer
- Heißluft-Schweißgerät (Industriefön) mit einer schmalen und einer breiten Düse
- Silikonroller
- ein kurzes Brett
- Flüssigfolie

Die Folienbahnen sind mit 5–10 cm Überlappung zu verlegen. Durch das Heißluft-Schweißgerät (Industriefön) werden die beiden Folien mit der breiten Düse bis zum Schmelzen erhitzt und direkt hinter der Heißluftdüse mit einem Silikonroller zusammengepreßt. Hier ist es ebenfalls sinnvoll, ein kurzes Brett unterzulegen, um den notwendigen Anpreßdruck erzeugen zu können. Zur Erhöhung der Sicherheit der Schweißnaht wird entlang der Schnittkante eine Kontrollverschweißung mit der schmalen Düse durchgeführt. Im Anschluß daran sind sämtliche Nähte mit Flüssigfolie zu versiegeln.

Beim Heißluftschweißgerät wird mit Temperaturen bis zu 700° C gearbeitet, wobei leicht Verbrennungen entstehen können, wenn mit dem Gerät nicht mit äußerster Sorgfalt hantiert wird.

Die Teichfolie sollte bei dem Zuschnitt immer so groß bemessen werden, daß in den Randbereichen die Folie ungefähr 20 cm übersteht. Erst nach der kompletten Fertigstellung einschließlich dem Bodeneinbau und der Wasserfüllung werden die überstehenden Ränder mit einem scharfen Messer auf die endgültige Höhe nachgeschnitten.

Ein Stück Technik gehört dazu

Sprudelstein

Teichtechnik – weniger ist meistens besser

Zu jedem noch so natürlich gestalteten Gewässer im Garten gehört auch ein Stück Technik, das dazu beiträgt, die künstlich geschaffene Natur zu erhalten und seine weitere Entwicklung zu sichern. Diese Technik beginnt in der einfachsten Form mit der Zuleitung von Wasser und führt bis zur vollautomatischen Umwälz- und Filteranlage.
Hier gilt jedoch wie in vielen Technikbereichen der Grundsatz: »Weniger ist meistens besser.« Viel Technik bringt in der Regel auch viele Störungen. Es ist deshalb sinnvoller, die notwendigen, technischen Einrichtungen so einfach wie möglich und damit auch kostengünstig zu gestalten.

Die Wasserversorgung – Voraussetzung für jedes Gewässer

Das Minimum an technischer Einrichtung für ein Gewässer im Garten besteht in einem Wasserhahn, über den die Versorgung mit dem lebensnotwendigen Element Wasser sichergestellt ist. Bei einem einfachen Tümpel kann natürlich auch noch darauf verzichtet werden, jedoch ist es auch für diesen günstiger, wenn er in einer monatelangen Trockenperiode im Sommer ab und zu eine Wassergabe erhalten kann.
Die Nachfüllung des Wassers ist am einfachsten mit einem Gartenschlauch möglich, wobei darauf zu achten ist, daß durch das einlaufende Wasser keine Ausspülungen im Vegetations- und Uferbereich verursacht werden. Es ist deshalb sinnvoll, im Einlaufbereich Steine, Kiesel oder etwas Schotter anzuordnen, die diese Ausspülungen verhindern.

Der Zulauf kann auch als feste Leitung in das Erdreich verlegt und über einen Quellsprudel, Wasserstein, Quellstein oder ähnliche Einrichtungen in das Wasser geführt werden. Hierbei ist die Zuleitung mit einem freien, offenen Auslauf zu versehen, die nach jeder Benutzung leer läuft und dadurch im Winter auch nicht einfrieren kann. Ist dies wegen der Höhenverhältnisse im Garten nicht möglich, muß eine flexible Leitung verwendet werden, die bei Frosteinwirkung keinen Schaden nimmt.
Die fest installierte Wasserzuleitung kann über ein Stück Wasserschlauch auch an eine Außenzapfstelle angeschlossen werden. Dadurch steht diese Zapfstelle auch weiterhin für die Gartenbewässerung zur Verfügung.
Ein fester Anschluß unmittelbar an das Wasserleitungsnetz ist meist dann nicht erlaubt, wenn der Anschlußpunkt tiefer als der Wasserspiegel liegt und dadurch bei Störungen im Wasserleitungsnetz Wasser aus dem Teich in das Leitungsnetz eindringen könnte.

Verschweißung von Rohr und Folie

1. In ein etwa 30 x 30 cm großes Folienstück wird in die Mitte ein kreisrundes Loch mit dem halben Durchmesser des Rohres geschnitten.

2. Das Folienstück wird über das Leitungsrohr gezogen und mit dem Rohr verschweißt. Anschließend muß die Schweißnaht mit Flüssigfolie versiegelt werden.

Die automatische Wassernachfüllung

Eine weitere Möglichkeit besteht in einer automatischen Wassernachfüllung, die sehr praktisch ist und die Wasserversorgung auch in der Urlaubszeit sicherstellt. Hierbei wird die Niveauregulierung der Wasserspiegelhöhe entweder über einen Schwimmer oder mit Elektroden durchgeführt.
Am günstigsten ist diese Einrichtung dann zu schaffen, wenn in unmittelbarer Nähe des Gewässers ein Kellerraum in passender Höhenlage zur Verfügung steht. Dort sind diese Einrichtungen leicht zugängig, damit leicht kontrollierbar und vor allen Dingen auch frostfrei untergebracht.
Die automatische Niveauregulierung oder Wassernachfüllung funktioniert nach dem »Prinzip der kommunizierenden Röhren«. Im Keller oder auch in einem Schacht in der Nähe des Gewässers wird ein Behälter mit mindestens 20 l Inhalt montiert. In diesen Behälter wird entweder eine einfache Schwimmerkombination wie bei einer WC-Spülung oder Elektroden mit Magnetventilsteuerung eingebaut und an die Wasserleitung angeschlossen. Diese Installationen sind unbedingt von einer qualifizierten Sanitärfirma durchzuführen.
Durch ein möglichst starkes Rohr von mindestens 50 mm Durchmesser wird der Behälter mit dem Teich verbunden und das Rohr in die Teichabdichtung eingebaut. Für diese Zuleitung in den Teich muß die Folienabdichtung durchbrochen werden. An der Stelle des Durchbruchs wird in die Dichtungsfolie eine Aussparung geschnitten, die dem Außendurchmesser des einzuführenden Rohres entspricht.
In ein Folienstück gleicher Art und Stärke, das allseits um mindestens 10 cm größer als die Aussparung in der Teichabdichtung ist, wird ein kreisrundes Loch geschnitten, das den halben Durchmesser des durchzuführenden Rohres hat. Das Folienstück wird über das PVC-Rohr gezogen und mit dem Rohr verschweißt. Dieses ist dann in die Aussparung der Teichabdichtung einzuführen und das Folienstück mit der Teichdichtungsfolie zu verschweißen.
Durch dieses in den Teich geführte Rohr stellt sich nach dem »Prinzip der kommunizierenden Röhren« im Ausgleichsbehälter der gleiche Wasserspiegel wie im Gewässer ein. Fällt außen im Teich der Wasserspiegel

durch Verdunstung ab, so überträgt sich dies auch auf den Wasserspiegel im Ausgleichsbehälter, der Schwimmer geht nach unten und öffnet die Zuleitung. Der Wasserspiegel steigt dann im Behälter an und dies überträgt sich über die Verbindungsleitung zum Gewässer im Garten.
Damit dieser Ausgleich möglichst schnell abläuft, sollte das Verbindungsrohr einen Durchmesser von mindestens 50 mm haben. Bei zu kleiner Verbindungsleitung geht der Wasseraustausch zu langsam vonstatten. Der Wasserspiegel steigt im Behälter rasch an und die Zuleitung wird wieder geschlossen. Da nur eine geringe Wassermenge nachgelaufen ist, sinkt der Wasserspiegel im Behälter schnell wieder ab und gibt mit dem Schwimmer den Wasserzulauf wieder frei. Dadurch wird der Zulauf ständig an- und abgestellt.
Dies läßt sich zusätzlich auch dadurch verhindern, daß der Ausgleichsbehälter nicht zu klein gewählt wird und der Wasserzulauf in den Behälter nur langsam erfolgt. Dies hört sich zwar kompliziert an, ist jedoch in der Installation einfach herzustellen und mit wenigen Handgriffen zu bedienen.

Die Verwendung von Regenwasser

Besteht die Absicht, Regenwasser aus der Dachentwässerung für die Nachfüllung eines Gewässers zu nutzen, sollte die Zuleitung nicht direkt, sondern über ein Wasserfaß laufen, das als Absetzbecken für die im Wasser befindlichen Feststoffe fungiert. Anschließend kann der Zulauf über ein kleines Fließgewässer erfolgen, um eine gewisse Vorreinigung zu erreichen, da das Regenwasser meist durch viele Stoffe belastet ist.
Vor der Einleitung von Regenwasser ist auf jeden Fall eine Wasseranalyse durchzuführen und das Wasser auf seine Schadstoffbelastung zu untersuchen. Dies gilt gleichermaßen für die Nutzung von sonstigen Oberflächengewässern und auch für Brunnenwasser, das oft einen zu hohen Salzgehalt aufweist.

Der Überlauf

Bei kleinen Gewässern und wasserdurchlässigem Boden kann in der Regel auf einen Überlauf verzichtet werden, da das überschüssige Wasser im Randbereich an mehreren Stellen übertreten und im Boden versickern kann.
Dies ist nicht möglich, wenn eine Randausbildung mit Platten in einem Mörtelbett hergestellt ist. Bei zu hohem Wasserstand im Winter würde der Plattenbelag durch die Eisbildung vom Rand abgehoben und zerstört oder beschädigt. Für diesen Fall ist ein Standrohr im Gewässer zu installieren, über dessen obere Öffnung bei zu hohem Wasserstand das überschüssige Wasser in eine Sickergrube oder in den Kanal abfließt. Bei einem großen Gewässer kann mit dem Überlauf ein Moorbeet, eine Feuchtwiese, ein Tümpel oder auch ein Bachlauf mit Wasser versorgt werden. Hierfür ist die Folie an einer Stelle des Teichrandes zu erweitern und höhenmäßig so anzuordnen, daß das Überschußwasser ab einer gewissen Höhe dem anderen Gewässer zugeführt wird.
Bei größeren Wasserflächen ab 8–10 m² ist ein kontrollierter und kontrollierbarer Überlauf notwendig, um Abschwemmungen, Ausspülungen und eventuell damit verbundene Absackungen oder gar Abrutschungen im Randbereich zu vermeiden.
Es ist zu bedenken, daß bei einem Gewässer mit etwa 10 m² Wasserfläche bei einem Gewitterregen mit 30 l Niederschlag/m² im Randbereich

Quellsprudel

300 l Wasser überlaufen und dies unter Umständen an nur einer Stelle. Es ist verständlich, daß dies in der Regel nicht ohne Schaden verläuft.

Steht in der Nähe des Ausgleichsbehälters zusätzlich ein Ablaufrohr oder ein Bodenablauf zur Verfügung, kann damit der Überlauf bei zu hohem Wasserstand reguliert werden. Übersteigt nämlich der Wasserstand im Ausgleichsbehälter eine bestimmte Höhe, läuft das Wasser über ein Überlaufrohr in die Kanalisation ab und das Gewässer kann nicht über die Ufer treten.
Die Höhendifferenz zwischen Überlauf und Einschalthöhe für die Nachfüllung sollte etwa 5 cm betragen, damit das Niederschlagswasser für das Gewässer voll genutzt werden kann und nicht gleich durch den Überlauf abgeleitet wird. Dies bedeutet, daß die Wassernachfüllung erst dann erfolgt, wenn der Wasserspiegel 5 cm unter den Höchststand abgesunken ist.
Es ist nochmals darauf hinzuweisen, daß alle Installationen mit Anschluß an die Wasserleitung und den Kanal nur durch geeignete Sanitärbetriebe durchgeführt werden sollen. Es könnte sonst passieren, daß die Versicherung einen eventuell auftretenden Wasserschaden wegen mangelhaften Installationen nicht reguliert.

Ist ein Ablauf nötig?

Bei Naturteichen ist eine Entleerung des Gewässers zu vermeiden, um die Kleintierwelt im Wasser nicht zu beseitigen. Sollte für Reinigungs- oder Reparaturzwecke eine Absenkung des Wasserspiegels notwendig sein, kann dies mit einer Tauchpumpe vorgenommen werden. Das Wasser wird entweder in den Kanal gepumpt oder aber besser zur Bewässerung des Gartens genutzt. Es ist deshalb sinnvoll, in der Nähe des Gewässers eine Steckdose zu installieren.
Ein Ablauf an der tiefsten Stelle des Gewässers für die Entleerung ist dann einzurichten, wenn es sich beispielsweise um einen Zierteich handelt, der öfters gereinigt werden muß und dessen Wasser chemische Zusätze zur Reinhaltung enthält. Dieses Wasser kann nicht für die Bewässerung im Garten genutzt werden.

Pumpen und Belüfter sind eine hilfreiche Anschaffung

Für die Pflege und den Betrieb von Gartengewässern werden Pumpen benötigt. In der Regel werden Unterwasserpumpen eingesetzt, die fix und fertig mit Kabelanschluß und Stecker im Handel erhältlich sind. Es muß nur noch ein Schlauch für das geförderte Wasser angeschlossen, die Pumpe in das Gewässer gestellt und der Stecker in die Steckdose gesteckt werden, um die Pumpe in Betrieb zu nehmen.
Für die Entleerung und den Betrieb von künstlichen Fließgewässern und Fontänen sollten nur Pumpen mit einem Schwimmerschalter verwendet werden, damit die Pumpe bei zu niedrigem Wasserstand automatisch abschaltet und keinen Schaden durch Trockenlauf nimmt.
Bei Tauchpumpen für Quellsprudel, kleine Fließgewässer oder kleine Fontänen kann auf eine Schwimmerschaltung dann verzichtet werden, wenn die Pumpe in ausreichender Tiefe von 40–50 cm aufgestellt werden kann und nicht zu erwarten ist, daß der Wasserspiegel kurzfristig bis auf diese Tiefe absinkt.
Durch einen Quellsprudel soll in Gewässern ohne viel Wellenbildung eine Sauerstoffanreicherung und eine Umwälzung des Wassers erreicht werden. Außerdem verhindert er im Winter selbst bei strengem Frost das restlose Zufrieren des Gewässers. Dadurch haben die Fische stets ausreichend Sauerstoff zur Verfügung.
Um eine Umwälzung des Wassers durch den Betrieb eines Quellsprudels zu erreichen, ist die Pumpe an dem einen Ende und der Sprudel am anderen Ende der Wasserfläche anzuordnen. Die Verlegung des Verbindungsschlauches erfolgt unsichtbar auf der Folie im Erdreich. Zur Sauerstoffanreicherung des Wassers können auch Luftsprudler und feine Springbrunnendüsen verwendet werden. Bei diesen Einrichtungen ist ebenfalls darauf zu achten, daß bei dem Betrieb nicht zu viel Wellenschlag entsteht, der den meisten Schwimmblattpflanzen schadet.
Springbrunnen und Fontänen können einfach durch auf dem Beckenboden aufgestellte Unterwasserpumpen mit entsprechenden Düsenaufsätzen ohne feste Installationen betrieben werden. Diese Wasserspiele sind jedoch auf reine Zierwasserbecken zu beschränken.
Ist für ein größeres Zierbecken mit Fontäneanlage eine Umwälz- und Filteranlage erforderlich, so muß diese von einem qualifizierten Sanitärfachmann geplant und eingebaut werden. Solche Anlagen sind für den Eigenbau nicht geeignet.

Pumpen

Belüfter

Eisenbahnschwelle aus Hartholz mit Steckdosen und Schutzkontakt-Stecker

Scheinwerfer

Beleuchtung und Steckdosen

Bei Wasserspielen in Zierteichen ist es sehr reizvoll, diese bei Nacht mit Unterwasserscheinwerfern zu beleuchten. Die Verwendung von farbigem Licht ist Geschmackssache. Bei Gartenwasserbecken sollte auf farbiges Licht und bunte Lichtspiele verzichtet werden.
Quellsprudel in Naturteichen und sonstige attraktive Bereiche am Gewässer sind nicht durch Unterwasserscheinwerfer, sonder durch verdeckte Strahler auszuleuchten. Hierfür sind kleine Strahler mit Reflektorbirnen und möglichst keine Quecksilberdampflampen zu verwenden, damit der Strahler nicht zur Flutlichtanlage ausartet.
Für die Ausleuchtung von Bäumen oder attraktiven Großgehölzen können Einbauscheinwerfer verwendet werden, die mit festem Kabelanschluß in den Boden bündig einzulassen sind.
Auch für die Beleuchtung im Garten gilt die Regel, daß wenig meistens besser und reizvoller ist. Um die Beleuchtung und Pumpen betreiben zu können, wird Strom aus der Steckdose benötigt. Für die Tauchpumpen und die Beleuchtung reicht die übliche Spannung mit 220 V aus.
Steckdosen können am einfachsten an der Außenwand des Gebäudes installiert werden. Falls sich dabei zu große Kabellängen ergeben, sind in der Nähe des Gewässers oder der Leuchten eine, beziehungsweise mehrere Steckdosen anzubringen. Dazu gibt es zwei Möglichkeiten:

- Einbau einer Eisenbahnschwelle aus Hartholz, die ungefähr 40–50 cm aus dem Boden herausragt. An diese Schwelle sind zumindest zwei Steckdosen zu montieren.
- Einbau einer im Handel erhältlichen Steckdosensäule, meist aus Aluminium und mit 2–4 Anschlußmöglichkeiten.

Diese Steckdosensäulen sind möglichst zugänglich, jedoch durch Bepflanzungen verdeckt anzubringen. Die Zuleitung zu den Steckdosen ist als Erdkabel in einen 60 cm tiefen Graben zu verlegen. Sie wird mit 10 cm Sand und Ziegelsteinen als Schutz abgedeckt.
Der Anschluß an das Stromnetz und die Außensteckdosen müssen von einem qualifizierten Elektriker durchgeführt werden. Dabei ist es vorteilhaft, wenn die Steckdosen einzeln und nur vom Haus aus schaltbar sind, damit Unbefugte keinen Strom entnehmen können.

Eine spannungsreiche Gestaltungsmöglichkeit

Planung und Ausbau des Wassergartens

Vor dem Bau eines Wassergartens
muß sorgfältig geplant werden.

Ein naturnahes Gartengewässer belebt jede Umgebung.

Die Planung

Sorgfältige Planung muß sein

Nach eingehendem Studium der unterschiedlichen Gewässerarten, Uferausbildungen, Konstruktionsmöglichkeiten und Abdichtungen wird deutlich, daß sich der Wunsch nach »Wasser im Garten« auf vielfältige und differenzierte Art und Weise erfüllen läßt. Selbstverständlich muß bei der Verwirklichung auf natürliche Gegebenheiten, wie verfügbare Fläche, Hangneigung und die Nachbarschaft Rücksicht genommen werden.
Vor der Planung ist deshalb zu prüfen, welche Vorstellungen und Erwartungen an das Gewässer gestellt werden und welche räumliche Situationen, das bedeutet, welcher Platz im Garten an welcher Stelle für »Wasser im Garten« zur Verfügung steht. Dabei spielt auch eine sehr wesentliche Rolle, mit welchem Aufwand das Gewässer eingerichtet und unterhalten werden kann. Wie bei allen Anschaffungen sind die Investitionen für ein Gewässer auf Dauer nur dann sinnvoll, wenn entsprechendes Interesse besteht und auch die Pflege langfristig gewährleistet werden kann.
Aus den Erläuterungen der ersten Kapitel wird deutlich, daß sich für den Eigenbau nur Fertigbecken und Abdichtungen mit Folie eignen.
Das Gewässer kann streng formal, das heißt, rechteckig sein, es kann jedoch auch frei geformt werden. Auch Kombinationen mit einem Bachlauf, einer Wassertreppe, Fontänen oder einem Quellsprudel sind Gestaltungsmöglichkeiten. Es muß grundsätzlich entschieden werden, ob nur ein reines Ziergewässer mit Zierfischen entstehen soll oder aber ein vielfältig bepflanzter, möglichst naturnaher Sumpf- und Wasserbereich.

Die Wahl des Standortes

Bei der Auswahl des Standortes ist besonders darauf zu achten, daß der geplante Teich oder Tümpel nicht irgendwo mitten in einer Rasenfläche angelegt wird, sondern Anlehnung an eine vorhandene Bepflanzung, eine Terrasse oder Stützmauer findet. Das Gewässer sollte möglichst etwas tiefer als die Wohnebene liegen, damit man vom Haus oder der Terrasse aus auf das Gewässer blicken und es in seiner Vielfalt ständig erleben kann.
Bei der Auswahl des Standortes ist auch zu berücksichtigen, wie an das Gewässer angrenzende Flächen genutzt werden. So sollte zum Beispiel keine Tiefwasserzone ohne Abgrenzung unmittelbar an eine Terrasse anschließen, wenn Kleinkinder zum Familienkreis gehören. Ebenso ist der Standort einer Wasserfläche neben einem Ballspielplatz oder neben der Tischtennisplatte ungeeignet, da sonst die Uferbepflanzung oder die Schwimmpflanzen in Mitleidenschaft gezogen werden.
Bei altem Baumbestand darf das Gewässer mit seinen tieferen Zonen nicht zu dicht bei dem Baumstamm vorgesehen werden, da sonst bei dem notwendigen Erdaushub Beschädigungen der Baumwurzeln nicht zu vermeiden sind.
Bei der Standortwahl sind auch die Lichtverhältnisse zu berücksichtigen. Ist zum Beispiel die Anlage eines Seerosenteiches vorgesehen, so muß bei dem Standort sichergestellt sein, daß er 6–8 Stunden am Tag besonnt ist, um den gewünschten Blütenreichtum zu erreichen.

Aufmaß und Bestandsplan

Ist der geeignete Standort im Garten gefunden, kann die Planung mit der Bestandsaufnahme beginnen. Dazu wird folgendes benötigt:

- 1 Zollstock und/oder Bandmaß
- 4–10 Holzpfähle, Durchmesser ungefähr 5–10 cm, Länge etwa 1,50 m
- 1 Hammer
- 1 Eimer Sand
- 1 Gartenschlauch, etwa 10 m lang, möglichst durchsichtiger Kunststoff oder ein Nivelliergerät
- 1 Blatt Papier DIN A3 oder DIN A4
- 1 Lineal mit Zentimeter-Einteilung
- 1 Zirkel
- 1 Tischplatte
- 1 Rolle Tesafilm
- 1 Bleistift und Radiergummi

Vorab wird die gewünschte Wasserfläche mit Sand im Rasen abgestreut. Danach sind die Eckpunkte je nach Größe der Fläche mit vier oder mehr Pfählen zu markieren. Mit dem Zollstock oder dem Bandmaß wird die längere Diagonale gemessen und als gerade Linie auf dem Papier, das mit Tesafilm auf einer waagrechten Tischplatte befestigt ist, aufgezeichnet. Bei kleineren Anlagen empfiehlt sich als Maßstab 1 : 10, das heißt 1 m in der Örtlichkeit sind 10 cm auf dem Papier. Bei größeren Anlagen empfiehlt sich der Maßstab 1 : 50 oder 1 : 100.
Anschließend wird von beiden Enden der Diagonalen, das heißt von den beiden Eckpunkten 1 und 3, die Entfernung zum nächsten Pfahl (2 oder 4) gemessen. Diese werden mit dem Zirkel maßstabsgetreu als Bogen in den Plan eingetragen. Der Schnittpunkt der beiden Bogen ist der eingemessene Eckpunkt (2 oder 4). Auf die gleiche Weise werden die übrigen Eckpunkte ermittelt. Zum Schluß verbindet man die Eckpunkte miteinander und erhält die verfügbare Fläche.

Die gewünschte Wasserfläche wird mit Sand auf den Boden gestreut. Die vorhandene Fläche ist mit mindestens 4 Pfählen abzustecken. Die Maße A-D ergeben den Abstand der verfügbaren Fläche zu Terrasse und Haus.

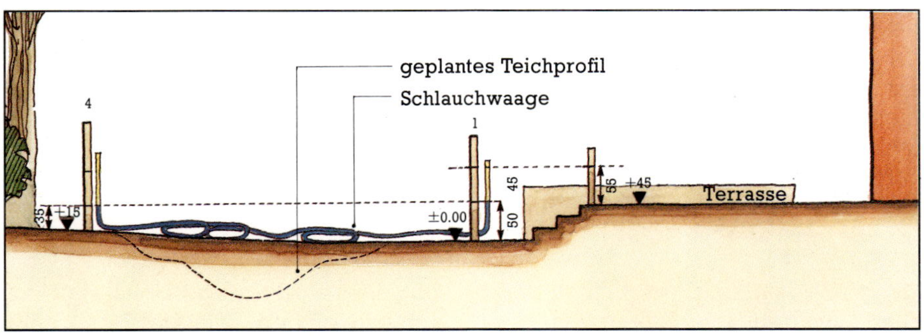

Höhenmessung mit Hilfe der Schlauchwaage

Als nächster Schritt werden in gleicher Weise die umgebenden Anlagen wie Terrasse, Bäume und Sträucher eingemessen und ebenfalls auf dem Papier maßstäblich aufgetragen. Damit ist dann der Lageplan komplett, es fehlen nur noch die Höhendifferenzen, die in geneigtem Gelände für die Planung eines Gewässern besonders wichtig sind.
Die Höhenmessung erfolgt üblicherweise mit einem Nivelliergerät und dem Zollstock. Da bei dem Eigenbau in der Regel kein Nivelliergerät zur Verfügung steht, kann die Höhenmessung auch mit einem blasenlos gefüllten, durchsichtigen Plastikwasserschlauch erfolgen.
Am Eckpfosten 1 wird etwa 50 cm über dem Erdboden eine Markierung angebracht und der gefüllte Gartenschlauch mit beiden Enden an diesen Pfosten so angehalten, daß der Wasserstand im Schlauch mit der Markierung am Pfosten übereinstimmt. Das eine Ende des Schlauches wird am Pfosten festgehalten und das andere Ende wird vorsichtig an den nächsten Pfosten geführt und so angehalten, daß bei dem ersten Pfosten der Wasserstand mit der Markierung übereinstimmt. Der zweite Pfosten wird in Höhe des Wasserstandes markiert. Da das Wasser an beiden Schlauchenden die gleiche Höhe aufweist, ist damit die Höhe waagrecht übertragen.
Bei den anderen Eckpfosten wird ebenso verfahren. Dadurch wird eine waagrechte Ebene geschaffen, die einem Wasserspiegel entspricht. Nun werden von der Markierung an den Pfosten bis zum Boden die Höhen gemessen und aus den Maßdifferenzen die Höhendifferenzen wie folgt ermittelt:

Beispiel:

Pfosten	Höhenmaß	Differenz
1	50 cm	± 0 cm
2	65 cm	− 15 cm
3	75 cm	− 25 cm
4	35 cm	+ 15 cm

Dies bedeutet, daß Punkt 2 15 cm tiefer, Punkt 3 25 cm tiefer und Punkt 4 15 cm höher als Punkt 1 liegt. Diese Höhendifferenzen werden ebenfalls in den Lageplan eingetragen. Mit der gleichen Methode, die als Schlauchwaage bezeichnet wird, kann auch die Höhendifferenz zwischen Haus oder Terrasse und dem geplanten Gewässer ermittelt werden.

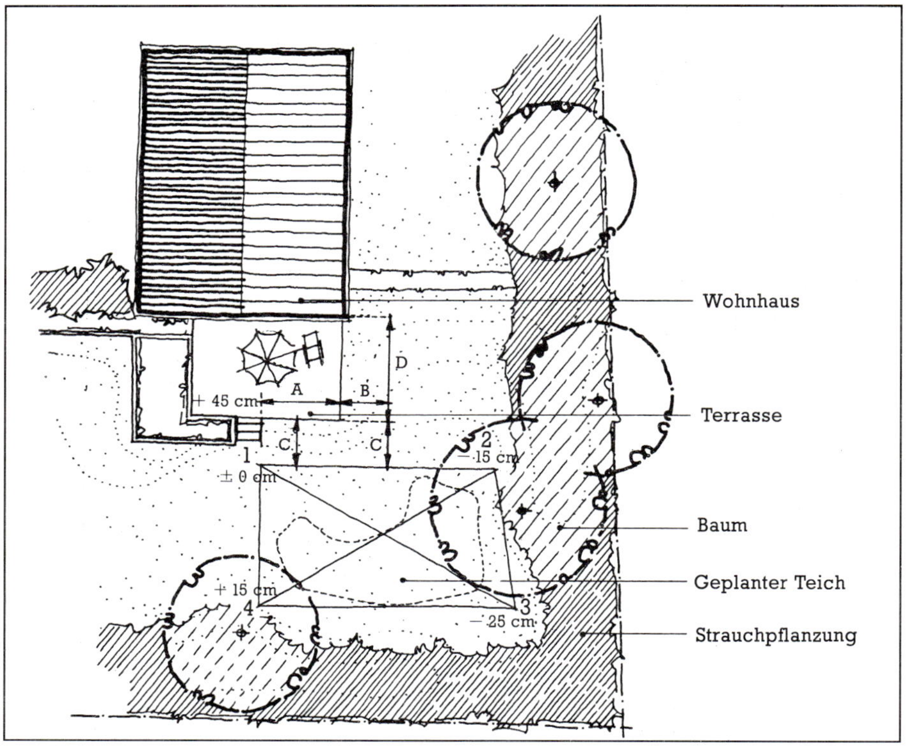

Der Bestandsplan ist die wichtigste Planungsgrundlage

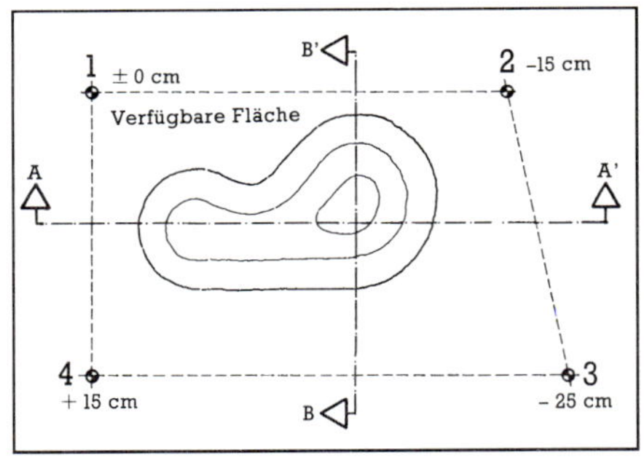

Grundriß des Fertigbeckens
Er ist maßstabsgerecht auf Transparentpapier aufzuzeichnen, über den Bestandsplan zu legen und an der gewünschten Stelle mit Tesafilm festzukleben.

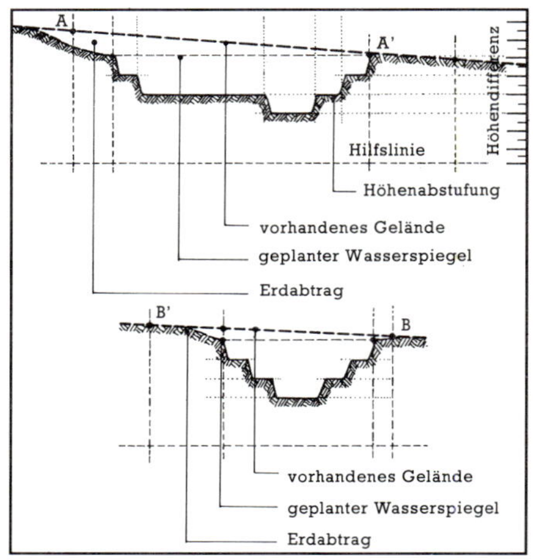

Schnitte des Fertigbeckens werden gezeichnet, um die spätere Höhe des Wasserspiegels festzulegen.
Längsschnitt A-A' (oben)
Querschnitt B-B' (unten)

Nach der Höhenaufnahme und Eintragung der Höhendifferenzen in die Zeichnung kann mit der eigentlichen Planung begonnen werden. Die Zeichnung ist der sogenannte Bestandsplan, der für die weitere Planung die wichtigste Grundlage darstellt.

Die Planung des Fertigbeckens

Fertigbecken sind im Gartenfachhandel und auch im Baustoffhandel erhältlich. Das Becken sollte möglichst etwas kleiner als die verfügbare Fläche gewählt werden, damit ausreichend Platz für die Ausbildung der Randzonen und eine angemessene Bepflanzung oder auch die Anordnung einer kleinen Terrasse verbleibt.
Nach Auswahl des Beckens ist dieses maßstabsgerecht auf ein Transparentpapier aufzuzeichnen, über den Bestandsplan zu legen, an die gewünschte Stelle zu schieben und mit Tesafilm festzukleben.
Zur Festlegung der Beckenhöhe, also zur späteren Höhe des Wasserspiegels, ist es nötig, sich eine oder unter Umständen auch mehrere Schnittzeichnungen anzufertigen. Anhand dieser Schnittzeichnungen in Längs- und Querrichtung kann dann entschieden werden, in welcher Höhenlage das Becken am besten in den Garten paßt.

Für die Herstellung der Schnittzeichnung ist in den Grundriß mit dem Bekken eine Schnittlinie in der Richtung der größten Höhendifferenz einzutragen. Die Schnittzeichnung sollte auf einem gesonderten Blatt erfolgen. Zuerst wird parallel zum unteren Blattrand im Abstand von 5 cm eine Grundlinie gezogen. Im Bestandsplan wird an der eingetragenen Schnittlinie die Länge der verfügbaren Fläche und der Abstand der Beckenränder gemessen. Diese Maße werden auf die Grundlinie übertragen. Parallel zu den seitlichen Blatträndern sind durch die Meßpunkte senkrechte Linien in Richtung des oberen Blattrandes einzuzeichnen. Bei den beiden äußeren Grenzlinien der verfügbaren Fläche werden die Höhendifferenzen zuzüglich einer gemeinsamen Grundeinheit (zum Beispiel 10 cm) eingetragen. Die beiden sich ergebenden Punkte sind zu verbinden. Die daraus resultierende Linie stellt die Neigung des Geländes dar.

Zwischen den beiden Grenzlinien des Beckenrandes wird parallel zum unteren Blattrand eine Linie gezogen, die den Wasserspiegel darstellt. Setzt man diese Waagrechte am tiefsten Geländeschnittpunkt an, so ist an der Linie des anderen Beckenrandes abzulesen, beziehungsweise zu messen, wie weit dort die Wasserfläche in das Gelände einschneidet, welcher Erdabtrag und welche Böschungshöhe sich ergeben. Setzt die Waagrechte am höchsten Geländeschnittpunkt an, so ist an der Linie des anderen Beckenrandes abzulesen, beziehungsweise zu messen, wie hoch die Wasserfläche dort über dem Erdboden liegt, welche Auffüllung und welche zugehörige Böschungshöhe sich ergeben würde. Diese Darstellungen sind in den Abbildungen auf Seite 42 erläutert.

In der Regel sollte die Höhe der Wasserfläche etwa in der Mitte zwischen dem höchsten und tiefsten Geländeschnittpunkt liegen, dies ist jedoch nach der jeweiligen Situation zu entscheiden.

Die Teichhöhe wird dann in der Schnittzeichnung eingetragen, die Randausbildung dargestellt und die Böschungen mit einem Neigungswinkel von maximal 1 : 2 konstruiert, das heißt auf 2 m Länge 1 m Steigung in der Höhe. Aus dieser Böschungskonstruktion ist abzulesen, ob die vorgesehene Teichhöhe auch auf der verfügbaren Fläche ausführbar ist oder die Böschungskrone beziehungsweise der Böschungsfuß bereits auf des Nachbars Grundstück landet. Es besteht zwar die Möglichkeit, in diesen Fällen die Höhendifferenz mit einer Stützmauer abzufangen, es wird jedoch meist sinnvoller sein, dann lieber ein kleineres Becken zu wählen, das sich ohne zusätzliche Hilfsbauwerke unterbringen läßt und ein natürlicheres Erscheinungsbild liefert.

Es kann sich auch als notwendig erweisen, daß bei schwierigen Geländeverhältnissen die genaue Höhenlage des Wasserbeckens nicht nur durch einen, sondern durch mehrere Längs- und Querschnittzeichnungen geklärt werden muß. Es ist mit weniger Muskelkraft und Aufwand verbunden, diese Frage auf dem Papier, statt durch mehrfache Grabungen an Ort und Stelle zu klären.

Zur Überprüfung der Planung wird die ermittelte Höhenlage mit der Schlauchwaage an die Eckpfosten angetragen und in der Örtlichkeit die Böschungen abgesteckt. Ergeben sich Differenzen, muß der Plan entsprechend korrigiert werden.

Bei den Fertigbecken ist die Innenfläche in der Regel mehrfach gestuft, um für die Pflanzen unterschiedliche Wassertiefen zu bieten. Die Wasserpflanzen werden in Töpfen auf diese Stufen gestellt, was für die Entwicklung der Pflanzen in der Regel ausreicht und den Vorteil bietet, daß sich wuchernde Pflanzen nicht so stark ausbreiten können. Es besteht bei ausreichender Stufenbreite jedoch auch die Möglichkeit, durch Absicherung der Stufenkante mit Hartbrandklinkern die Stufenfläche mit Bodensubstrat aufzufüllen und darin die Bepflanzung einzusetzen.

Fertigbecken haben meist sehr steile Außenwände. Daher ist es nötig, durch den Einbau von Hartbrandklinkern oder Steinen und entsprechende Erdauffüllung eine Flachwasserzone zu schaffen. Diese bietet einerseits den Vögeln eine Bademöglichkeit und andererseits den in das Becken gefallenen Tieren, wie zum Beispiel Igeln und Mäusen, eine Rettungsmöglichkeit. Bei der Bepflanzung ist dann darauf zu achten, daß die Tiere diesen Flachwasserbereich von der Landseite und von der Wasserseite erreichen können.

Bei der Planung ist zu berücksichtigen, daß das Gewässer je nach Größe von einer oder mehreren Stellen, zum Beispiel über Schrittplatten oder Steine, erreichbar sein muß. Pflegearbeiten, wie das Abfischen von Laub und Algen, müssen ausgeführt werden, ohne die Bepflanzung und Kleintiere zu zertreten.

Da Fertigteiche in der Regel klein sind (Transportproblem), muß die Bepflanzung im Becken sparsam erfolgen, damit nicht binnen kurzer Zeit die Wasserfläche unter einem kleinen, grünen Urwald verschwunden ist. Die sparsame innere Bepflanzung sollte durch stärkere und passende Randpflanzungen so ergänzt werden, daß sich trotzdem eine üppige und vielfältige Vegetation ergibt, die dann auch einer großen Zahl von Tieren Lebensraum bietet.

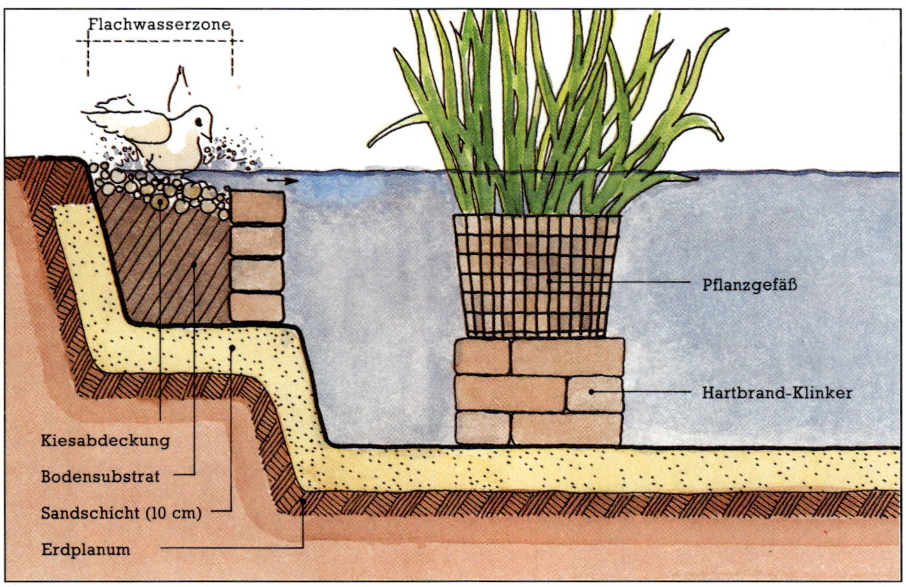

Bademöglichkeit für Vögel und Ausstieg für ins Wasser gefallene Tiere

Ein Teich mit Folienabdichtung wird geplant

Mit einer Folienabdichtung sind praktisch alle Gewässertypen auch in Kombination herstellbar, wie zum Beispiel Teich, Quellbecken und Wasserlauf mit angegliedertem Moorbeet oder Sumpfzone. Die Konstruktionen sind an keine Formen gebunden. Es sind sowohl rein geometrische als auch vollkommen freie Linienführungen möglich.
Für die Planung des gewünschten Gewässers wird über den Bestandsplan ein Transparentpapier gelegt und mit Tesafilm festgeklebt. Auf diesem Transparentpapier wird dann die Uferlinie des Gewässers dargestellt und die Bereiche eingetragen, wo flachere oder tiefere Wasserzonen ausgebildet werden sollen. Durch den Wechsel des Transparentpapiers können verschiedene Grundrißformen entwickelt werden, wobei die Eckpunkte des Bestandsplanes auf dem Deckblatt markiert werden sollten, damit nach einem Wechsel wieder die genaue Lage auf dem Bestandsplan gefunden werden kann. Sind mehrere Alternativen aufgezeichnet, müssen diese besonders bei hängigem Gelände durch Querschnittzeichnungen auf ihre Realisierungsmöglichkeit überprüft werden. Dies ist jedoch auch notwendig, um festzustellen, ob die im Gewässer vorgesehenen Flach- und Tiefwasserzonen möglich sind, ohne die maximal zulässige Böschungsneigung von 1 : 2, das heißt 1 m Steigung auf 2 m Entfernung, zu überschreiten. Bei der Ausbildung steilerer Böschungen im Gewässer hält die eingebaute Bodenschicht nicht mehr auf der Abdichtungsfolie und rutscht auf den Grund des Gewässers ab.

In der Querschnittzeichnung ist die Abfolge Uferausbildung – Flachwasserzone – Böschung – Tiefwasserzone – Böschung – Flachwasserzone – Uferausbildung darzustellen.

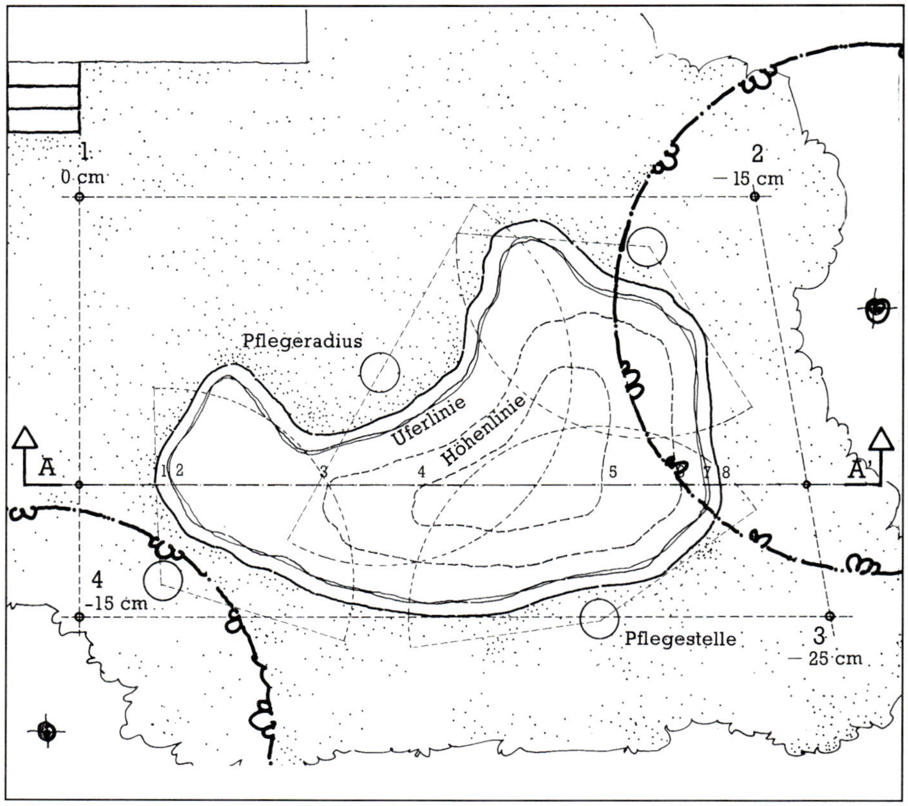

Der Grundriß des Folienteiches
Es müssen die verschiedenen Wassertiefen (1-8) und die Schnittlinie für die Schnittzeichnung (A-A') eingetragen werden.

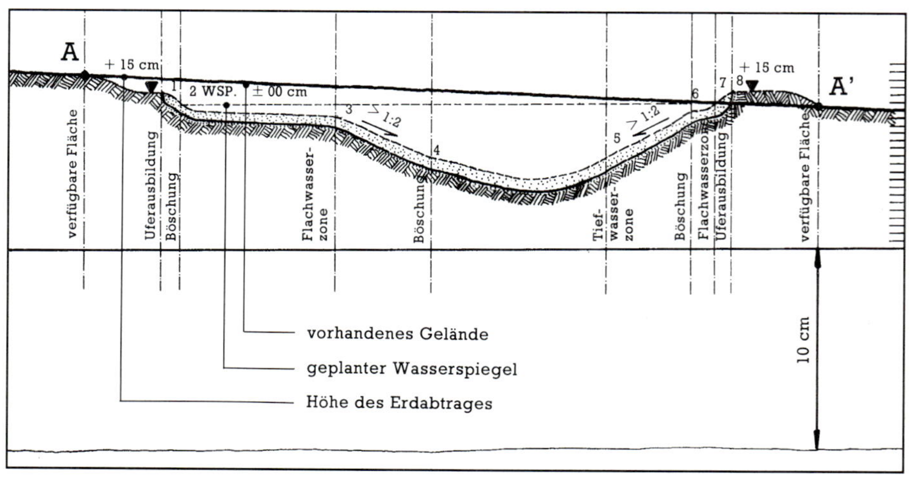

In die Schnittzeichnung werden die verschieden tiefen Wasserzonen eingezeichnet.

Die Schnittzeichnung, die den Querschnitt des Gewässers an einer bestimmten Stelle aufzeigen soll, wird in der gleichen Art wie bei den Fertigbecken hergestellt. In den Grundriß ist möglichst im Bereich der größten Höhendifferenz die Schnittlinie einzuzeichnen und die Länge der unterschiedlichen Zonen zu messen. Die Querschnittzeichnung wird auf einem gesonderten Blatt dargestellt. Dazu wird parallel zum unteren Blattrand mit einem Abstand von ungefähr 10 cm eine Grundlinie gezogen. Die Maße der Schnittlinie werden dann auf die Grundlinie übertragen und in den Meßpunkten Senkrechte parallel zum seitlichen Blattrand errichtet. An der rechten und linken Kante des verfügbaren Geländes müssen die bei der Bestandsaufnahme ermittelten Höhen des Geländes zuzüglich einem gleichen Grundmaß, zum Beispiel 15 cm, angetragen und mit einer geraden Linie verbunden werden. Diese Linie stellt den vorhandenen Geländeverlauf dar.
Im nächsten Schritt wird nun die eigentliche Querschnittzeichnung angelegt. Es müssen die verschieden tiefen Wasserzonen eingezeichnet werden. Dies wird nachfolgend an zwei Beispielen erklärt.

Beispiel 1: Mindestbreite für einen Teich mit frostfreier Zone

Zone	Breite
Ufer und Spülsaum mit Kies oder Splitt Körnung 3/56 mm	20 cm
Böschung mit Neigung 1:2 bis zur frostfreien Tiefe von 100 cm (100 cm x 2)	200 cm
Teichsohle Mindestbreite	50 cm
Böschung mit Neigung 1:2 bis zum gegenüberliegenden Ufer (100 cm x 2)	200 cm
Ufer und Spülsaum mit Kies oder Splitt Körnung 3/56 mm	20 cm
Gesamtbreite	490 cm

Daraus ergibt sich, daß ein Teich mit einer frostfreien Tiefe von 1,00 m bei einer Mindestsohlbreite von 50 cm bereits eine Fläche von etwa 5,00 m Breite benötigt. Steht diese rechnerisch ermittelte Fläche zur Verfügung, wird das vorgenannte Profil auf einem Transparentpapier im Maßstab 1:10 (ein Meter in der Wirklichkeit ist 10 cm auf der Zeichnung) wie folgt konstruiert:
Etwa 10 cm von dem oberen Blattrand wird parallel dazu eine waagrechte Linie aufgezeichnet und darauf die Gesamtlänge mit 49 cm (ist 4,90 m in der Örtlichkeit) abgemessen. Diese Linie stellt den Wasserspiegel dar und wird in die Einzelabschnitte 2 cm Ufer, 20 cm Böschung, 5 cm Teichsohle, 20 cm Böschung und 2 cm Ufer aufgeteilt.
An den beiden Maßpunkten der Teichsohle wird nach unten parallel zum seitlichen Blattrand je eine senkrechte Linie gezeichnet und darauf je 10 cm (bedeutet 1,00 m Wassertiefe) angetragen. Diese beiden Punkte stellen den Böschungsfuß dar. Die Verbindungslinie ist die Teichsohle. Dann sind die Punkte des Böschungsfußes jeweils mit dem zugehörigen Punkt der Böschungskrone (innere Uferkante) zu verbinden. Es ergibt sich die Schräglinie der Böschung im Neigungsverhältnis 1:2 (auf 20 cm Länge 10 cm Steigung). Nunmehr wird in der Mitte der Zeichnung des Geländeverlaufes und in der Mitte der Querschnittzeichnung des Teichprofils eine dünne senkrechte Hilfslinie eingetragen. Danach wird das Transparentpapier mit der Querschnittzeichnung auf das Geländeprofil so aufgelegt, daß sich die beiden Hilfslinien genau decken. Durch diese Maßnahme liegt die geplante Wasserfläche in der Mitte der zur Verfügung stehenden Fläche und der geplante Wasserspiegel ist genau horizontal. Auf der Hilfslinie kann nun der Wasserspiegel stufenlos nach oben oder nach unten verschoben werden, bis die ideale Höhenlage gefunden ist. In dieser Lage wird dann das Transparentpapier festgeklebt und es können die Höhendifferenzen zum vorhandenen Gelände gemessen werden. Je nach Höhendifferenz muß dann nach dem Uferstreifen nochmals eine Böschung nach oben oder nach unten angesetzt werden. Die Neigung darf auch hier nicht steiler als 1:2 sein. Bei manchen Situationen ist es sinnvoll, die Höhendifferenz mit einer Stützmauer zu überbrücken.
Bei einem Gartenteich sollte man versuchen, nicht nur das vorstehend erläuterte Mindestprofil herzustellen, sondern an den Uferbereich eine unterschiedlich breite Flachwasserzone anzuschließen. Dadurch kann eine größere Artenvielfalt an Pflanzen eingesetzt werden, Vögel finden eine Bademöglichkeit und kleine Wassertiere Lebenszonen, in denen sie von Fischen nicht erreicht werden können.
Mit dem geringfügigen Mehraufwand von 60 cm gegenüber dem Grundprofil kann also beidseits eine 50 cm breite Flachwasserzone ausgebildet werden. Reicht die verfügbare Fläche für das verbesserte Querprofil mit 5,50 m Gesamtbreite aus, so wird dies ebenfalls auf Transparentpapier aufgezeichnet. Auf der waagrechten Linie wird die Gesamtbreite mit 55 cm

Beispiel 2: Gesamtbreite für einen Teich mit Flachwasserzone

Zone	Breite
Ufer und Spülsaum mit Kies oder Splitt Körnung 3/56 mm	20 (– 50) cm
Flachwasserzone von 0–10 cm Wassertiefe	50 (–100) cm
Böschung mit Neigung 1:2 bis zur frostfreien Tiefe von 100 cm (90 cm x 2)	180 cm
Teichsohle Mindestbreite	50 (–200) cm
Böschung mit Neigung 1:2 bis zur gegenüberliegenden Flachwasserzone (90 cm x 2)	180 cm
Flachwasserzone von 0–10 cm Wassertiefe	50 (–100) cm
Ufer und Spülsaum mit Kies oder Splitt Körnung 3/56 mm	20 (– 50) cm
Gesamtbreite	550 cm

(Maßstab 1:10) aufgetragen und in die Einzelabschnitte 2 cm Ufer, 5 cm Flachwasserzone, 18 cm Böschung, 5 cm Teichsohle, 18 cm Böschung, 5 cm Flachwasserzone und 2 cm Ufer aufgeteilt.
Am inneren Rand der Flachwasserzone und am Rand der Teichsohle wird je eine senkrechte Linie nach unten parallel zum seitlichen Blattrand eingezeichnet. Am inneren Rand der Flachwasserzone wird von der waagrechten Linie 1 cm (entspricht 10 cm Wassertiefe) und bei der Teichsohle 10 cm (entspricht 1 m Wassertiefe) angetragen.

Beginnend bei der Innenkante des Uferstreifens werden die so ermittelten Punkte miteinander verbunden und es ergibt sich das Querprofil des Teiches. Die Knickpunkte des Profiles werden dann ausgerundet und wieder die Mittelsenkrechte dünn als Hilfslinie eingetragen, um die Profilzeichnung über das Geländeprofil legen zu können. Ist durch Verschiebung der beiden Schnittzeichnungen übereinander die ideale Lage der Wasserlinie ermittelt, wird das Transparentblatt auf dem Geländeprofil festgeklebt und der Übergang in das Gelände konstruiert. Um eine Gesamtzeichnung zu erhalten, legt man über diese »Collage« ein neues Transparentblatt und zeichnet das Gesamtprofil durch. Die sich ergebende Querprofillinie stellt die Innenfläche des Gartenteiches dar.
Hat das Gelände, in dem der Teich gebaut werden soll, eine geringe oder gleichmäßige Neigung, so reicht eine Querschnittzeichnung aus. Die ermittelten Zonen können dann in die Grundrißzeichnung übertragen werden. Bei größeren Höhendifferenzen und wechselnden Geländeneigungen wird es notwendig sein, mehrere Querschnittzeichnungen und auch einen Längsschnitt aufzuzeichnen, um alle Probleme erkennen zu können.
Wenn der Teich bepflanzt und mit einer Folie abgedichtet werden soll, muß die Dichtungsfolie 12–15 cm unter der ermittelten Profillinie liegen. Die Lage dieser Abdichtungsfolie ist nun ebenfalls in das Querprofil einzutragen. Die Dichtungsfolie beginnt an der Außenkante des Uferstreifens mit Oberkante des Geländes. Sie wird von dort 15 cm (auf der Zeichnung 1,5 cm) senkrecht nach unten geführt und verläuft dann mit dem Abstand von 15 cm (in der Zeichnung 1,5 cm) parallel zur Linie des Querprofiles. Es ist dabei darauf zu achten, daß das Ende der Folienabdichtung stets 15 cm über dem Wasserspiegel liegt. Bis zur Linie der Dichtungsfolie ist der Bodenabtrag, beziehungsweise die Bodenauffüllung durchzuführen.

Soll überschlägig ermittelt werden, wieviel Boden abzutragen, beziehungsweise aufzufüllen ist, wird in der Schnittzeichnung die Fläche oberhalb der Abdichtungslinie (Erdabtragsfläche) bis zur alten vorhandenen Geländelinie farbig, blau, sowie die Fläche unterhalb der Abdichtungslinie (Erdauffüllungsfläche) bis zur vorhandenen Geländelinie rot angelegt. Nun wird die Größe der farbigen Flächen durch Aufteilung in meßbare geometrische Figuren wie Dreieck, Trapez und Rechteck ermittelt und mit der mittleren Länge der Teichfläche multipliziert.

Beispiel: Anfallender, überschüssiger Boden

Blaue Fläche (Erdabtrag)	350 cm^2 = 3,50 m^2
Rote Fläche (Erdauffüllung)	180 cm^2 = 1,80 m^2
Mittlere Länge des Teiches	= 6,50 m
Erdabtrag 3,5 x 6,5 m	= 22,75 m^3
Erdauffüllung 1,8 x 6,5 m	= 11,70 m^3
Überschüssiger Boden	= 11,05 m^3

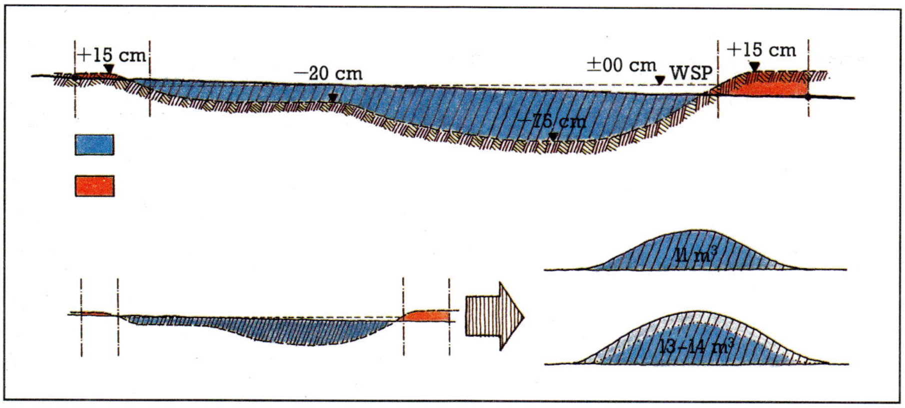

Berechnungsbeispiel für den erforderlichen Erdaushub und den überschüssigen Boden

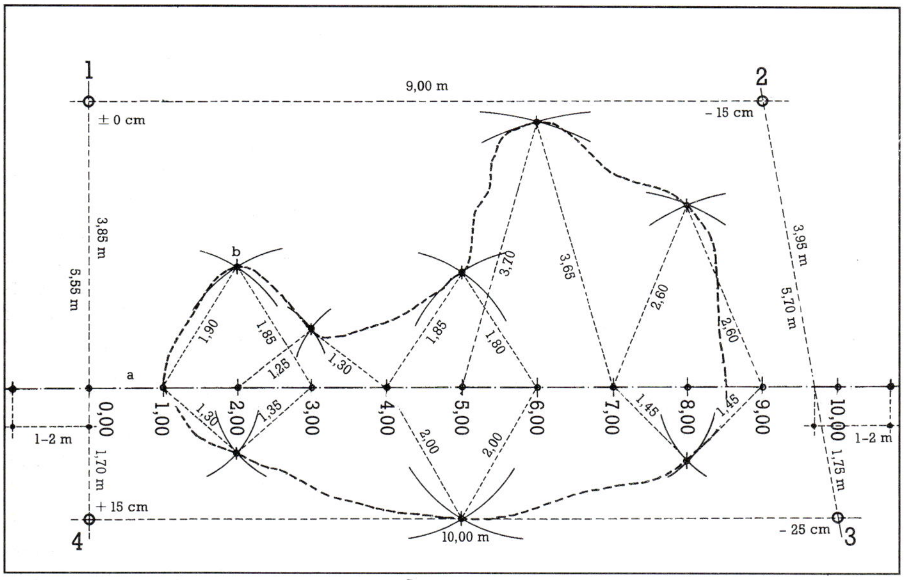

Absteckplan des Teiches (= Grundriß mit Maßen und Höhen)
In den Absteckplan wird die Absteckachse (a) eingetragen und auf volle Meter eingeteilt. Danach müssen die wichtigsten Teichrandpunkte (b) markiert und die Strecken zu zwei geeigneten Meterpunkten gemessen werden.

Dies bedeutet, daß nach überschlägiger Ermittlung aus der Planung bei den Erdarbeiten ungefähr 11 m³ Boden übrigbleiben, der entweder an anderer Stelle eingebaut oder abgefahren werden muß. Es muß sogar mit 14 m³ (20–25% mehr) Bodenvolumen gerechnet werden, da beim Ausgraben die Erde gelockert wird.
Falls die überschüssigen oder auch fehlenden Erdmassen nicht abgefahren oder antransportiert werden können, muß die Höhenlage der Teichfläche im Gelände nochmals so weit nach oben oder unten verändert werden, daß sich etwa ein Ausgleich zwischen Erdabtrag und Erdauffüllung ergibt. Dies ist meist dann der Fall, wenn die Wasserspiegelhöhe etwa auf die Mitte zwischen höchster und niedrigster Höhe des Geländeprofiles festgelegt wird.
Um die auf dem Plan dargestellte Gewässerform in das Gelände übertragen zu können, ist es notwendig, den umgekehrten Weg wie bei der Bestandsaufnahme zu gehen. In die Grundrißzeichnung wird in der längsten Ausdehnung des Gewässers eine Gerade, die Absteckachse, eingetragen, die den Teichrand auf jeder Seite um 1–2 m (1–2 cm in der Zeichnung) überragt und auf volle Meter (in der Zeichnung Zentimeter) eingeteilt wird. Die wichtigsten abzusteckenden Teichrandpunkte werden auf der Zeichnung markiert und mit je 2 geeigneten Meterpunkten auf der Geraden verbunden. Die Verbindungslinien werden in der Zeichnung gemessen und das Maß in die Zeichnung eingetragen. In dem Kapitel »Ein Folienteich entsteht« wird eingehend erläutert, wie diese Absteckmaße aus der Zeichnung in das Gelände übertragen werden können.

Die Planung eines Wasserlaufes mit Folienabdichtung

Bei der Auswahl und Planung des Wasserlaufes ist darauf zu achten, daß das gewünschte und beruhigend wirkende Plätschern des Wassers nicht zur eigenen oder zur Belästigung des Nachbarn wird. Gewässerform, Struktur des Gewässerbettes, Fließgeschwindigkeit, Wasserfallhöhen und Wassermenge sind die Faktoren, die wesentlich die Geräuschentwicklung beeinflussen. Außerdem ist zu bedenken, daß bei der Einmündung eines Wasserlaufes in einen bepflanzten Gartenteich nicht zu viel Wellenschlag entstehen darf, da dies von mehreren Schwimmpflanzen und Seerosen nicht vertragen wird.
Planungsbeispiel:
In einer Staudenrabatte neben der Terrasse wird mit Bruchsteinen eine kleine Wasserfläche mit ungefähr 1,20 m Durchmesser geschaffen, die gleichzeitig als Quelle fungiert. Von dieser Quelle läuft das Wasser in einem natürlichen Sand/Schotterbett mit mehreren Windungen über niedere Sohleschwellen (Abstufungen)

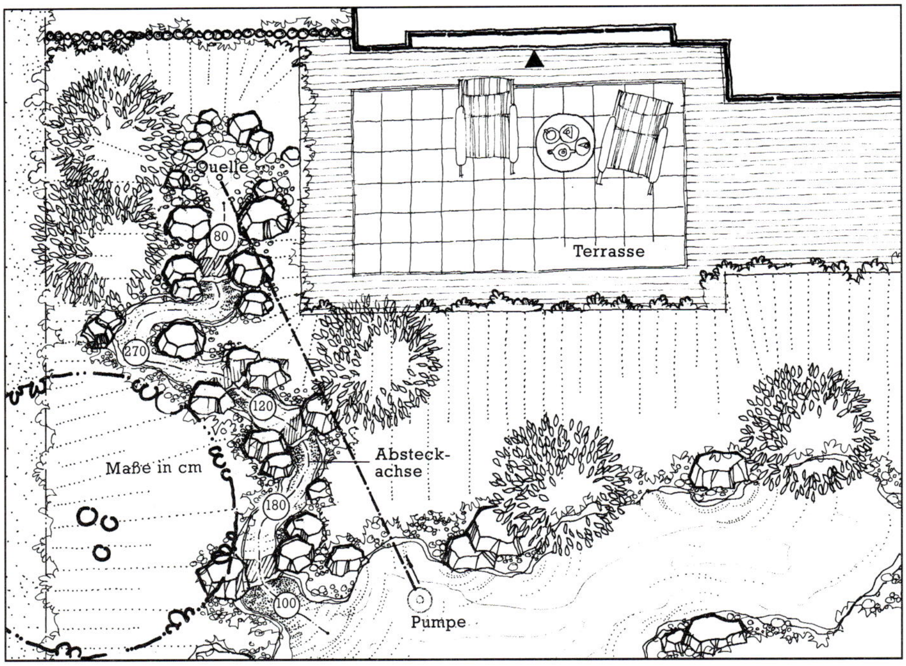

Der Grundriß des Wasserlaufes
Von einer Quelle aus läuft das Wasser über Sohlschwellen in den Teich.

Schnitt des Wasserlaufes

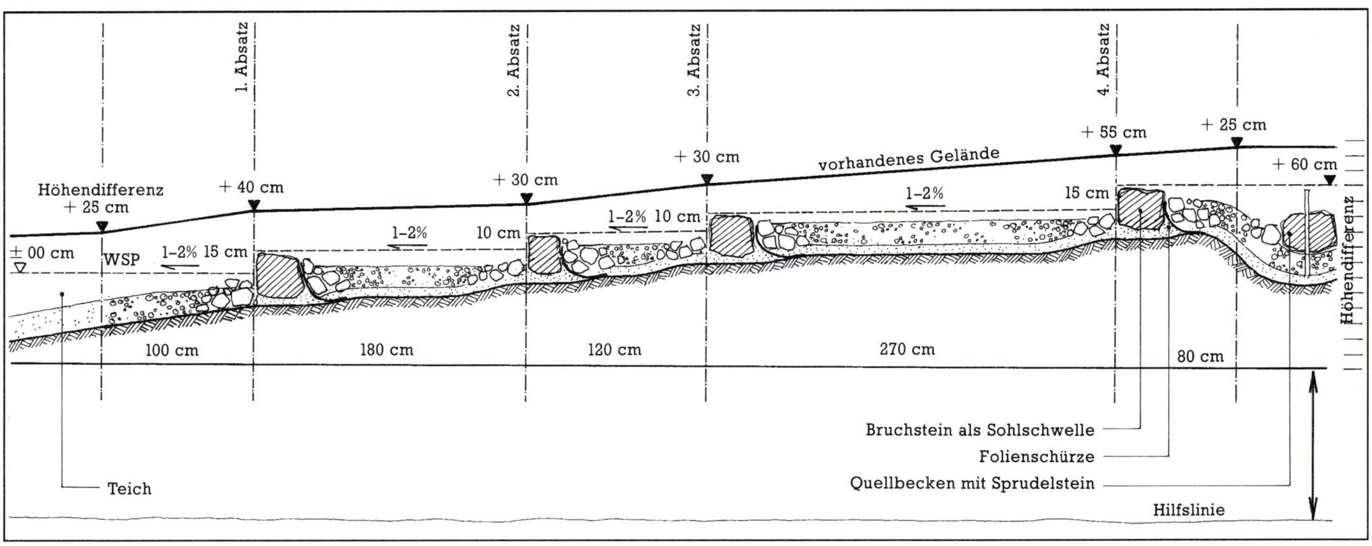

in den unterhalb der Terrasse liegenden Gartenteich. Die Quelle wird vom Teich aus mit einer kleinen Umwälzpumpe betrieben. Der Bestandsplan, in dem der Grundriß des Gartenteiches und der Terrasse eingezeichnet sind, ist die Planungsgrundlage. Dort wird der Grundriß des kleinen Quellteiches und des Wasserlaufes mit seinen Windungen eingetragen. Da der Wasserlauf nur mit einer geringen Wassermenge betrieben werden soll, reicht für das Bachbett eine Breite von 30–50 cm aus. Die Breite muß sich wie bei einem natürlichen Gewässer ständig ändern. Der Wasserlauf sollte mehrere Windungen aufweisen, die durch den Einbau von Bruchsteinen betont und gesichert werden.

Nach der Ausarbeitung der Grundrißzeichnung wird in die Mitte des Bachlaufes eine Linie eingetragen, auf der mit Zentimetereinteilung die Länge aufgetragen und ermittelt wird. Für diese Mittellinie des Wasserlaufes muß dann wieder eine Schnittzeichnung ausgearbeitet werden, um festlegen zu können, welches Gefälle der Wasserlauf bekommt und wie er sich in das vorhandene Gelände einfügt. Die gewundene Linie des Gewässerlaufes wird im Schnitt als Gerade in der vollen Länge (Abwicklung) dargestellt.

Auf dem gesonderten Blatt der Schnittzeichnung wird etwa 10 cm vom unteren Blattrand parallel eine Grundlinie gezeichnet und darauf die Zentimetereinteilung der Mittellinie des Wasserlaufes übertragen. Diese beginnt auf der einen Seite mit der Wasserspiegelbreite der Quelle und endet auf der anderen Seite mit der Uferlinie des Gartenteiches. An den beiden Enden der Quelle und an der Uferlinie des Gartenteiches werden Senkrechte parallel zum seitlichen Blattrand errichtet und darauf die gemessenen Höhen zuzüglich einem einheitlichen Grundmaß von 15 cm angetragen. Die Verbindungslinie der Punkte stellt dann den Geländeverlauf bis zum Wasserspiegel des Gartenteiches dar.
Im flachen Bereich der Terrasse wird der Wasserspiegel der Quelle mit 15 cm unter Geländeniveau festgelegt. Aus der Höhe Wasserspiegel »Quelle« und Wasserspiegel »Gartenteich« errechnet sich nun die Höhendifferenz mit 60 cm. Die Länge des Wasserlaufes vom Ufer der Quelle bis zum Ufer des Gartenteiches beträgt 7,50 m. Die beiden Uferkanten werden mit einer dünnen, geraden Hilfslinie verbunden, die das Gefälle des Wasserlaufes darstellen, wenn er mit gleichbleibender Neigung von der Quelle zum Teich laufen würde. Aus den Daten ergibt sich 60 : 7,50 = 8, das bedeutet, der Wasserlauf hat 8% Gefälle.
Es ist nun zu prüfen, welche Höhendifferenzen zwischen der Geländelinie und der Gefällelinie des Wasserlaufes besteht. Das Ufer eines Wasserlaufes muß an jeder Stelle mindestens 15 cm über dem Wasserspiegel liegen. Bei starker Wasserführung muß das Maß bis auf 40 oder 50 cm erhöht werden, um zu vermeiden, daß bei einem Anstau oder starker Wellenbildung das Wasser seitlich über die Dichtungsfolie läuft.
Ein Gefälle von 8% ist für einen Wasserlauf zu stark. Bei der geplanten geringen Wasserführung reichen 1–2% Längsgefälle aus. Das bedeutet, daß bei einer Lauflänge von 7,50 m für das Gefälle 10–15 cm benötigt werden. Die übrigen 45–50 cm Höhendifferenz sind durch Sohlschwellen, das heißt durch kleine Abtreppungen zu überwinden.
Im Maßstab 1 : 10 der Schnittzeichnung ist die Höhendifferenz von 60 cm mit 6 cm darzustellen, die Länge von 7,50 m mit 75 cm. Ein Gefälle von 1–2% bedeutet 1–2 cm Neigung auf einen Meter. In der Zeichnung bedeutet das 1–2 mm auf 10 cm. Dies ist kaum darstellbar und ist deshalb den einzelnen Höhenabsätzen zuzurechnen.
Mit der Eintragung der Gefälle- und Höhenabsätze wird vom Gartenteich aus begonnen. An die Uferlinie schließt erst eine flache Strecke von 1,00 m mit 1–2% Gefälle an, um Wellenschlag im Teich möglichst zu vermeiden. Beträgt nach dieser Strecke die Höhendifferenz zum vorhandenen Gelände beispielsweise 40 cm, so wird der erste Höhenabsatz mit 15 cm eingebaut, das heißt eine Sohlschwelle, über die dann das Wasser um 15 cm abstürzt. Es schließt wieder eine Flachstrecke mit 1–2% Gefälle und 1,80 m Länge an. Am Ende dieser Strecke beträgt die Höhendifferenz zum Gelände 30 cm, es wird der zweite Absatz mit 10 cm Höhe eingetragen. Darauf folgt wieder eine Flachstrecke mit 1–2% Gefälle und 1,20 m Länge, an deren Ende die Höhendifferenz zum Gelände wieder 30 cm beträgt. Es folgt der dritte Absatz mit 10 cm Höhe. Dann kommt erneut eine Flachstrecke mit 1–2% Gefälle auf einer Länge von 2,70 m. Die Höhendifferenz zum Gelände beträgt am Ende dieser Strecke ungefähr 35 cm und es wird der vierte Absatz mit 15 cm Höhe eingetragen, womit dann die Höhe der Quelle nach einer 80 cm langen Flachstrecke erreicht ist.
Bei der Anordnung von Höhenabsätzen ist darauf zu achten, daß diese dem natürlichen Geländeverlauf angepaßt werden. Die Höhe und Breite der Schwellen sollte ebenso unterschiedlich sein, wie die Abstände von Schwelle zu Schwelle.
Mit dieser Konstruktion ist dann der Längsschnitt durch den Wasserlauf fertiggestellt und es muß nur noch das Querprofil aufgezeichnet werden, um festzulegen, wie hoch die Ränder des Wasserlaufes ausgebildet werden müssen.

Die Tiefe des Profiles ergibt sich aus dem gewünschten Wasserstand von 3–5 cm und 15 cm Sicherheitszone, insgesamt also 18–20 cm. Bei 3–5 cm Wasserstand und dem Gefälle von 1–2% entsteht ein munter laufender und rauschender Bach.
Wird ein ruhig fließender Wasserlauf mit 10–20 cm Wassertiefe gewünscht, dann sind die Flachstrecken ohne Gefälle und die Sohlschwellen gleichzeitig als Stauschwellen auszubilden, damit die gewünschte Wassertiefe entsteht. Unter Berücksichtigung der Sicherheitszone ergibt sich daraus eine Profiltiefe von 25–35 cm.
Da das hier erläuterte Profil sehr klein ist, empfiehlt es sich, zur Darstellung einen größeren Maßstab, zum Beispiel 1 : 2 zu wählen. 10 cm im Gelände entsprechen dann 5 cm in der Zeichnung.
Für die Querschnittzeichnung wird die 30–50 cm tief liegende Bachsohle als 15–25 cm lange, waagrechte Linie eingezeichnet. Darüber muß die Wasserstandslinie parallel mit 3–5 cm Abstand (in der Zeichnung 1,5–2,5 cm) bei flachem Wasserstand oder mit 10–20 cm Abstand (in der Zeichnung 5–10 cm) bei tieferem Wasserstand eingetragen werden. Von den beiden Rändern der Bachsohle wird nun die Böschungsneigung mit einer Steigung von maximal 1 : 3 (10 cm Steigung auf 30 cm Länge) nach oben angetragen und bis 15 cm (in der Zeichnung 7,5 cm) über die Wasserspiegelhöhe geführt.
Daraus ergibt sich ein Trapezprofil als Mindestquerschnitt, das an allen Stellen des Wasserlaufes eingehalten werden muß, um ein seitliches Überlaufen zu vermeiden. Bei dem Ausbau wird dann dieses Einheitsprofil durch unterschiedliche und wechselnde

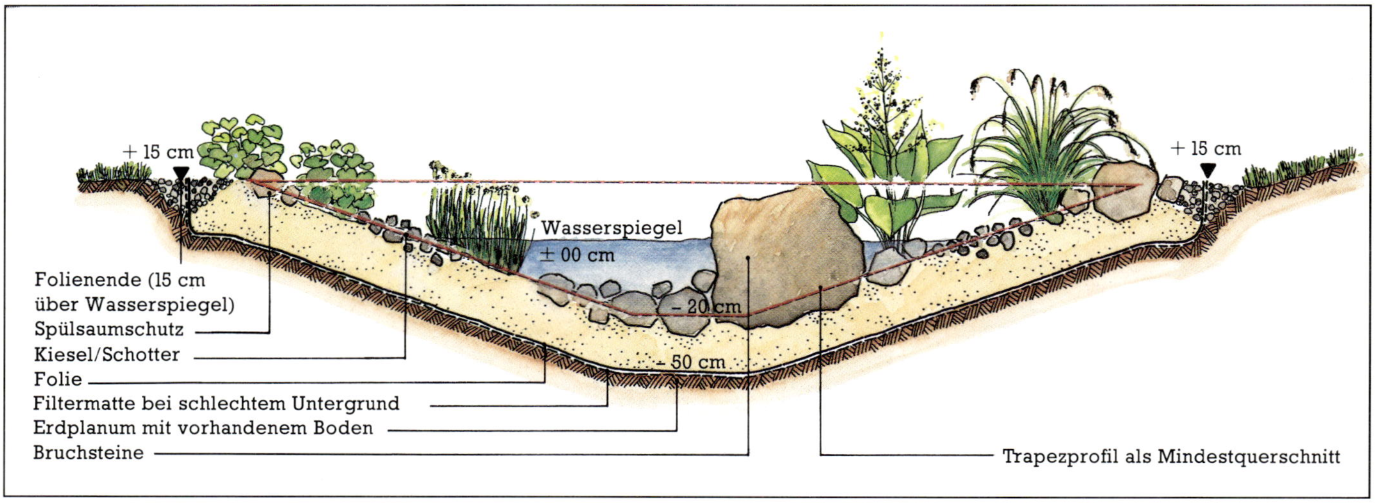

Querschnittzeichnung des Wasserlaufes mit Bepflanzung

Verbreiterungen der Bachsohle und der Uferhöhe variiert, wodurch eine natürliche Gestaltung entsteht.

Die für das Längs- und Querprofil ermittelten Linien stellen wie bei der Zeichnung des Gartenteiches die fertigen Geländelinien dar. Die Abdichtungsfolie soll 15 cm unter dem Gelände liegen und muß entsprechend mit 15 cm Abstand zur Geländelinie in die Querschnittzeichnung eingetragen werden. Die Folie endet auch bei den Wasserläufen jeweils senkrecht an der äußeren Uferzone mit Oberkante des Geländes und mindestens 15 cm über dem höchsten Wasserstand.
Für die Übertragung der Linienführung des Gewässerlaufes in die Örtlichkeit ist es notwendig, wie bei dem Gartenteich einen Absteckplan zu fertigen. Dazu wird in die Grundrißzeichnung neben den Wasserlauf eine gerade Hilfslinie gezogen und in volle Meter abgeteilt. Dann sind die wichtigsten Absteckpunkte des Wasserlaufes in der Zeichnung zu markieren und mit je zwei geeigneten Meterpunkten der Hilfslinie zu verbinden. Die sich ergebenden Strecken werden gemessen und die Maße in die Zeichnung eingetragen. Die Übertragung der zeichnerisch ermittelten Maße in das Gelände wird ab Seite 64 erläutert.

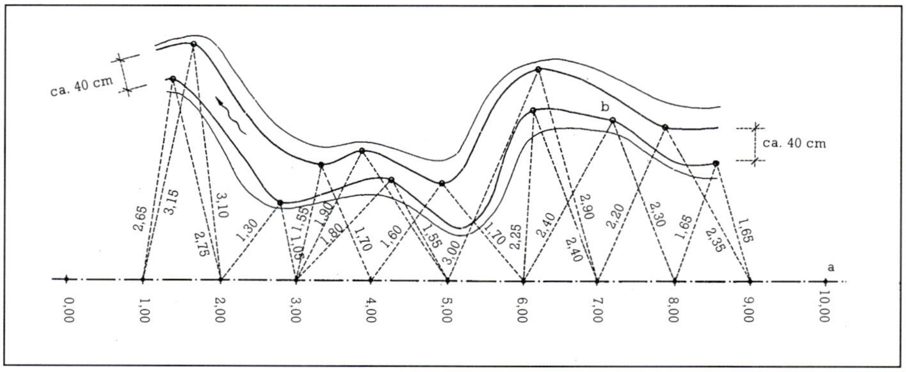

Absteckplan eines Wasserlaufes
Neben den Grundriß wird eine Hilfslinie (a) eingezeichnet und auf volle Meter eingeteilt. Dann müssen die wichtigsten Absteckpunkte (b) markiert und mit je zwei geeigneten Meterpunkten verbunden werden.

Auch die technischen Einrichtungen müssen in den Plan

Die für den Betrieb und die Pflege notwendigen Einrichtungen für das Gewässer müssen ebenfalls bei der Planung berücksichtigt werden, wobei das Motto »So einfach wie möglich« gelten sollte. Jedes Übermaß an Technik erfordert hohen finanziellen Aufwand und bringt eine Vielzahl von Fehlerquellen.

Die Wasserzufuhr erfolgt am einfachsten über die normale Wasserleitung mit einem Gartenschlauch. Ist die nächste Zapfstelle zu weit entfernt, sollte im Boden eine Wasserleitung zum Gewässer verlegt und in nächster Nähe, aber möglichst nicht störend, eine Zapfstelle eingerichtet werden. Dabei ist darauf zu achten, daß eine Entleerungsmöglichkeit besteht, damit die Zapfstelle im Winter nicht einfriert und die Leitung nicht platzt. Die notwendige Zuleitung und der Standort der Zapfstelle, die gut zugänglich sein soll, werden in den

Grundrißplan eingezeichnet und für die Materialbestellung die Leitungslänge gemessen.
Eine Verwendung von Regenwasser oder der feste Anschluß der Dachentwässerung an das Gewässer kann nicht in allen Bereichen der Bundesrepublik empfohlen werden, da das Regenwasser teilweise durch die Luftverschmutzung stark mit Schadstoffen belastet ist. Es ist deshalb notwendig, eine Probe des Regenwassers bei einem chemischen Institut auf Schadstoffe untersuchen zu lassen, bevor es für die Füllung oder Nachfüllung von natürlichen Gewässern verwendet wird.
Auf der Seite 34 ist die automatische, über Schwimmerschalter oder Elektroden gesteuerte Nachfüllung erläutert. Diese Anlage wird am kostengünstigsten im Keller angebracht. Jedoch ist dies nur dann möglich, wenn der Wasserspiegel des Gewässers mindestens 80 cm höher als der Kellerfußboden und mindestens 20 cm tiefer als die Kellerdecke liegt. Die Höhendifferenz kann wieder mit der »Schlauchwaage« überprüft werden. Es ist darauf zu achten, daß im Gelände die Verbindungsleitung zwischen Keller und Gewässer immer mindestens 80 cm tief liegt, damit die Leitung nicht einfriert oder beschädigt wird. In Gegenden mit sehr starken und langen Frostperioden muß die Leitung entsprechend tiefer gelegt werden. Die für die Region geltende sogenannte »frostfreie Tiefe« kann bei dem Bauamt einer Stadt oder bei dem nächsten Kreisbauamt erfragt werden.
Die Verbindungsleitung muß in den Grundriß der Planung und in die Schnittzeichnung eingetragen werden.
Gleichzeitig wird festgelegt, an welcher Stelle die Leitung durch die Folienabdichtung in das Gewässer eingeführt werden soll.
Ist eine Verbindung zum Keller nicht möglich, muß in der Nähe des Gewässers ein Schacht eingerichtet werden. In den Grundriß wird die Lage des Schachtes eingezeichnet. In die Schnittzeichnung muß der Querschnitt mit der Verbindungsleitung zum Gewässer eingetragen werden. Die Wasserzuleitung, die Schwimmerschaltung und das Ausgleichgefäß werden in frostfreier Tiefe verlegt. Das ist allerdings nur in hängigem Gelände möglich.

Die Entleerung eines natürlich angelegten Teiches wird in der Regel nicht

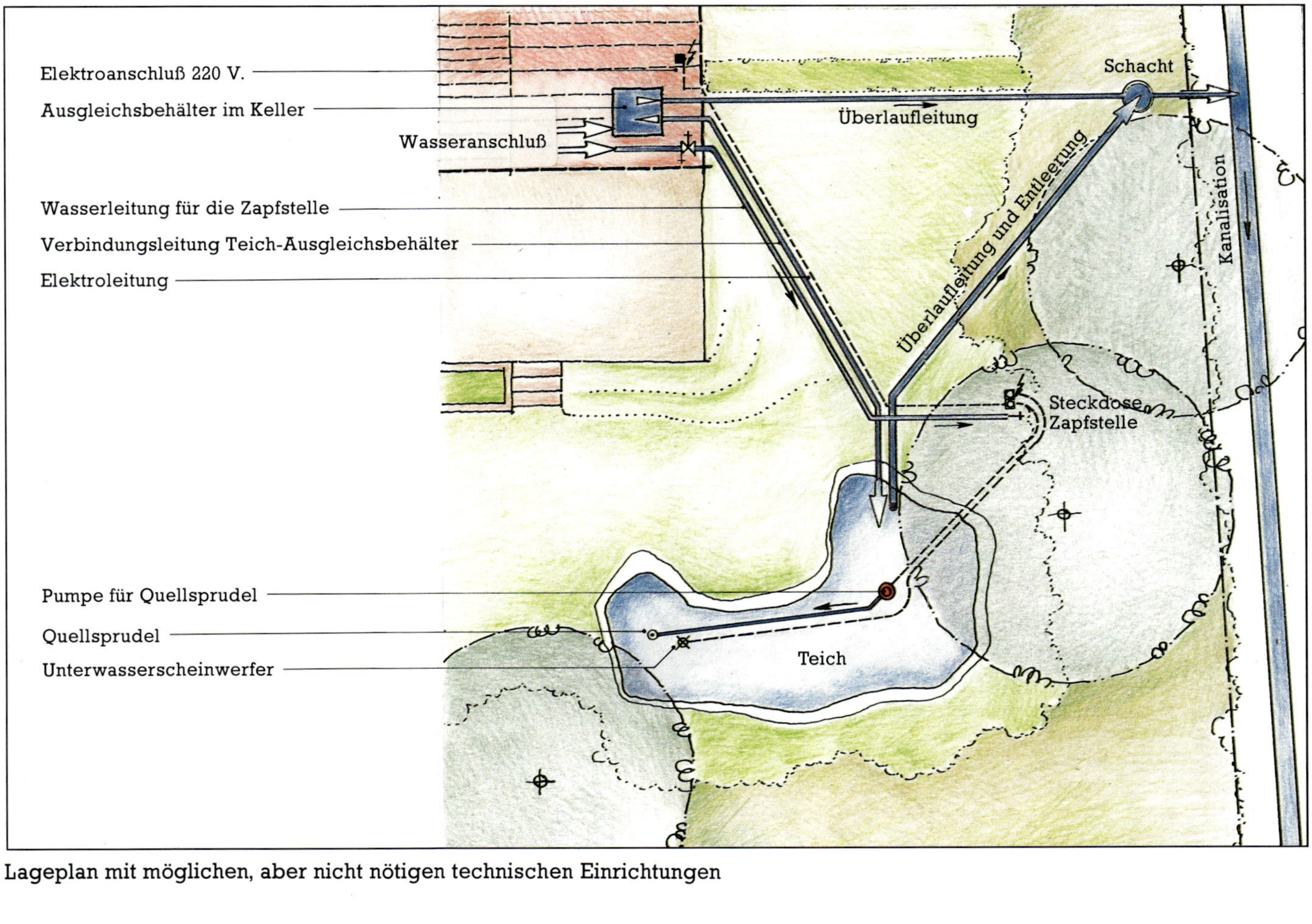

Lageplan mit möglichen, aber nicht nötigen technischen Einrichtungen

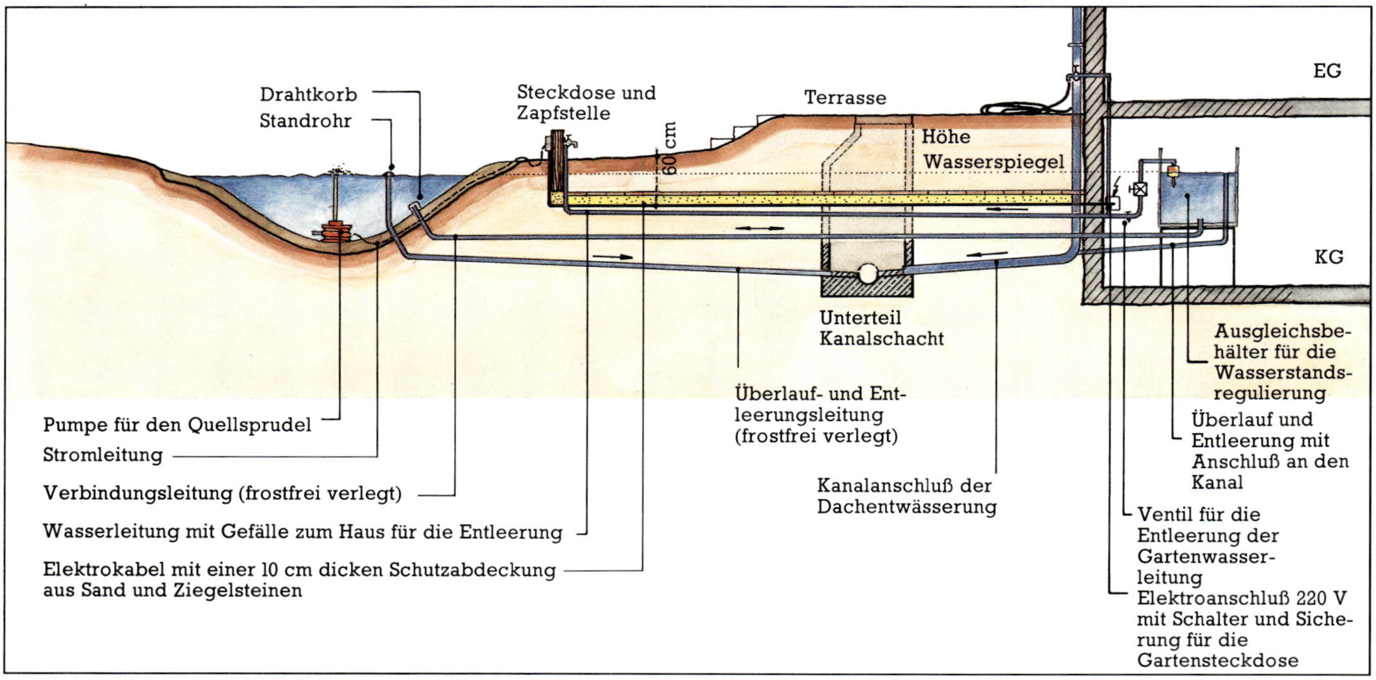

Schnittzeichnung mit möglichen technischen Einrichtungen

durchgeführt, da durch diese Maßnahme zu viele Kleintierlebewesen verlorengehen. Es kann jedoch vorkommen, daß eine Undichtigkeit repariert oder der Fischbestand reduziert werden muß. Hierfür ist der Wasserstand mit einer einfachen Tauchpumpe, die von außen in das Gewässer gehängt wird, abzusenken. Das abgepumpte Wasser kann entweder in die Kanalisation abgeleitet oder zum Wässern im Garten verwendet werden. Die Pumpe ist über eine Steckdose im Haus zu betreiben. Falls das Gewässer weit von dem nächsten Elektroanschluß entfernt ist, muß zusammen mit der Wasserzuleitung auch ein Erdkabel verlegt und in der Nähe des Gewässers eine Außensteckdose installiert werden (siehe S. 37).

Bei einem Zierbecken mit Wasserspielen ist es notwendig, das Becken zu Reinigungszwecken und auch im Winter bei Frostperioden zu entleeren. In diesem Falle ist es ratsam, eine feste Entleerung am Grund des Bekkens mit Anschluß an die Kanalisation herzustellen. Hierfür ist es notwendig,

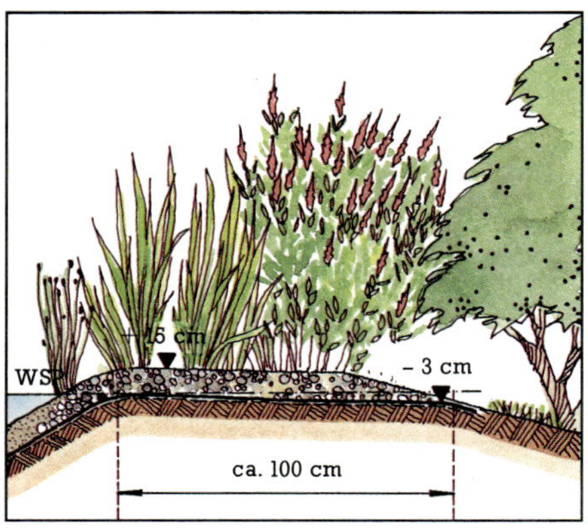

Überlauf in eine Gehölzfläche

die Höhen zu überprüfen, um festzustellen, ob von der Beckensohle zur Kanalisation ausreichendes Gefälle (mindestens 1%) vorhanden ist. Dieser Kanalanschluß muß ebenfalls in den Grundrißplan und die Schnittzeichnung eingetragen werden. Eine Versickerung des Wassers bei der Entleerung ist nur bei sehr durchlässigem und aufnahmefähigem Untergrund möglich, beispielsweise in der Region um München.

Genauso wie bei längeren Schönwetterperioden der Wasserspiegel durch Verdunstung absinkt und das Wasser nachgefüllt werden muß, steigt bei starken oder langanhaltenden Regenfällen der Wasserspiegel über das geplante Maß an. Das Gewässer läuft über, was zu Ausspülungen sowie Schäden an den angrenzenden Flächen und Bepflanzungen führen kann. Es ist deshalb notwendig, eine Regulierung für die Obergrenze des Wasserspiegels zu schaffen. Dies ist am einfachsten durch einen kontrollierten Überlauf möglich. Hierfür ist in der Örtlichkeit zu prüfen, in welcher Richtung das Wasser überlaufen kann, eventuell in eine Gehölzpflanzung oder eine Rasenfläche. Diese Stelle ist dann im Grundriß zu markieren. Bei dem Ausbau ist der Randbereich dort um 2–3 cm niedriger anzulegen. Die Folie wird in der Überlaufrichtung 50–60 cm weiter hinausgezogen, um einen Wasserablauf unter die Teichabdichtung sowie damit verbundene Ausspülungen und Absetzungen zu vermeiden.

Ist ein Überlauf in das angrenzende Gelände aus verschiedenen Gründen nicht möglich, so muß ein Überlaufrohr installiert werden, das entweder Anschluß an die Kanalisation oder an eine Sickergrube erhält. Die Funktion ist im Kapitel »Teichtechnik – weniger ist meistens besser« eingehend erläutert. Die Leitungsführung und die eventuell notwendige Sickergrube sind ebenfalls in die Grundrißzeichnung und den Schnitt einzutragen.

Für Umwälzpumpen oder Teichbelüfter sollte im Gewässer der Standort festgelegt und dort auf der Bodenschicht ein Stein, Pflaster oder eine Platte verlegt werden, die als Aufstellungsfläche dient. Diese Fläche soll den anschließenden Boden überragen, damit sich darauf kein Schlamm ablagert. Das Zuleitungskabel wird flach in den Boden verlegt und mit Kies oder Splitt abgedeckt.

Mit der Eintragung der Leitungen ist dann die technische Planung abgeschlossen und es kann mit dem Ausbau begonnen werden.

Sollten sich trotz intensiver und detaillierter Planung weitere ungelöste Fragen ergeben, ist es ratsam, einen im Gewässerbau erfahrenen Landschaftsarchitekten zur Beratung hinzuzuziehen.

Ein kleiner, naturnaher Gartenteich

Der Bau des Wassergartens

Der Ausbau – erst nach ausführlicher Planung

Nach detallierter Planung, Klärung der technischen Konstruktion und Festlegung der gewünschten Einrichtungen, kann der Ausbau in Angriff genommen werden. Erste Maßnahme ist die Übertragung der Planung in die Örtlichkeit, das heißt, die Absteckung der Maße und Höhen. Für die Außenarbeiten ist es sinnvoll, von der Planung Kopien oder Pausen zu fertigen, damit die Planoriginale durch einen Regenschauer nicht beschädigt oder zerstört werden. Hat der Plan ein größeres Format als DIN A4, ist es sinnvoll, diesen auf eine Sperrholzplatte oder eine dünne Spanplatte aufzuspannen. Bei schlechtem Wetter kann er auch mit einer Klarsichtfolie überdeckt werden, damit er trotz Schmutz und Wassertropfen leserlich bleibt.
Für die Absteckung werden folgende Materialien und Geräte benötigt:

- 1 Zollstock und/oder Bandmaß
- 4–10 Holzpfähle, Durchmesser 5–10 cm, Länge etwa 1,50 m
- 1 Hammer
- 3–6 Bretter, 10–12 cm breit, 10–20 mm stark, etwa 50–100 cm lang
- 10–15 Nägel, 50 mm lang
- 1 Zange
- 1 Wasserwaage, mindestens 50 cm lang
- 1 Brett oder Latte, gerade, ungefähr 2,00–4,00 m lang als Setzlatte
- 1 Gartenschlauch, zirka 10 m lang, aus durchsichtigem Kunststoff als »Schlauchwaage«
- 1 Lineal mit Zentimeter-Einteilung
- 1 Rolle Bauschnur
- 1 Block Schreibpapier DIN A4 für Notizen (Materialbedarf)

Nach Bereitstellung der Planunterlagen, Geräte und Materialien kann mit der Absteckung, das heißt der Übertragung der Planung in die Örtlichkeit begonnen werden.
Während sich die Absteckung für ein Fertigbecken relativ einfach gestaltet, bedarf es bei der Absteckung eines größeren und modellierten Folienteiches oder eines Wasserlaufes schon mehr Aufwand, dies gilt auch für den anschließenden Ausbau.
Da sich die Absteckung und der Einbau eines Fertigbeckens erheblich von der Herstellung eines Folienteiches oder Wasserlaufes unterscheidet, werden diese Arbeiten auch jeweils getrennt, einschließlich den technischen Einrichtungen, erläutert.

Das Fertigbecken wird eingebaut

Bei den Fertigbecken handelt es sich um eine vorgefertigte Handelsware, die in ihrer endgültigen Form gekauft wird und auch nur sehr bedingt verändert oder ergänzt werden kann.

Die Absteckung

Für die Übertragung der Planung in die Örtlichkeit wird einer der Eckpunkte durch einen leicht eingeschlagenen Holzpfahl markiert und davon ausgehend die anderen Eckpunkte mit dem Zollstock oder dem Bandmaß eingemessen und ebenfalls durch Pfähle markiert. Bei dem Messen ist im hängigen oder geneigten Gelände darauf zu achten, daß das Abmessen waagrecht erfolgt und nicht mit der Schräge der Hang- oder Geländeneigung. Zur Überprüfung kann die Wasserwaage an das Meßband angehalten oder eine gerade, lange Latte beziehungsweise ein gerades Brett mit der Wasserwaage in die Horizontale ausgerichtet werden. An dieser Horizontale kann dann das Maßband orientiert werden.
Sind die Eckpunkte markiert, werden die Pfähle bei kleinen Becken um 50 cm und bei größeren Becken um 1,00 m nach außen versetzt und fest in den Boden geschlagen.
Das Versetzen nach außen wird deshalb durchgeführt, damit der Pfahl bei den Erdarbeiten nicht stört und bei dem Erdaushub der Grube für das Becken nicht umfällt.
Nun werden die geplanten Höhen wie bei der Bestandsaufnahme an den Pfählen mit Hilfe der Schlauchwaage oder dem Nivelliergerät markiert. Hierbei ist darauf zu achten, daß von dem gleichen Bezugspunkt (zum Beispiel Terrasse) wie bei der Bestandsaufnahme ausgegangen wird. Bei dem Antragen der Höhen ist wie bei der Bestandsaufnahme ein glattes Maß, beispielsweise 50 cm, hinzuzurechnen und bei den angetragenen Punkten an den Pfählen als Markierung ein Nagel einzuschlagen. Dies muß sehr sorgfältig erfolgen, damit auch alle Bezugspunkte für den Wasserspiegel auf der gleichen Höhe liegen. Auf jeden Fall sollte die gleiche Höhenlage nochmals durch eine Kontrollmessung überprüft werden.
Ist man damit fertig, wird nun der Abstand dieser Höhenmarkierungen zum Boden gemessen und überprüft, ob diese mit den Berechnungen aus der Schnittzeichnung übereinstim-

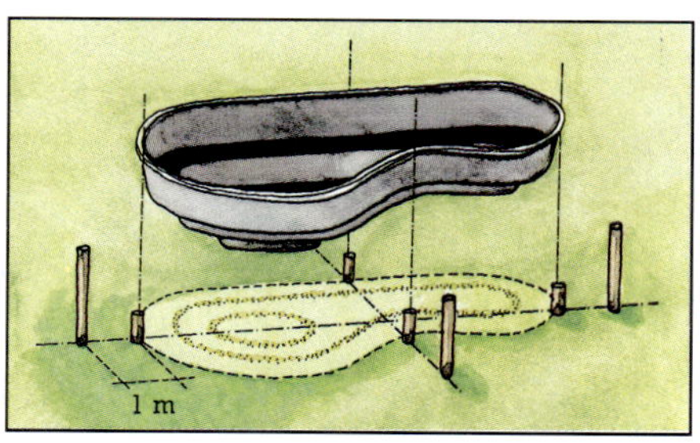

Abstecken des Fertigbeckens im Gelände
Die Eckpunkte des Beckens werden mit Pfählen markiert und um 1 m nach außen versetzt, damit sie bei den Ausgrabungen nicht im Weg sind. Die Konturen werden mit Sand abgestreut.

men. An jedem Punkt ist nun feststellbar, wieviel Boden bis zur Wasserspiegelhöhe abgetragen oder aufgeschüttet werden muß. Falls notwendig, kann zu diesem Zeitpunkt noch eine Höhenkorrektur erfolgen.
Für die genaue Markierung des Beckengrundrisses ist es am einfachsten, das Fertigbecken anzuliefern oder anliefern zu lassen, auf die gewünschte Stelle aufzusetzen und die äußeren Konturen und die Abtreppungen zuzüglich 10–15 cm Arbeitsraum für die Verfüllung mit Sand auf dem Boden abzustreuen.
Bei hängigem Gelände muß das Becken für diese Markierung mit Hilfe der Wasserwaage erst waagrecht ausgerichtet werden. Dafür sind an den tieferen Stellen Holzstücke oder ähnliches unterzulegen, damit dann eine exakte Ausrichtung erfolgen kann.
Bei dem nachfolgenden Erdaushub können durch das Aufsetzen des Beckens die Aushubmaße laufend überprüft werden.

Die Erde wird ausgehoben

Nach Durchführung der Absteckung und Überprüfung der Höhen kann mit den Erdarbeiten begonnen werden. Befindet sich der Standort des Fertigbeckens in einer Rasenfläche, so ist vorab die Rasenschicht zu entfernen. Im Bereich des Erdaushubes, das heißt, im unmittelbaren Beckenbereich, erfolgt dies automatisch durch die Ausgrabung.
Im hängigen Gelände ist im Randbereich talseits Erde aufzufüllen und bergseits zusätzlich abzugraben. Vor der Erdauffüllung ist der Rasen dort etwa 5 cm stark abzuheben, damit sich unter der Auffüllung keine Fäulnisschicht bildet und der aufgefüllte Boden bei stärkerer Geländeneigung auf dieser Schicht abrutscht.
Die abgehobenen Rasensoden können für die Neuherstellung einer anderen Rasenfläche, für Ausbesserungen von schadhaften Stellen oder die Angleichung an das Becken wiederverwendet werden. Hierfür ist der Rasen in gleichen rechteckigen oder quadratischen Stücken etwa 20 x 20 cm bis 30 x 30 cm mit dem Spaten möglichst gleichmäßig 3–5 cm stark abzustechen. Die gleichmäßige Stärke der Rasensoden oder Rasenziegel ist deshalb wichtig, damit beim Verlegen wieder ohne große Probleme eine glatte und in sich ebene Rasenfläche hergestellt werden kann. Die Rasensoden sind möglichst an einem schattigen Ort auf einer Wege- oder Terrassenfläche nebeneinander zu lagern, nicht auf der verbleibenden Rasenfläche, da diese unter den Rasenziegeln abstirbt.
Ist die Zwischenlagerung nur kurz, das heißt, lediglich für 3–4 Tage notwendig, kann diese auch auf dem Rasen erfolgen. Es ist jedoch zu empfehlen, eine Plastikfolie unterzulegen, um eventuell abfallendes Erdreich aufzufangen.
Bei längerer Lagerzeit und Trockenperioden ist es auch notwendig, die Rasensoden zu wässern. Dies muß jedoch vorsichtig und nicht zu stark erfolgen, damit der Boden von den Wurzeln nicht abgespült wird oder zu stark aufweicht.

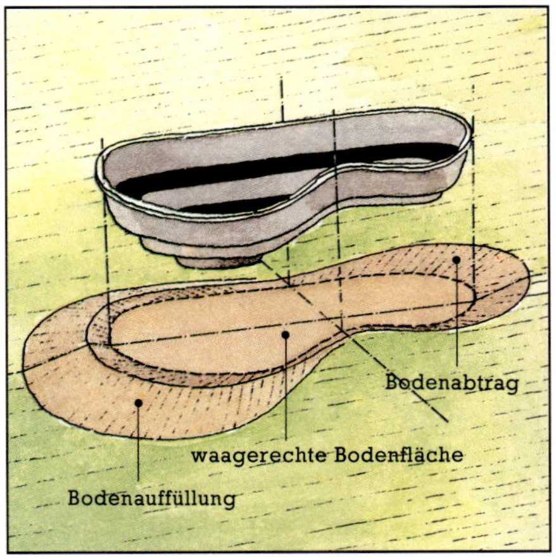

Einebnen der Grundfläche für das Fertigbecken im hängigen Gelände

Nach dem Entfernen der Rasenschicht sind die oberen 20–30 cm Boden, der sogenannte Mutterboden abzutragen. Diese Erde enthält relativ viele Nährstoffe und Bodenorganismen. Sie ist daher sehr wertvoll und sollte an anderen Stellen im Garten beispielsweise auf Baumscheiben oder Beete wieder verwendet werden. Auf keinen Fall kann der Oberboden für den Einbau im Wasserbekken Verwendung finden, da er durch die vielen Nährstoffe die Algenbildung erheblich fördern würde (siehe S. 74/75).
Für den Bodeneinbau im Wasserbekken wird möglichst Lehmboden von der tiefsten Aushubstelle verwendet, der im Verhältnis 1 : 1 mit Sand der Körnung 0/3 mm zu mischen ist. Die dafür benötigte Erdeinbaumenge muß berechnet und von dem Erdaushub zurückgehalten werden (siehe S. 72/73).
Der Erdaushub für das Fertigbecken erfolgt in der Regel von Hand, das heißt, mit Spaten, Schaufel und Pickel (auch Kreuzhacke genannt). Da die Fertigbecken in der Regel relativ klein sind, lohnt sich der Maschineneinsatz mit einem Bagger nicht, auch wird der Aushub mit der Maschine zu ungenau. Der Erdtransport im Garten erfolgt mit der Schubkarre. Es ist sehr hilfreich, Holzbohlen auf die Rasenflächen zu legen, um die Bildung von Fahrspuren zu vermeiden.
Kann der Bodenaushub nicht durch Auffüllungen im Garten untergebracht werden, ist es sinnvoll, eine Schuttmulde bei einem Kübeldienst zu bestellen und die überschüssige Erde mit dieser Mulde abfahren zu lassen. Bei dem Erdaushub für das Fertigbecken ist darauf zu achten, daß die ausgehobene Grube allseits um ungefähr 10 cm größer als das Becken wird, um es ausrichten und verfüllen zu können.
Soll ein Fertigbecken mit einem Ablauf, Überlauf oder Wasserzulauf versehen werden, sind nach erfolgtem

Aushub die Leitungsgräben mit dem notwendigen Gefälle herzustellen. Für die Leitungsverlegung muß auf die Grabensohle 10 cm Sand aufgeschüttet werden.
Die Anschlüsse für die Kanalrohre, die Wasserleitung und die Elektrokabel sind möglichst von einer Fachfirma herstellen zu lassen, um Undichtigkeiten und Störungen mit den dann notwendigen erneuten Aufgrabungen zu vermeiden.
Für die Anbringung eines Wasserhahnes und einer Außensteckdose kann zum Beispiel ein 1,00 m langer Abschnitt einer Eisenbahnschwelle senkrecht in der Nähe des Beckens so eingegraben werden, daß das Schwellenende noch 50 cm aus dem Boden ragt. Auf der einen Seite kann dann der Wasserhahn, auf der Gegenseite die Steckdose angebaut werden (siehe S. 37).

Der Einbau und der Beckenrand

Für den Einbau des Beckens wird Sand der Körnung 0/3 mm benötigt. Die Menge wird aus der Außenfläche des Beckens und der Einbaustärke von etwa 10 cm errechnet. Der Sand wird beim Baustoffhandel oder einem Sand- und Kiesbetrieb direkt bestellt. Steht Lagerfläche zur Verfügung, ist der Sand dort abzukippen. Ist dies wegen beengten Verhältnissen nicht möglich, kann der Sand auch in einer Schuttmulde angeliefert und auf der Straße abgestellt werden. Es besteht dann auch die Möglichkeit, nach dem Einbau des Sandes den überschüssigen Boden mit dieser Mulde abtransportieren zu lassen.
Für den Einbau wird auf die Grubensohle 10 cm Sand aufgebracht, das Becken eingesetzt und die eventuell vorgesehenen Leitungen angeschlossen. Das Becken muß höhen- und lagemäßig ausgerichtet und am Rand so abgestützt und verkeilt werden, daß es sich bei der weiteren Verfüllung nicht mehr verschieben kann. Bei dem Ausrichten ist durch Prüfung mit der Setzlatte und der Wasserwaage besonders darauf zu achten, daß der obere Beckenrand nach allen Richtungen absolut waagrecht liegt, da spätestens nach dem Einfüllen des Wassers sichtbar wird, wo der waagrechte Wasserspiegel nicht parallel zum Beckenrand verläuft. Dann ist es jedoch zu spät. Das Becken müßte wieder entleert, ausgebaut und neu eingebaut werden, um die nötigen Korrekturen durchzuführen.
Für die waagrechte Ausrichtung des Beckens wird bei den Eckpfählen die Wasserwaage an den Nagel angehalten und in Richtung Becken waagrecht ausgerichtet. Von der Unterkante der Wasserwaage wird dann das einheitliche Maß von 50 cm nach unten bis zum vorgesehenen Wasserspiegel im Becken abgemessen. Zur Sicherheit kann man von den Pfählen quer über das Becken an den Höhenpunkten eine Schnur spannen, mit deren Hilfe ebenfalls die waagrechte Ausrichtung abgemessen werden kann. Falls der Wasserspiegel im Becken nicht durch eine Rille markiert ist, muß er durch einen Strich, zum Beispiel mit weißer Ölkreide markiert werden. Bis zu diesem Strich muß dann von allen Eckpunkten ein einheitliches Maß bestehen.

Zusätzlich kann man über das Becken die gerade Setzlatte legen und mit der Wasserwaage die waagrechte Lage überprüfen. Diese Prüfung ist

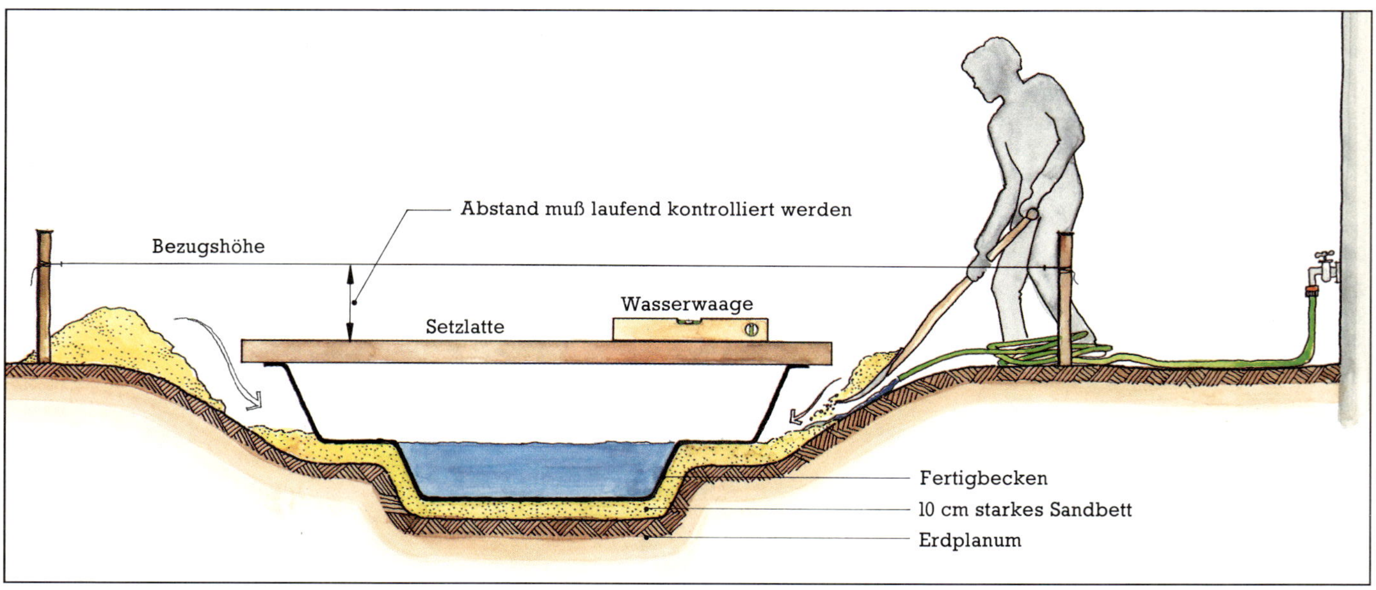

Verfüllung des Fertigbeckens
Es ist außerordentlich wichtig, daß parallel zur äußeren Sandhinterfüllung das Becken mit Wasser gefüllt wird.
Die waagrechte Lage des Beckens muß ständig mit der Wasserwaage und einer quergespannten Schnur kontrolliert werden.

beim anschließenden Verfüllen laufend zu wiederholen.
Nach dem Ausrichten des Fertigbekkens wird es ungefähr 20 cm hoch mit Wasser gefüllt und damit beschwert. Nun ist ringsum in den Zwischenraum gleichmäßig Sand einzufüllen und mit wenig Wasser einzuspülen, damit der Sand sämtliche Hohlräume gleichmäßig füllt und die Beckenwand von außen gleichmäßig abstützt. Parallel mit der äußeren Sandverfüllung wird auch das Becken innen mit Wasser gefüllt, damit der Druck außen und innen immer gleich bleibt.
Wird die Beckenfüllung mit Wasser versäumt, kann es passieren, daß das Becken durch den eingespülten Sand und das außen einlaufende Wasser wie ein Boot hochgehoben wird, man sagt »es schwimmt auf«. Falls dies passiert, muß das Becken entleert, wieder ausgebaut, die Grube bis auf die Sandschicht auf der Grubensohle geleert und mit dem Einbau neu begonnen werden.
Ist der äußere Zwischenraum restlos mit Sand gefüllt, bleibt das Becken erst ein paar Tage so stehen, bis das durch die Sandeinspülung eingebrachte Wasser im Boden versickert ist und der Sand sich richtig gesetzt hat. Schließen Rasen, Stauden- oder Gehölzpflanzungen direkt an das Becken an, so endet die Sandverfüllung 20 cm unter dem Beckenrand. Der restliche Arbeitsraum wird mit dem vorher abgetragenen Oberboden aufgefüllt und ebenfalls eingeschlämmt.
Nun wird das Gelände mit flach ausgeformten Böschungen an die Teichfläche angeglichen. Bei dem Anschluß an Rasenflächen können die Rasensoden auf das sauber geebnete Gelände gelegt, angedrückt und gewässert werden. Die Oberkante der Rasenfläche soll bündig mit der Oberkante des Beckens verlaufen. Der Beckenrand darf auf keinen Fall überstehen, es ist eher anzustreben, daß der Graswuchs den Rand überdeckt und dieser dadurch nicht mehr sichtbar ist.
Bei Stauden- und Gehölzpflanzungen schließt der Boden ebenfalls bündig am Beckenrand an. Hier ist darauf zu achten, daß bei der Bodenbearbeitung kein Oberboden und vor allen Dingen kein Dünger in das Becken fällt.
Soll das Becken einen Plattenrand erhalten, wird um den Beckenrand herum ein 15 cm starkes Schotter- oder Kiesbett der Körnung 0/32 mm in der Breite des geplanten Plattenbelages eingebaut und fest angestampft. Auf diese Tragschicht werden die Platten in 5 cm Traßzementmörtel verlegt.
Dabei muß man zwischen der Unterkante der Platten und dem Beckenrand 1 cm Mörtelfuge belassen, die mit dauerplastischem Kitt ausgespritzt wird. So kann kein Wasser in die Fuge eindringen, das im Winter beim Gefrieren den Plattenbelag abheben und vom Unterbau lösen würde.
Die Platten sollten 3–5 cm je nach Plattenbreite nach innen über den Bekkenrand überstehen. Dies ist jedoch nur möglich, wenn die Platten mindestens 50–60 cm Tiefe haben, damit sie beim Betreten nicht in das Becken abkippen.

Das Fertigbecken wird eingerichtet

Nach Abschluß der Arbeiten um das Becken beginnt die Einrichtung im Becken. Falls ein fester Ablauf angeschlossen ist, muß das Stand- und Überlaufrohr eingesetzt werden. Besteht ein Anschluß für die automatische Wassernachfüllung, ist die Leitungsöffnung mit einem Gitter oder Sieb zu versehen, damit keine Tiere in die Leitung eindringen können. Falls die Anschlüsse direkt am oder im Beckenboden eingebaut sind, sollten sie mit Steinen so abgestellt werden, daß Erdreich und Laub nicht direkt in die Rohrleitungen gelangen.
Für die Bepflanzung eines Wasserbeckens sind in der Regel unterschiedlich hohe Stufen vorhanden. Erfolgt die Pflanzung in Töpfen, so können diese je nach erforderlicher Wassertiefe auf die unterschiedlichen Stufen einfach aufgestellt werden.
Besteht jedoch die Absicht, auf dem Grund des Beckens oder auf einzelnen Stufen Anpflanzungen im Erdreich durchzuführen, so muß das Wasser im Becken entweder abgelassen oder ausgepumpt werden. Auf dem Beckengrund ist dann in den gewünschten Bereichen oder auf der ganzen Fläche die vorgenannte Bodenmischung (1 Teil lehmiger Bekkenaushub gemischt mit 1 Teil sauberem, gewaschenem Sand) 12–15 cm stark einzufüllen und leicht anzudrükken. Hat das Fertigbecken steile Wände und Zwischenpodeste, so sind die Zwischenflächen, auf denen Boden aufgefüllt werden soll, am Rand zum tiefen Beckenteil mit Klinkern oder Natursteinen ungefähr 10–12 cm hoch einzufassen, das heißt, die Steine werden an der Kante lose und dicht aufgesetzt. Hinter dieser Einfassung wird dann das Bodengemisch aufgefüllt und in allen Bereichen Pflanzen eingesetzt. Erst danach erfolgt die erneute Füllung des Teiches mit einem Gartenschlauch. Eventuell aufschwimmende Boden- oder Pflanzenteile müssen abgefischt werden.
Bei der Einrichtung und Bepflanzung der Zwischenebenen ist darauf zu achten, daß eine Flachwasserzone mit maximal 5 cm Wasserstand entsteht, die einerseits als Vogelbad dient und andererseits in das Becken gefallenen Tieren wie Mäusen, Igeln und kleinen Hasen die Möglichkeit zur Rettung aus dem Wasser bietet (siehe Abbildung auf Seite 43).

Ein Folienteich entsteht

Der Folienteich hat in der Regel eine freie Form, die in einem Plan festgelegt ist. Sie wird über eine Hilfslinie mit Maßeinteilung, der sogenannten Absteckachse, in das Gelände übertragen. Diese Einmessung oder Absteckung ist genau und sorgfältig durchzuführen, damit der Ausbau dann auch der Planung entspricht.

Abstecken des Folienteiches

Zuerst müssen Anfangs- und Endpunkt (B) der Absteckachse (F) markiert und mit jeweils einem um 1-2 m zurückversetzten Pfahl (A) fixiert werden. Dann sind die Zwischenpunkte (C) durch Pfähle zu markieren. Nach Absteckplan werden dann mit Hilfe von zwei Bandmaßen die äußeren Punkte des Teiches (D) ermittelt. Mit Sand (E) kann die Teichform abgestreut werden.

Der Folienteich wird abgesteckt

Für die Übertragung des geplanten Folienteiches in das Gelände wird die Absteckachse mit 2 leicht eingeschlagenen Pfählen provisorisch markiert, das Maß nochmals überprüft und dann die Pfähle fest eingeschlagen. Die Pfähle stehen immer mittig auf den Meßpunkten, so daß alle Maße stets von der Mitte des einen Pfahles bis zur Mitte des anderen Pfahles gelten.

Beim Übertragen der Maße des Planes in die Örtlichkeit ist darauf zu achten, daß bei hängigem oder geneigtem Gelände waagrecht gemessen wird. Das Bandmaß ist waagrecht zu halten, da sich durch das Messen in der Schrägneigung des Geländes eine Verzerrung und Verkürzung der geplanten Maße ergeben würde. Zur Hilfe kann mit einer längeren, geraden Latte mit aufgesetzter Wasserwaage die horizontale Längenmessung sichergestellt werden.

Nach der Festlegung und Fixierung der Absteckachse werden die für die weitere Absteckung erforderlichen Zwischenmaßpunkte durch das Einschlagen von Pfählen markiert. Die Pfähle müssen zwischen den beiden Endpunkten der Absteckachse in einer Flucht, das heißt, in einer Linie stehen. Auf den Pfählen der Zwischenpunkte ist das jeweils zugehörige Längenmaß mit Bleistift oder Kreide zu notieren, damit kein Irrtum entsteht und nicht laufend nachgemessen werden muß.

Mit 2 Bandmaßen werden von den 2 zugehörigen Bezugspunkten der Absteckachse die Planmaße entsprechend angehalten, am Schnittpunkt der gesuchte Punkt ermittelt und durch einen Pfahl markiert. Steht nur ein oder kein Bandmaß zur Verfügung, können diese Maße auch auf 2 Schnüre übertragen und durch Knoten fixiert werden. Mit diesen Hilfsmitteln ist dann ebenso wie mit 2 Bandmaßen zu verfahren. Es ist jedoch darauf zu achten, daß die Schnüre oder das Seil dehnungsfrei sind, damit die Maße nicht verfälscht werden.

Nach dem gleichen System werden alle Absteckpunkte in das Gelände übertragen und mit Pfählen markiert. Diese sollten jedoch erst dann fest eingeschlagen werden, wenn nochmals alle Maße überprüft wurden und sicher ist, daß die geplante Wasserfläche auch in das Gelände paßt.

Soll ein rechter Winkel abgesteckt werden, benötigt man ein Maßband oder eine Schnur und einen Pfahl. Von dem Punkt, von dem aus der rechte Winkel von der Grundlinie aus angetragen werden soll, sind nach rechts oder links 3 m abzumessen und an dem Hilfspunkt ein Pfahl einzuschlagen. Von dem Hilfspunkt werden nun mit dem Maßband oder der Schnur 5 m und vom Maßpunkt 4 m angetragen. Von dem sich daraus ergebenden Schnittpunkt ergibt sich dann

zum Meßpunkt eine Linie mit rechtem Winkel zur Absteckachse.
Im Gegensatz zur Absteckung des Fertigbeckens verbleiben die Pfähle der einzelnen Ecken an den endgültigen Punkten, da durch die flache Uferausbildung der Pfahl auch nach dem Erdaushub nicht umfällt. Ausgenommen sind sehr hügelige und unebene Bereiche. Diese werden erst grob abgesteckt, dann wird die Fläche geebnet und nun kann die endgültige Absteckung durchgeführt werden.
Im nächsten Schritt sind die Höhen an den Pfählen anzuzeichnen. Dies geschieht mit Hilfe der »Schlauchwaage« oder dem Nivelliergerät. Bei der Höhenmessung ist darauf zu achten, daß von demselben Bezugspunkt (zum Beispiel der Terrasse) wie bei der Bestandsaufnahme ausgegangen wird. Je nach Hangneigung wird die Wasserspiegelhöhe dann wieder mit einem geraden Maß von 50 cm oder 100 cm über dem endgültigen Wasserniveau an den Pfählen angezeichnet und mit einem Nagel markiert.
Bei größeren Teichflächen ist es sinnvoll, diese Höhenmarkierung am Pfahl nicht durch einen Nagel, sondern durch ein aufgenageltes, 50–100 cm langes und waagrecht ausgerichtetes Brett zu markieren. Diese Höhenmarkierung ist nicht nur deutlicher sichtbar, sondern auch für die Tiefenmessung des Erdaushubes zu nutzen. Nach diesen Höhenpunkten erfolgt dann der Erdaushub entsprechend den Querprofilzeichnungen.
Für die erforderliche Tiefenmessung während dem Erdaushub wird auf die Erdoberfläche senkrecht ein Zollstock zwischen 2 Absteckpunkten aufgestellt und über die angenagelten waagrechten Bretter visiert. Mit dem Finger wird auf der Meßeinteilung des Zollstockes auf Weisung aufwärts oder abwärts gefahren, bis sich der Finger genau auf der Stelle befindet, der in Höhe des Visiers über der Oberkante der Bretter liegt. An diesem Punkt kann dann die Geländehöhe bezogen auf die Visierhöhe abgelesen und die richtige Aushubtiefe ermittelt werden.
Bei kleineren Teichen kann auch von einem Absteckpunkt zum anderen Absteckpunkt quer über die Baugrube eine Schnur auf der Höhe der Höhenmarkierung gespannt und von dort die Aushubtiefe gemessen werden. Die Schnur ist jedoch so straff zu spannen, daß sie in der Mitte nicht durchhängt. Durch das Visieren über die Höhenpunkte oder die gespannte Schnur kann die jeweilige Aushubtiefe überprüft und festgelegt werden. Dies muß in allen Bereichen entsprechend den Profilzeichnungen erfolgen, damit die Ausführung auch mit der Planung übereinstimmt. Alle an-

Übertragen der Höhen und Kontrolle der Aushubtiefe

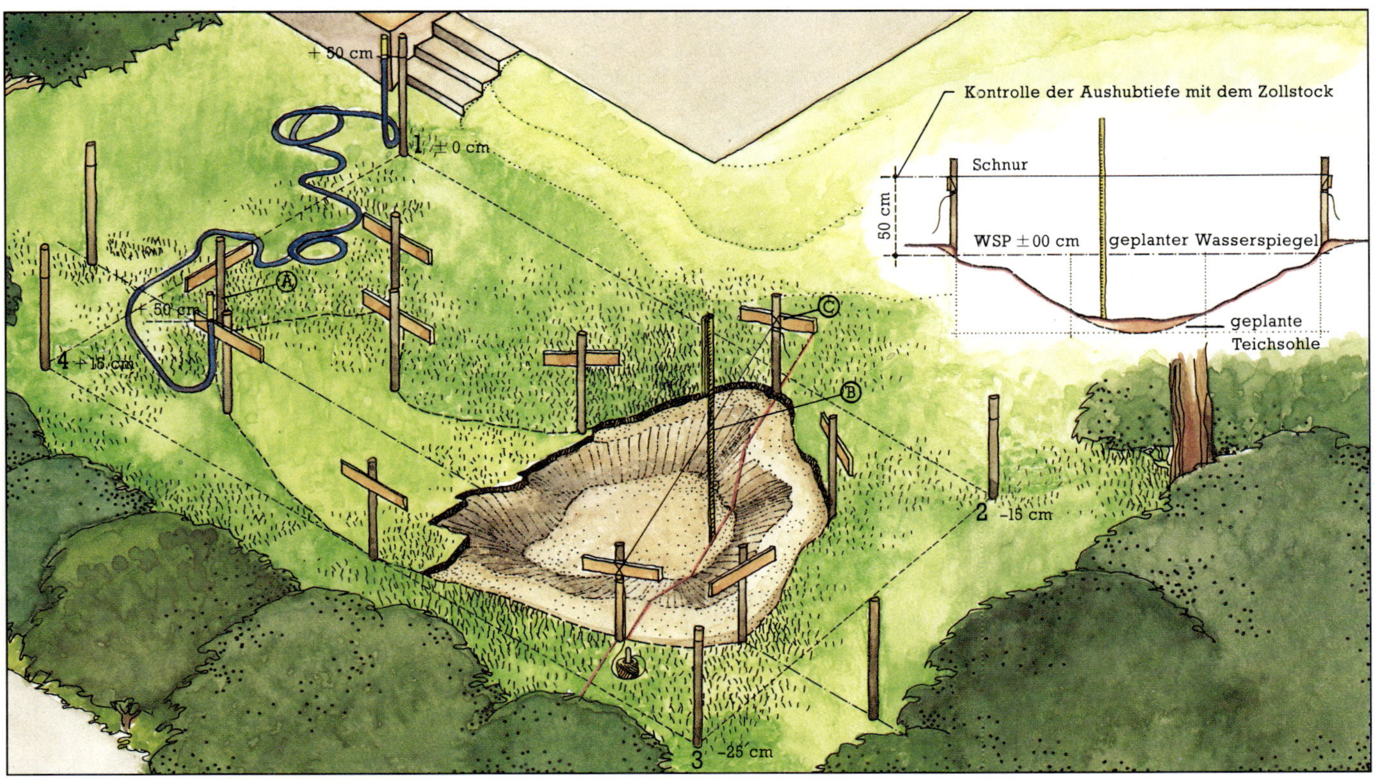

Die geplante Wasserspiegelhöhe wird mit Hilfe der Schlauchwaage (A) an die Absteckpfähle übertragen. Die Höhe kann mit einem angenagelten Brett (C) markiert werden. Die ausgehobene Tiefe kontrolliert man mit dem Zollstock (B).

getragenen Maße sind möglichst mehrfach zu überprüfen, damit sich keine Fehler einschleichen, die dann Mehrarbeiten und Zusatzkosten verursachen.

Nötige Erdarbeiten

Je nach Größe des geplanten Teiches und Erreichbarkeit des Standortes ist der erforderliche Erdaushub mit einer Maschine (Raupe, Bagger, Radlader) oder von Hand mit Spaten, Schaufel, Spitzhacke (Pickel oder Kreuzhacke) und Schubkarre durchzuführen. Für den Maschineneinsatz stehen heute nicht nur Großgeräte, sondern auch sehr leistungsfähige, wendige kleine Radlader mit Gummibereifung und einer Spurbreite ab 1,00 m zur Verfügung. Es ist deshalb zu überlegen, ob die Situation den Einsatz einer derartigen Kleinmaschine zuläßt. In der Regel kann der anfallende Boden nicht restlos im Garten eingebaut werden. Am besten ist es dann, eine Schuttmulde für den Abtransport zu bestellen, die in der Regel auch auf der Straße abgestellt werden darf. Bei beengten Straßenverhältnissen sollte eine Genehmigung bei der Polizei oder dem Ordnungsamt eingeholt werden.

Zuerst muß der Rasen und dann der Mutterboden abgehoben werden. Detaillierte Erläuterungen über die Notwendigkeit, Ausführung, Lagerung, Wiederverwendung und den Einbau sind auf den Seiten 55/56 zu finden.

Die Erde kann für nötige Auffüllungen der unebenen Teichflächen genutzt werden. Sie wird an diesen Stellen in 20–30 cm dicken Schichten aufgetragen und mit der Hand oder einer Rüttelplatte verdichtet, damit später keine Absackungen entstehen. Diese müssen vor allen Dingen im Teichrandbereich vermieden werden, damit der Teich dort nicht überläuft und das auslaufende Wasser noch größere Absackungen und Bodenabspülungen verursacht.

Überschüssiger Boden wird abgefahren. Von der tiefsten Aushubstelle ist so viel Boden zurückzuhalten, wie zur Herstellung des Bodengemisches als Vegetationsschicht im Teich benötigt wird. Diese Schicht besteht aus 50% Boden und 50% Sand. Sie sollte 12–15 cm stark sein. Aus diesen Daten, multipliziert mit der Teichbodenfläche, läßt sich die benötigte Bodenmenge errechnen.

Bei dem Erdaushub ist sowohl die geplante Innenform der Wasserfläche, als auch die notwendige Angleichung an das umgebende Gartengelände herzustellen und die Flächen glatt zu planieren. Im Teich ist die Planumsebene herzustellen, auf der die Abdichtungsfolie verlegt wird. Außerhalb der Abdichtung ist das Gelände so anzugleichen, daß der als Reserve gelagerte Oberboden dort aufgebracht werden kann.

Vor dem Auftragen des Oberbodens außerhalb der Teichfläche muß jedoch die darunter liegende Erde durch Aufhacken oder Umgraben gelockert werden, damit sich der Oberboden mit dem Untergrund verbindet und keine verdichtete Zwischenschicht verbleibt, durch die das anfallende Regenwasser nicht in den Untergrund absickern kann.

Innerhalb der Wasserfläche ist das glatte Erdplanum möglichst steinfrei herzustellen und mit Handstampfer oder Walze, beziehungsweise Rüttelplatte zu verdichten. Bei sehr trockenem oder sandigem Boden muß dieser vorher angefeuchtet werden, damit er sich auch richtig verdichten läßt und eine feste Oberfläche für das Verlegen der Folie ergibt.

Der Einbau der Folie und der Leitungen

In vielen Büchern, Prospekten und Verlegeanleitungen wird empfohlen, auf das Erdplanum eine 5–10 cm starke Sand- oder Torfschicht als Schutz der Folie und als Bodenausgleich aufzubringen. Diese Empfehlung bereitet bei der Realisierung jedoch erhebliche Schwierigkeiten. Der Sand rutscht selbst in angefeuchtetem und verdichtetem Zustand von den Böschungsflächen ab, da diese zum Verlegen und Verschweißen der Folie begangen werden müssen. Beim Verschweißen der Folie mit dem Heißluftfön trocknet der Sand sehr schnell ab und wird in die Schweißnaht geweht, was zu Undichtigkeiten führen kann.

Der gleiche Effekt tritt auch bei der Verwendung einer Torfschicht auf. Hinzu kommt noch, daß bedingt durch den weichen Torf nur mit einer zusätzlichen festen Unterlage der notwendige Anpreßdruck zum Verschweißen der Folie erzeugt werden kann. Beim Aneinanderfügen der einzelnen Dichtungsbahnen macht dies noch keine besonders großen Schwierigkeiten, da ein Brett als Unterlage verwendet werden kann. Sollen jedoch Flicken an den Schnittstellen oder bei Undichtigkeiten aufgesetzt werden, ist dies nicht mehr möglich. Durch den großen Abstand zum Rand kann keine feste Unterlage mehr eingeschoben werden.

Auf die vorgeschlagene Sand- oder Torfschicht kann auch verzichtet werden, da durch ein einigermaßen steinfreies Erdplanum keine Schäden an der Folie entstehen. Zur Erhöhung der Sicherheit kann das Erdplanum vor der Folienverlegung mit einer Filtermatte (Geovlies) in einer Stärke von 210 g/m^2 abgedeckt werden. Die einzelnen Bahnen müssen sich um etwa 15 cm überlappen.

Bei steinigem oder Grobkiesuntergrund ist die Fläche dünn mit Sand zu überziehen, bis eine glatte Fläche entsteht. Darauf wird die Filtermatte verlegt.

Bei windigem Wetter sollte nicht gleich die gesamte Fläche mit dem Geovlies abgedeckt werden, sondern nur soviel, wie es für das Verlegen der nächsten Folienbahn notwendig ist. Im Randbereich muß die Filtermatte mit Steinen beschwert werden, damit sie der Wind nicht wegweht.

Falls feste Installationen, wie Ablauf und Überlauf mit Kanalanschluß und/oder automatische Wassernachfüllung geplant sind, müssen vor dem Einbau der Folie die notwendigen Leitungsgräben ausgehoben werden. Die Leitungen müssen von Fach-

Fertiges Erdplanum für den Folienteich

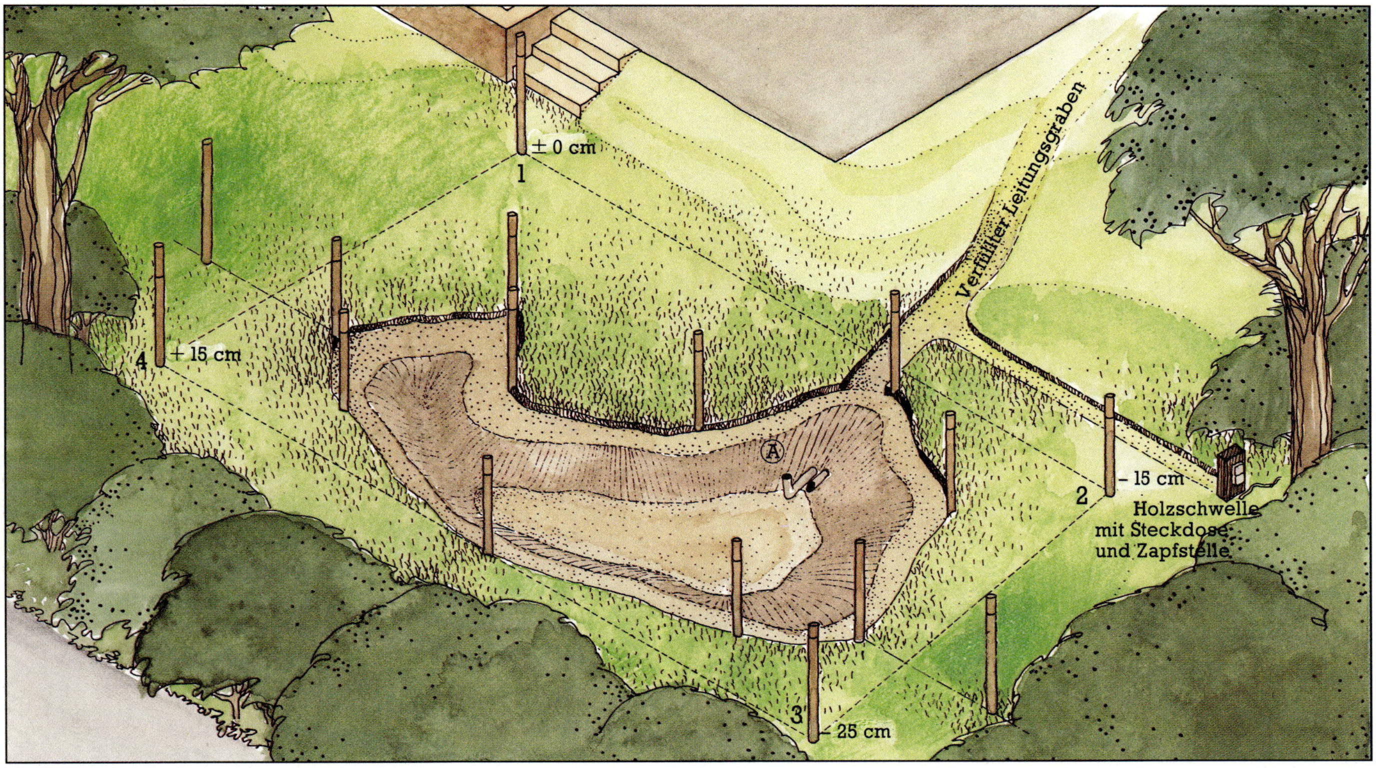

Das Erdplanum muß möglichst steinfrei hergestellt und dann mit einem Handstampfer oder einer Walze verdichtet werden. Falls feste Installationen (A) vorgesehen sind, müssen diese vor dem Einbau der Folie von Fachfirmen verlegt werden.

firmen verlegt und angeschlossen werden. Danach sind die Gräben fachgerecht zu verfüllen und zu verdichten. Die für die fachgerechte Einführung der Leitungen in den Teich notwendigen Leitungsstücke mit Folienflansch zum Einschweißen in die Abdichtungsfolie ist ebenso im Fachhandel für das Dachdeckerhandwerk erhältlich, wie auch die wurzelfeste Teichabdichtungsfolie. Die ausführliche Anleitung für diese Arbeiten sind auf der Seite 32 zu finden.

Die Verlegerichtung der Folie im Teich ist so zu wählen, daß möglichst lange Bahnen weitgehend faltenfrei verlegt werden können und nicht zu schmale anzuschweißende Reststreifen entstehen. Dies kann je nach Teichform sowohl die Längs- als auch die Querrichtung sein. Beim Verlegen in Längsrichtung wird die erste Bahn auf den Teichgrund gelegt und dann von unten nach oben durch Anschweißen ergänzt. Es kann sich natürlich auch ergeben, daß die erste Bahn am günstigsten in Längsrichtung und die Restflächen in Querrichtung zu verlegen sind.

Die beste Verlegerichtung ergibt sich aus der Gewässerform, wobei darauf zu achten ist, daß möglichst wenig Verschnitt und Abfall produziert wird. Der Verschnitt einschließlich Überlappung bei den Schweißnähten ist mit 10–20% anzusetzen und bei der Berechnung des Materialbedarfs zu berücksichtigen.

Auch die Wahl der Folienbahnbreite (1–4 m) richtet sich nach der Teichform. Je mehr Kurven, Ecken und Absätze vorgesehen sind, also je differenzierter die Innenfläche des Teiches gestaltet ist, um so schmaler muß die Bahnbreite der Folie gewählt werden. Je großflächiger und geradliniger die Formgebung ausfällt, desto breiter kann auch die Folie sein.

Besondere Sorgfalt ist nicht nur bei der Herstellung der Schweißnähte und bei der Eindichtung der Leitungen notwendig, sondern auch bei der Randausbildung. Hier ist besonders darauf zu achten, daß der Rand ringsum auf der gleichen Höhe liegt und die Folie am äußeren Rand senkrecht nach oben bis über die Geländeanschlußhöhe geführt wird. Der Rand ist erst dann nachzuschneiden, wenn bei der Dichtigkeitsprobe festgestellt wurde, daß das Wasser an keiner Stelle überläuft und die innere und äußere Verfüllung einschließlich Kies/Schotterrand und Bepflanzung fertiggestellt sind.

Die genaue Folienverarbeitung und die verschiedenen Schweißtechniken sind ab Seite 30 ausführlich erläutert.

Sollten trotzdem noch Unsicherheiten bestehen, ist es sinnvoller, nach Einholung mehrerer Angebote die Ab-

Einbau der Folie

Unter der Folie kann zum Schutz eine Filtermatte (A) verlegt werden. Die Folienbahnen (B) müssen sich um 5-10 cm überlappen, damit sie verschweißt werden können. Im Randbereich wird die Folie mit Steinen (C) gegen das Abrutschen gesichert. Folie und Filtermatte werden erst nach Verschweißung und Verfüllung des Teiches 15 cm über dem Wasserspiegel abgeschnitten (D).

dichtung von einer Fachfirma des Dachdeckerhandwerks oder einer im Bau von Folienteichen erfahrenen Fachfirma des Garten- und Landschaftsbaues ausführen zu lassen. Das Risiko von Undichtigkeiten und Mängeln bei den Schweißnähten ist bei der Einschaltung einer Fachfirma in der Regel geringer als beim Eigenbau.
Egal, ob die Abdichtung in Eigenbau erfolgte oder durch eine Fachfirma ausgeführt wurde, ist vor dem Einbau des Bodens, des Kies/Schotterrandes und der Bepflanzung eine eingehende Dichtigkeitsprüfung durchzuführen. Für diesen Zweck ist die eventuell vorhandene automatische Wassernachfüllung abzustellen.

Die Dichtigkeitsprüfung

Der Teich muß bis zum obersten Rand mit Wasser gefüllt und im Randbereich zum Beispiel ein Stein eingelegt werden, auf dem mit Farbe exakt der geplante Wasserstand markiert ist. Bis zu diesem Punkt wird Wasser eingefüllt.
Die Markierung und der Wasserstand sind während einer Woche täglich zu überprüfen und sowohl die Höhe des Wasserspiegels, als auch die Wetterverhältnisse (Regen, Sonne und Wind) zu notieren. Sinkt der Wasserspiegel bei sonnigem und windigem Wetter um mehr als 2 mm pro Tag ab, obwohl das Wasser nirgends überläuft, dann ist eine Undichtigkeit vorhanden. Um die undichte Stelle zu lokalisieren, wird kein Wasser nachgefüllt, sondern weiterhin täglich der Wasserstand nachgemessen, um festzustellen, wann der übermäßige Wasserverlust aufhört. Ist der Wasserverlust zum Stillstand gekommen, wird die verbliebene Wasserspiegelhöhe mit Wachskreide auf der Folie markiert und das restliche Wasser ausgepumpt oder abgelassen, um die undichte Stelle im Bereich der markierten Wasserspiegelhöhe aufzusuchen.
Steht für die Entleerung weder eine Pumpe noch ein Ablauf zur Verfügung, kann diese auch mit dem als »Schlauchwaage« genutzten Gartenschlauch vorgenommen werden, wenn im Gelände ausreichend Höhenunterschied vorhanden ist.
Der Gartenschlauch ist wieder möglichst blasenlos mit Wasser zu füllen und beide Enden mit dem Daumen zuzuhalten. Ein Ende wird in das Was-

ser des Teiches gelegt und mit einem Stein fixiert. Das andere verschlossen gehaltene Schlauchende wird dann an eine Stelle geführt, die tiefer als der Wasserspiegel des Teiches liegt. Wird dann der Schlauch geöffnet, läuft das Wasser nach dem Prinzip des »Saughebers« so lange ab, bis der Teich leer oder der Wasserspiegel bis auf die Höhe des Auslaufes abgesunken ist.
Nach der Entleerung ist die undichte Stelle in der markierten Zone aufzusuchen. Dort wird ein Flicken aufgeschweißt, der nach allen Seiten mindestens 10 cm größer als die undichte Stelle ist. Danach muß eine weitere Dichtigkeitsprobe durchgeführt werden. Erst wenn absolute Dichtigkeit festgestellt ist, wird die Bodenmischung in das Gewässer eingebracht.

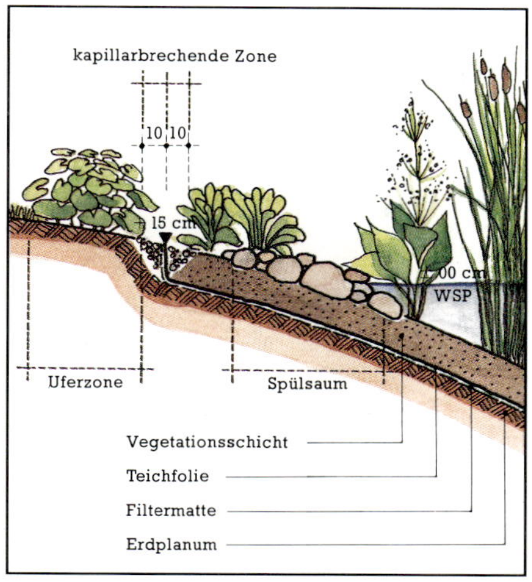

Randausbildung eines Teiches mit kapillarbrechender Zone

Bodeneinbau

Ist die mit Folie abgedichtete Teichfläche auch der Öffentlichkeit zugänglich und besteht die erhöhte Gefahr, daß durch Unbefugte die Foliendichtung beschädigt oder durchlöchert wird, kann als zusätzlicher Schutz eine sogenannte »Bautenschutzmatte« auf die Folie aufgebracht und dann die Filtermatte aufgelegt werden. Die Bautenschutzmatte ist 8–10 mm stark und besteht aus geschnitzelten und gepreßten Altreifen. Die Matten sind fugenlos nebeneinander ohne Überlappung zu verlegen.
Der Einbau der Bodenmischung erfolgt ebenfalls von innen nach außen, das heißt, von der tiefsten Stelle in Richtung Teichrand.
Am Teichrand ist an der senkrecht hochgeführten Folie zumindest innen, besser jedoch innen und außen eine kapillarbrechende Schicht von mindestens 10 cm Breite und 15 cm Tiefe aus Splitt oder Kies anzuordnen, damit das Wasser aus dem Teich nach außen zum Gartenboden keinen Erdkontakt hat. Bei einem Kontakt zwischen Außen- und Innenboden würde der äußere, trockenere Boden Wasser aus dem Teich wie mit einem Löschblatt (Kapillarität) absaugen. Dieser Effekt kann bei gut wasserleitendem Boden und zusätzlicher Schwerkraft (zum Beispiel Hangneigung) zu erheblichem Wasserverlust führen und Vernässungen außerhalb des Gewässers verursachen.

Ausstattung und Bepflanzung des Folienteiches

Die Kies/Schotterschicht am Rand der Folie kann durch geeignete Materialwahl, das heißt, dunkles Gestein oder Lavamaterial geschickt überspielt werden und wächst bei richtiger Pflanzenauswahl rasch zu. Es besteht natürlich durchaus die Möglichkeit, diese Kies/Schotterbereiche zu breiteren Uferzonen auszudehnen, wie sie auch an natürlichen Teich- und Bachufern vorkommen. Dadurch werden diese Zonen begehbar, es kann das Wasser und der Pflanzenwuchs kontrolliert und Pflegearbeiten durchgeführt werden.
Bei einem größeren Folienteich ist es notwendig, mehrere solcher begehbaren »Pflegestellen« mit Kies/Schotterabdeckung, einem großen Stein, beziehungsweise einer Steingruppe einzurichten, damit die gesamte Wasseroberfläche mit einem langgestielten Kescher zum Abfischen von Algen und Laub erreicht werden kann.
Wird ein Ablauf mit Überlaufrohr eingebaut, so ist die Rohrzuleitung außerhalb im Erdreich durch Beton so zu befestigen, daß das Rohr im Bereich der Einführung durch die Folie nicht wackelt, da es sonst zu Spannungen und Rissen in der Folie kommen kann. Nach innen ist das Rohr zumindest bis über die 12–15 cm starke Bodenschicht so zu verlängern, daß die Verbindungsstelle oder Verschraubung des eingesetzten Standrohres über der Bodenschicht liegt. Sonst kommt es bei der Entleerung zu Bodenabschwemmungen.
Auch das Zulaufrohr für die automatische Wassernachfüllung muß außen durch Beton gesichert sein und nach innen die Bodenschicht um mindestens 10–15 cm überragen, damit kein Faulschlamm eingespült wird und das Rohr verstopft. Das Zuleitungsrohr ist mit einem feinmaschigen Gitter abzudecken, damit keine Tiere und Schmutz in die Leitung gelangen.
Soll ein Belüfter oder eine kleine Pumpe als Quellsprudler im Teich eingesetzt werden, ist der Standort hierfür so zu wählen, daß er vom Teichrand oder einem Pflegepunkt aus erreichbar ist. Für die Aufstellung der Pumpe wird waagrecht in die Bodenschicht eine ausreichend große Betonplatte eingebaut, die Pumpe aufgestellt und die Zuleitung zur Steckdose außerhalb des Teiches in das Erdreich verlegt, damit sie nicht mehr sichtbar ist. Im Bereich der Pumpe ist eine Kabelschleife von etwa 1,50 m Länge zu belassen, damit die Pumpe zur Überprüfung, Wartung oder Reinigung herausgenommen werden kann, ohne die gesamte Zuleitung aus dem Boden ziehen zu müssen. Beim Verlegen der Betonplatte ist darauf zu achten, daß in allen Bereichen zur Folienabdichtung eine ausreichende Bodenschicht verbleibt, um Beschädigungen der Abdichtung zu vermeiden.
Sind Unterwasserscheinwerfer zur Beleuchtung von Fontänen vorgesehen, ist dafür ebenfalls eine Aufstell-

fläche mit einer Betonplatte zu schaffen und der Scheinwerfer vorher darauf zu verschrauben. Das Kabel kann wieder unter dem Erdreich verlegt werden.
Erst wenn alle Einbauten durchgeführt sind und die Randzone fertiggestellt ist, kann die Bepflanzung nach Plan für die unterschiedlichen Wassertiefen und Zonen erfolgen. Bei der Bepflanzung darf weder Torf noch irgendein Dünger verwendet werden.
Nach der Pflanzung wird die Erdfläche nochmals nachgearbeitet und angedrückt, die Pflanzung eingehend gewässert.
Nach Abschluß aller Arbeiten wird der Teich mit einem Gartenschlauch gefüllt. Dabei ist das Schlauchende mit einem angebundenen Stein so zu fixieren, daß der Schlauch sich nicht bewegen kann und die Bodenmischung möglichst nicht aufgewirbelt wird.
Bei der Füllung des Teiches wird das Wasser erst trüb und es dauert einige Tage, bis sich die Feinteile am Teichboden wieder abgesetzt haben. Dann noch vorhandene, schwimmende Boden- und Pflanzenteile sind abzufischen. Ist das Wasser klar, können die Fische eingesetzt und die Teichbelüftung oder der Quellsprudler in Betrieb genommen werden.
Zum Abschluß ist der Randbereich zu überprüfen und die überstehende Folie so abzuschneiden, daß überall der notwendige Sicherheitsabstand von mindestens 15 cm über dem Wasserspiegel verbleibt.

Anlage des Wasserlaufes

Wird der Folienteich, wie im Planungsbeispiel dargestellt, zusätzlich mit einem Wasserlauf kombiniert, muß auch hier vor dem Ausbau erst eine Grobabsteckung und Höhenüberprüfung erfolgen.

Die Absteckung des Wasserlaufes

Die Übertragung des geplanten Wasserlaufes in das Gelände ist nach dem gleichen Verfahren wie beim Folienteich über die metrisch eingeteilte Absteckachse durchzuführen. Diese wird durch zwei Pfähle festgelegt, und die für die Absteckung notwendigen Zwischenpunkte ebenfalls markiert und beschriftet. Die Absteckpunkte werden dann durch ein Bandmaß oder eine Schnur von den zugehörigen Punkten der Absteckachse aus ermittelt und ebenfalls durch Pfähle markiert.
Nach der Absteckung werden die Zwischenmaße nochmals kontrolliert, damit sich keine Fehler einschleichen. Nach der Absteckung der Lage folgt die Antragung und Kontrolle der Höhen mit einem Nivelliergerät oder der Schlauchwaage.
Es ist genau zu prüfen, ob die geplante Höhenabwicklung des Wasserlaufes und die Höhenabsätze auch wirklich zum Geländeverlauf passen. Ist dies nicht der Fall, empfiehlt es sich, in Verbindung mit einer Gesamtkontrolle die Höhen oder die Höhenversätze nochmals zu korrigieren.

Der Erdaushub

Nicht nur für die Absteckung, sondern auch für die Erdarbeiten des Wasserlaufes gilt die gleiche Verfahrensweise wie beim Folienteich. Wegen der geringen Größe und Tiefe wird in der Regel beim Wasserlauf auf Maschineneinsatz verzichtet.
Auch beim Wasserlauf ist es sehr wichtig, daß das Erdplanum gut verdichtet ist und nicht nachträglich Setzungen auftreten, die die Gefälle im Wasserlauf verändern.

Folieneinbau und Dichtigkeitsprüfung

Nach Fertigstellung des steinfreien und glatten Erdplanums kann als Schutz erst eine Filtermatte aufgelegt werden und darauf der Einbau der Folie erfolgen. Bei dem Fließgewässer reicht in der Regel eine Dichtungsbahn in Längsrichtung aus. Ansätze und Schweißnähte ergeben sich jedoch bei Höhenabsätzen und Windungen. An den Ufern ist die Folie ebenfalls senkrecht hochzuziehen bis über die spätere Geländeanschlußhöhe.
Ist das Gefälle des Wasserlaufes nicht glatt durchgehend, sondern sind Anstauungen und Höhenabsätze

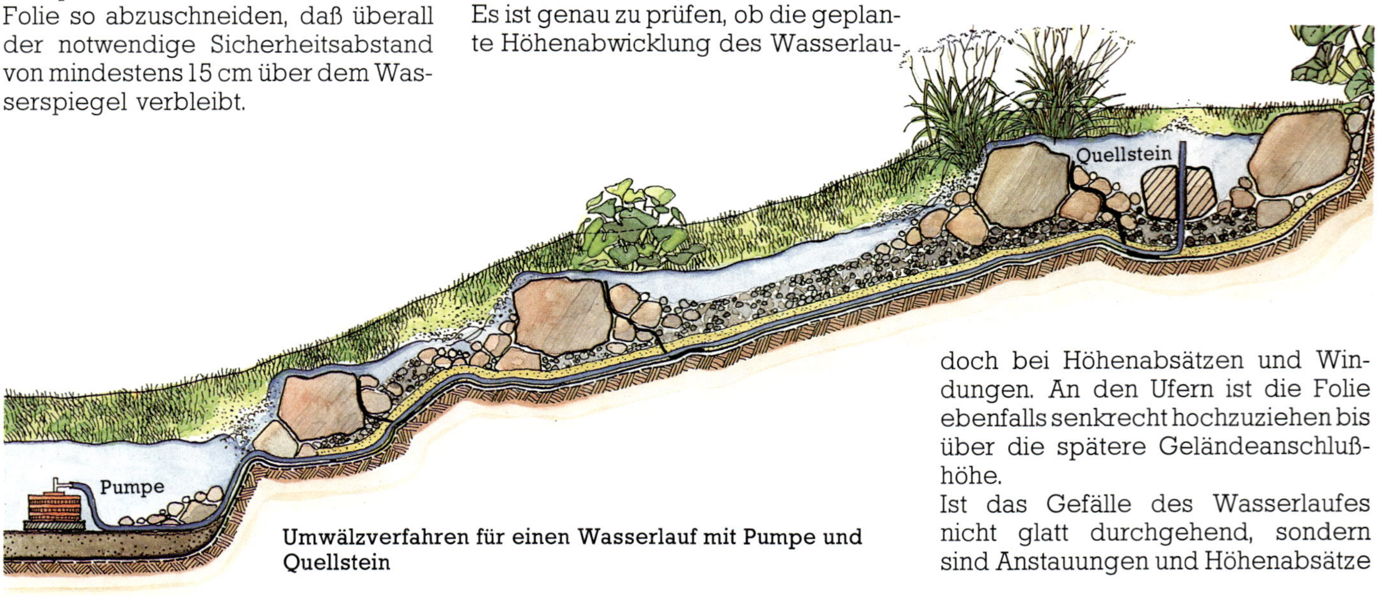

Umwälzverfahren für einen Wasserlauf mit Pumpe und Quellstein

eingeplant, werden an diesen Stellen Folienabschnitte ergänzend eingeschweißt. An der Verbindungsstelle von Wasserlauf und Folienteich werden die Folien beider Anlagen ebenfalls dicht verschweißt, um Unterspülungen und Wasserverluste zu vermeiden.
Nach Fertigstellung der Folienabdichtung ist durch Anstau eine Dichtigkeitsprüfung durchzuführen. Die möglichen Fehlerquellen sind bei der Verwendung einer Dichtungsbahn in Längsrichtung und relativ wenigen Schweißstellen gering.
Ist das Gefälle zu stark, um den Wasserlauf in einem Stück aufzustauen, kann dies auch abschnittsweise erfolgen und hierfür Trennwände in das Profil mit Folie eingeschweißt werden, die mit Sand oder Erde für die Zeit der Anstauung zu hinterfüllen sind. Nach der Dichtigkeitsprüfung werden diese Trennwände wieder bis auf die Schweißnaht herausgeschnitten, wobei natürlich darauf zu achten ist, daß die Grunddichtung nicht verletzt wird. Als Schutz ist auch hier auf die Folienabdichtung eine Filtermatte mit 210 g/m^2 und bei Bedarf zusätzlich eine Bautenschutzmatte einzubauen.

Ausstattung und Bodeneinbau

Der Wasserlauf soll im Umwälzverfahren betrieben werden. Dafür ist auf einer Betonplatte im Teich eine Umwälzpumpe aufzustellen, mit 1,50 m Kabelschleife zu versehen und unter dem Boden die Zuleitung zu verlegen, wie dies beim Folienteich erläutert ist. An die Pumpe wird ein Schlauch angeschlossen und auf der Folie bis zur Quelle verlegt. Ein Stein von 20–30 cm Durchmesser wird in der Mitte mit einer Bohrung versehen, die der Stärke des Schlauches entspricht. Der Schlauch wird durch die Bohrung geschoben, bis er 8–10 cm oben übersteht. Auf die Abdichtung des Quellbereiches wird eine 5 cm starke Sandschüttung aufgebracht und mit etwa 10 cm Schotter abgedeckt. Darauf wird der Stein so versetzt, daß der

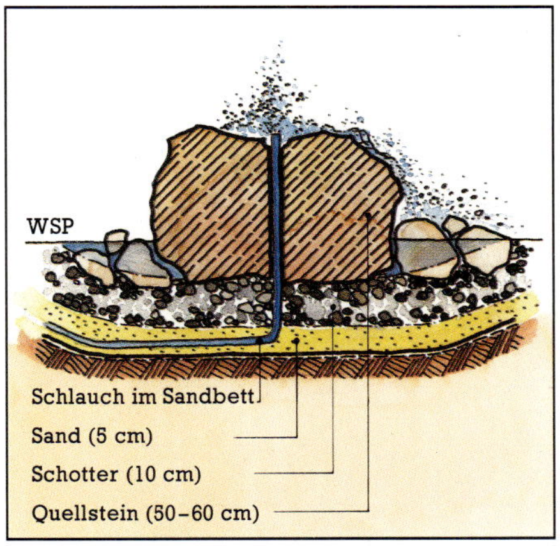

Detailzeichnung von einem Quellstein

Schlauch senkrecht steht und etwa 2–3 cm unter dem Wasserspiegel endet. Bei der Verlegung des Schlauches ist darauf zu achten, daß keine Knicke oder Quetschungen auftreten, die den Wasserdurchlauf behindern oder beschränken.
Nach der Verlegung der Wasserzuleitung zur Quelle wird die Filtermatte in der Mitte des Wasserlaufes etwa 5 cm stark mit Sand der Körnung 0/3 mm abgedeckt. Darauf erfolgt der Einbau der Steine für die Höhenabsätze, die Einfassung an den Außenkurven und Windungen, sowie einige größere Steine zur Gliederung des Wasserlaufes. Danach wird im Bereich des Wasserabflusses Schotter mit abgestufter Körnung 2/56 mm ungefähr 10 cm stark eingebaut und an den Rändern Bodenmischung für die Bepflanzung angeschüttet. Beim Folienrand ist wieder eine kapillarbrechende Schicht mit Kies/Schotter beidseits in einer Stärke von 10 cm und einer Tiefe von 15 cm einzubringen. Das angrenzende Gelände ist mit einem möglichst natürlichen Verlauf flach an die Uferzone anzugleichen.
Vor der Bepflanzung sollte im Wasserlauf ein Probebetrieb durchgeführt werden, um zu prüfen, ob die Schotterung des Fließbereiches breit genug gezogen wurde, damit der Wasserablauf nirgends in die Bodenaufschüttung einschneidet und dort Abschwemmungen verursacht. Ist diese Überprüfung und die eventuell notwendige Ergänzung des Schotterbettes abgeschlossen, kann die Folie bodenbündig abgeschnitten und die Bepflanzung eingesetzt werden. Damit ist der Wasserlauf komplett.
Aus dem Arbeitsablauf ist zu entnehmen, daß erst der Teich ausgebaut und gefüllt sein muß, bevor der Probebetrieb im Wasserlauf erfolgen kann. Wird ein Wasserlauf mit mehreren Sohlschwellen wie bei diesem Planungsbeispiel mit einem Teich kombiniert, kann auf eine zusätzliche Belüftung verzichtet werden, da durch den Wasserlauf eine ausreichende Sauerstoffanreicherung des Wassers erfolgt.

Quellstein

Gestaltung der Gewässerränder

Ein besonderes Augenmerk ist auf die Randausbildung der Folienabdichtung zu richten. Ganz wichtig ist es, daß die Folie in keinem Fall mit Nägeln oder ähnlichen Konstruktionen starr am Rand befestigt wird. Sie wird ausschließlich geheftet, das heißt, mit Hilfe von Steinen oder Holzkonstruktionen in der gewünschten Lage gehalten.

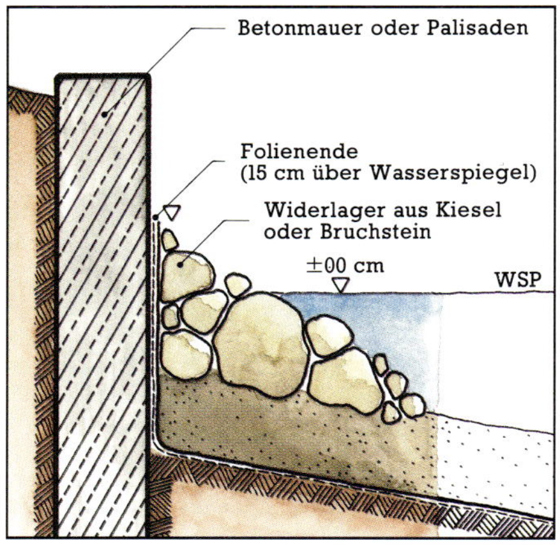

Im Bereich von festen Wänden aus Beton oder Holzpalisaden ist aus optischen und technischen Gründen auf Profilschienen als Abschluß der Dichtungsfolie zu verzichten. Da die Teichfolie dort fest eingespannt wird, können eventuell auftretende Druck- und Zugbelastungen nicht mehr ausgeglichen werden.

Gartengewässer mit Feuchtgebiet

Der Vorteil dieser Konstruktion ist, daß ein nahtloser Übergang zur Umgebung geschaffen werden kann.

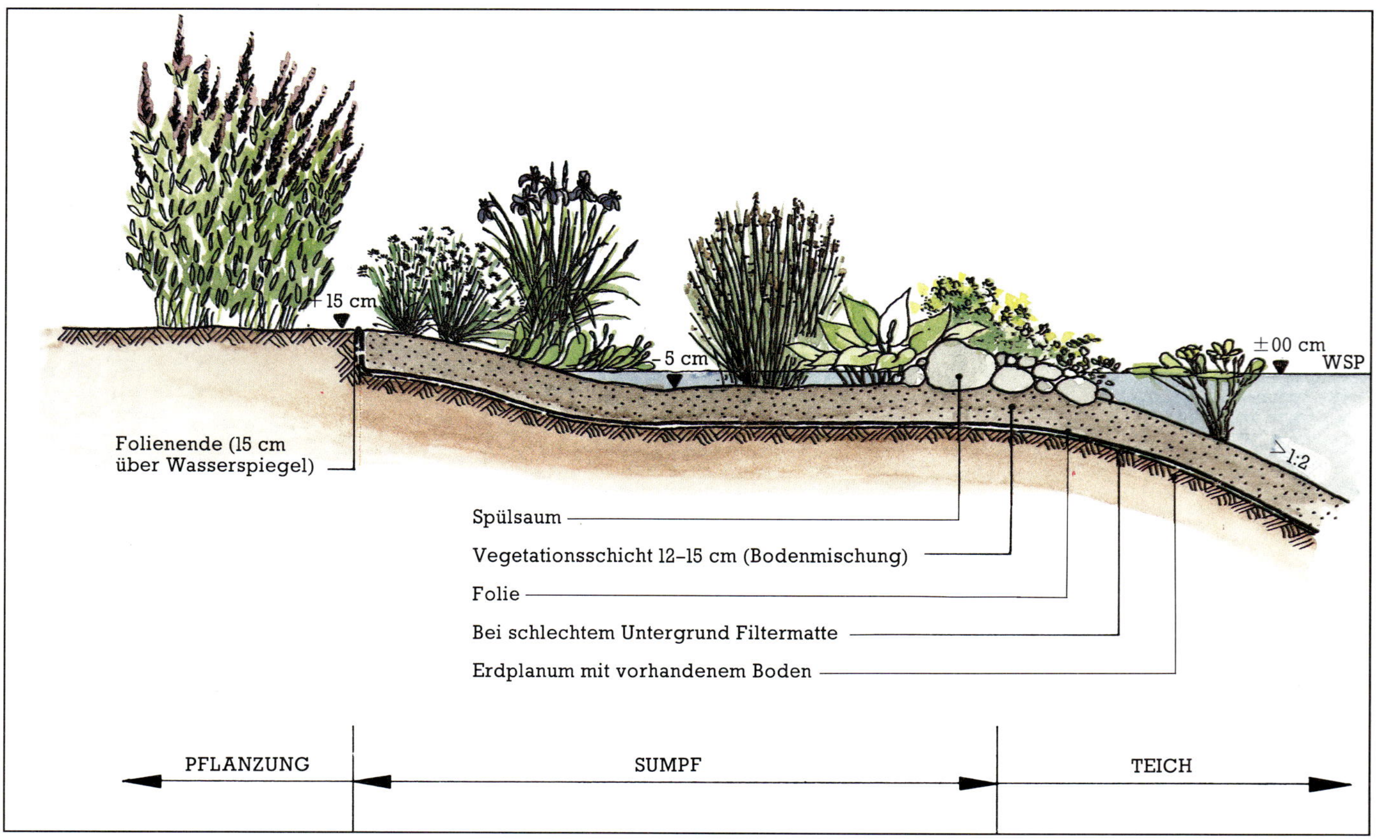

Gewässerrand für naturnahe Gewässer

Dieser Gewässerrand ist einfach herzustellen und kann für alle Formen verwendet werden.

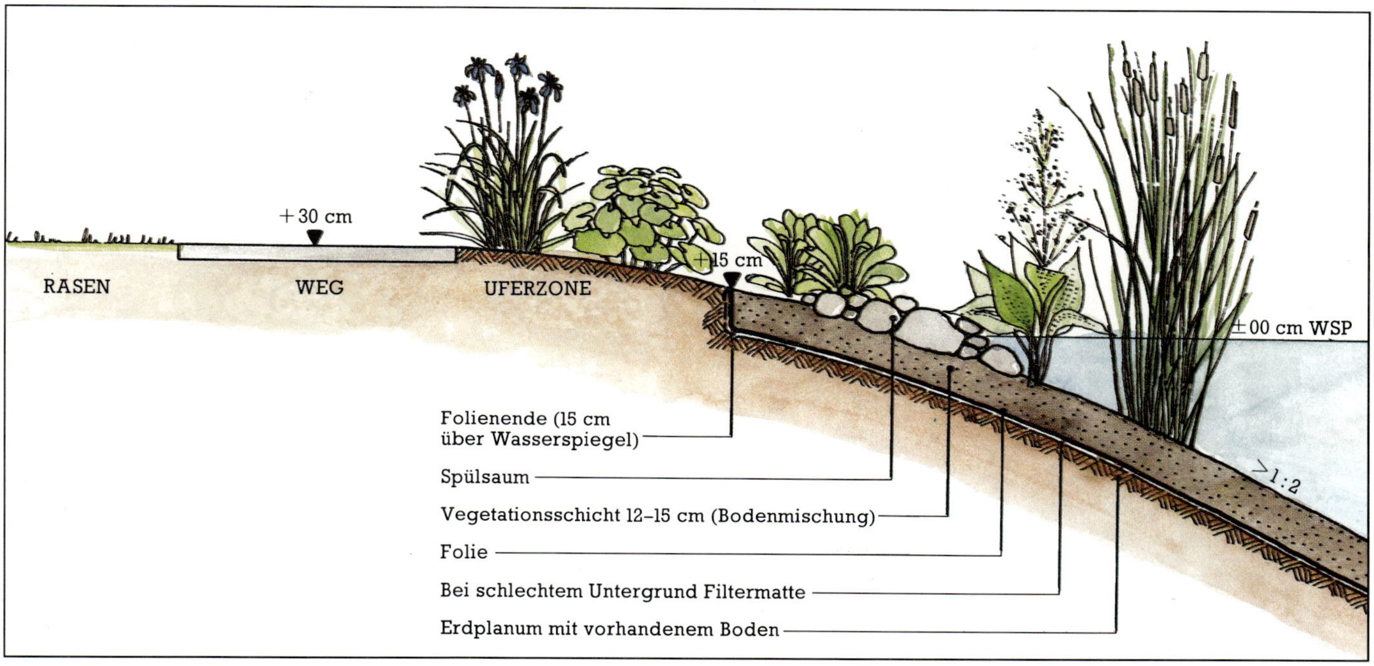

Gewässeranschluß an die Terrasse

Dieser Anschluß an die Terrasse ist einfach und kostengünstig selbst herzustellen. Der Nachteil besteht jedoch darin, daß bei starkem Wellenschlag das Wasser überlaufen kann.

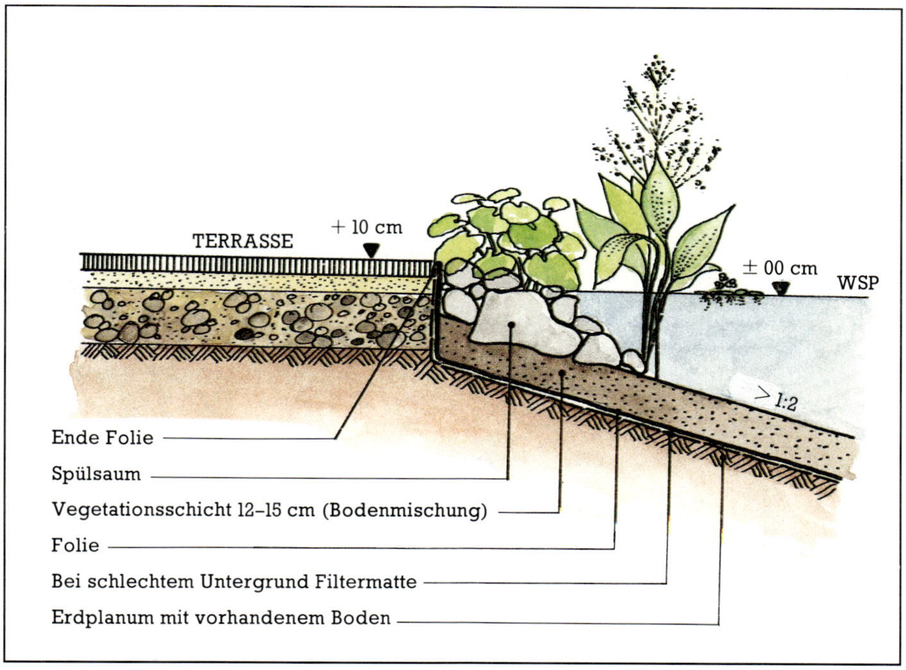

Gewässerrand mit Flachwasserzone

Diese einfache Konstruktion kann bei großen und kleinen Naturteichen verwendet werden. Die Flachwasserzone ist durch einen Spülsaum geschützt und dient als Vogelbad.

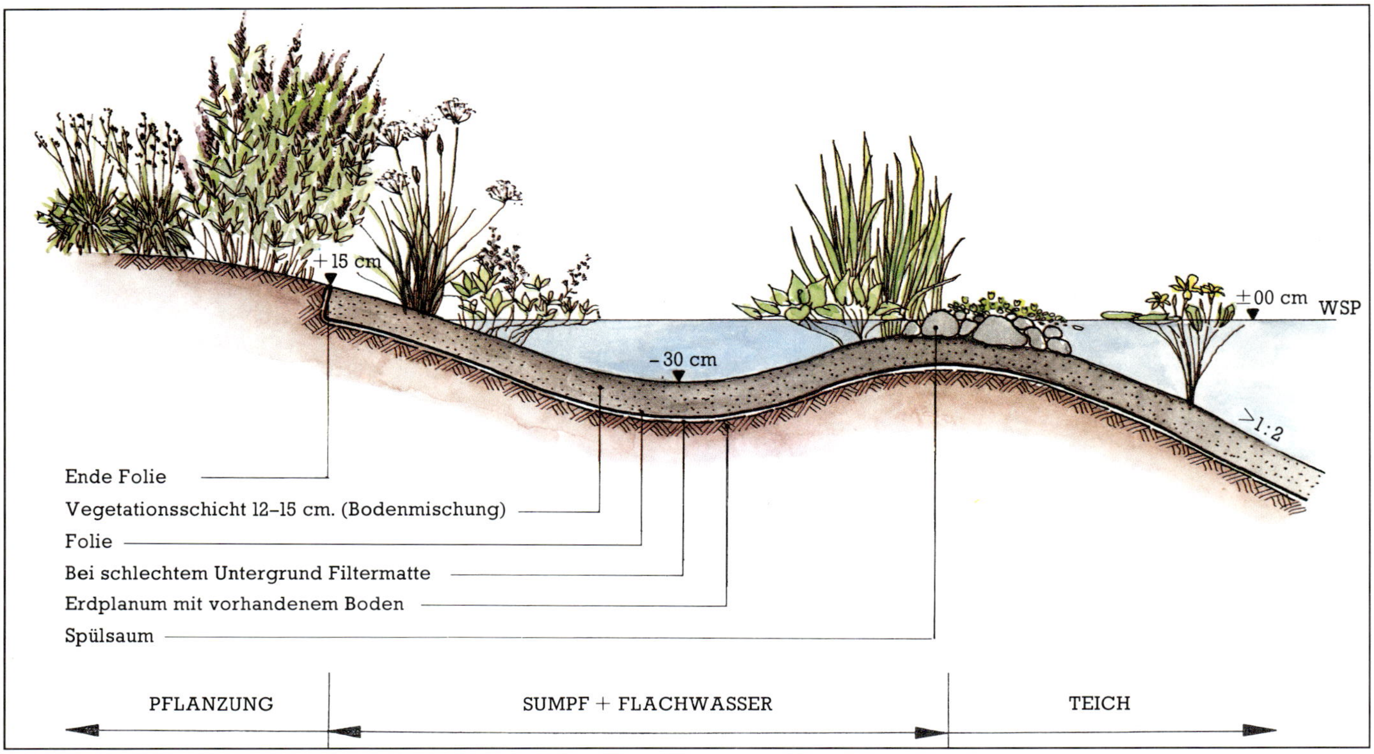

Anschluß an eine Holzterrasse

Der Vorteil dieser Konstruktion besteht darin, daß das Wasser direkt bis an die Terrasse reicht und trotzdem keine Überlaufgefahr besteht. Nachteilig ist, daß der Wasserstand am Ufer sehr flach ist. Durch die Anbringung mehrerer, übereinander gelagerter Holzbohlen kann jedoch leicht ein größerer Wasserstand erreicht werden.

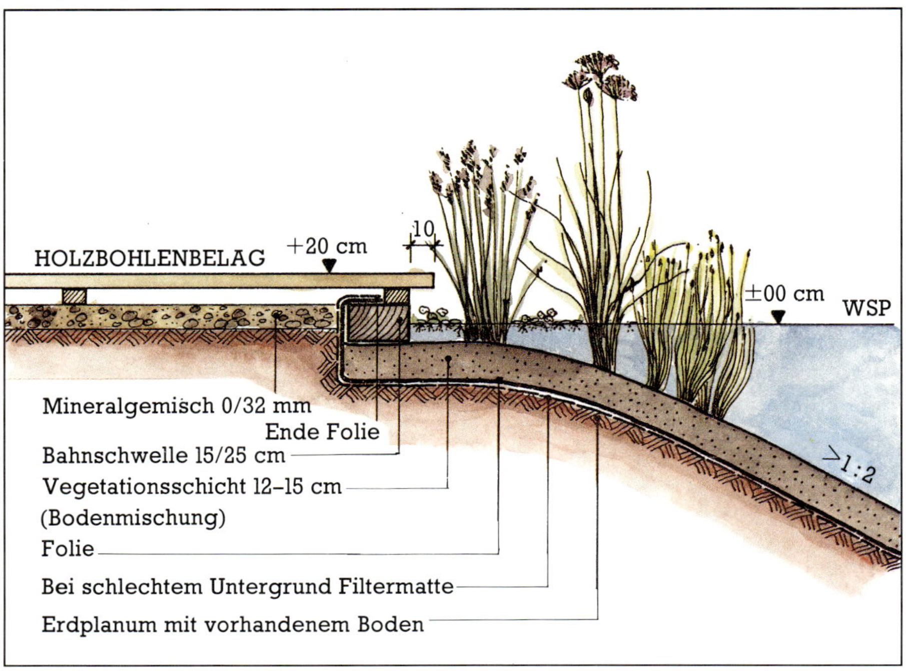

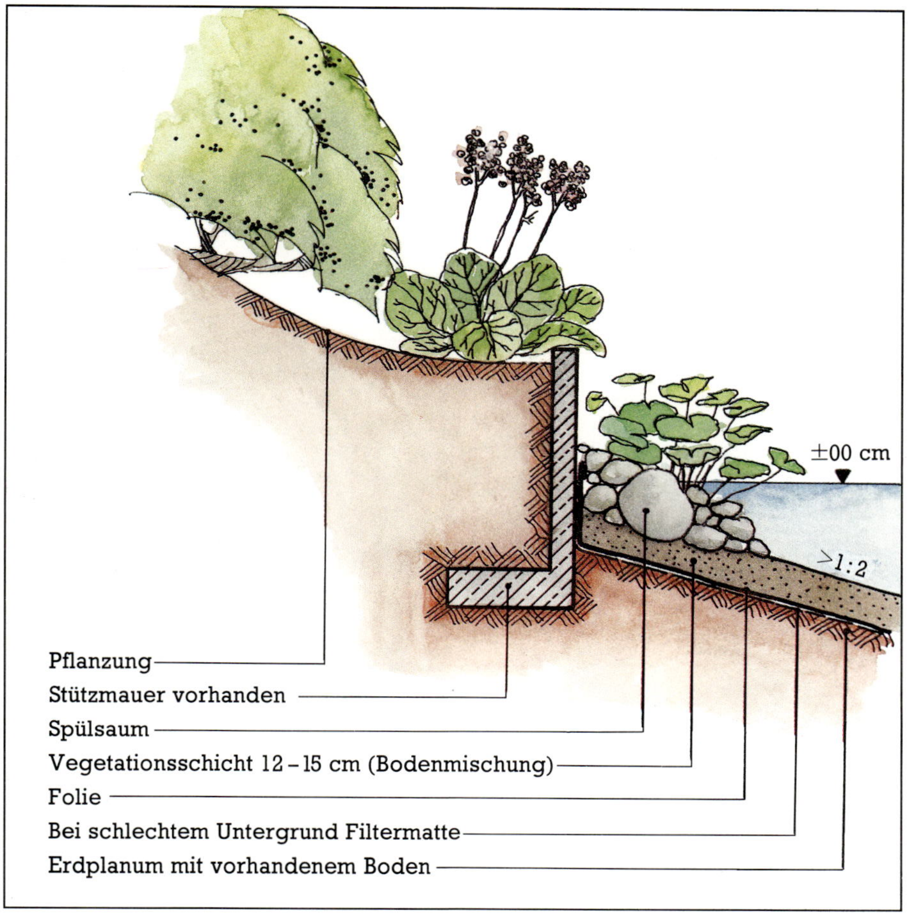

Das Gewässer endet an einer vorhandenen Stützmauer

Die Folie wird an der Mauer nicht befestigt, sondern nur lose verlegt und hinter den großen Steinen, die gleichzeitig dem Schutz der Folie dienen, hochgezogen. Der Nachteil dieser Konstruktion ist, daß der Wasserspiegel optisch nicht bis an die Mauer reicht.

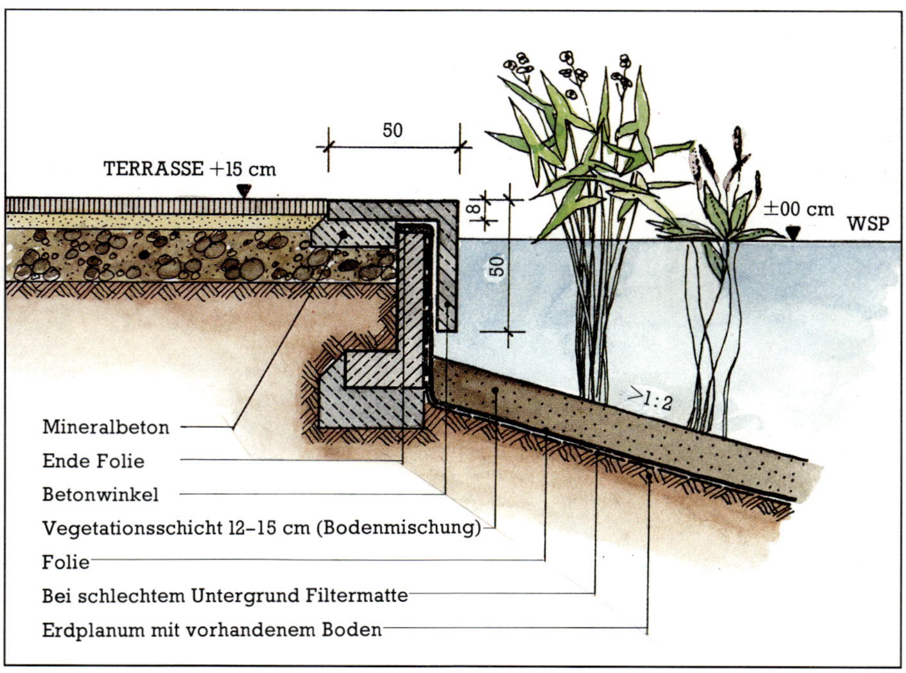

Anschluß an eine Terrasse mit Betonwinkeln

Der Vorteil dieser Konstruktion liegt in der großen Wassertiefe direkt an der Terrasse, allerdings sind die Kosten hoch. Dieser Gewässerrand ist besonders für Wasserbecken mit geometrischer Form und bei starkem Wellenschlag zu verwenden.

Grundlage für das Leben im und am Wasser

Ein naturnah bepflanzter Gartenteich bringt Erholung für Auge und Geist.

Seerosen bereichern jeden Teich (hier: Nymphaea Murillo).

Boden und Wasser

Welche Bodenmischung ist richtig?

Eine wichtige Grundlage für die Entwicklung eines künstlich angelegten Gewässers ist die richtige Zusammensetzung der Bodenmischung, die als Vegetationsschicht in das Gewässer eingebaut wird.
Bereits bei den Erdarbeiten ist darauf zu achten, ob der ausgehobene Boden für die Herstellung der Vegetationsschicht verwendet werden kann. Regional sind sehr unterschiedliche Böden anzutreffen, die aus vegetationstechnischen und bodenmechanischen Gesichtspunkten in 10 Bodengruppen eingeteilt sind.

Zur Feststellung der Bodengruppe können einfache Versuche durchgeführt werden. Die Bodengruppe I, II, III, VI, VIII, IX und X können durch Augenscheinnahme einer Probe identifiziert werden, da das Korngefüge dieser Böden leicht erkennbar ist.

Die Bodengruppen IV, V und VI sind nur durch den Rollversuch zu unterscheiden. Man nimmt eine etwa walnußgroße, erdfeuchte Bodenprobe, entfernt eventuell vorhandene Körner und knetet das Material zusammen. Anschließend wird der Boden von Hand auf einer nicht saugenden Unterlage, zum Beispiel Glas oder Kunststoff ausgerollt, bis die Walze in Abschnitte zerbricht. Kann die Bodenwalze bis unter 3 mm Stärke ausgerollt werden, so handelt es sich um die Bodengruppe VIII, nämlich stark bindigen Boden. Zerbricht die Bodenwalze zwischen 3–8 mm, so handelt es sich um bindigen Boden der Bodengruppe VI. Zerbröselt die Bodenwalze bei einem Durchmeser von mehr als 8 mm, handelt es sich um schwach bindigen Boden, also um die Bodengruppe IV.

Nicht alle Bodengruppen können zur Herstellung von Bodenmischungen für Vegetationsschichten in Gewässern verwendet werden. Aus vegetationstechnischer Sicht sind die einzelnen Bodengruppen für die Verwendung im Gewässerbau wie folgt zu beurteilen:
Bodengruppe I: Faulschlamm kann nur für Tümpel verwendet werden, die keine Verbindung zu Fließgewässern oder Teichen haben. Moorboden ist nur für die Anlage von Moorbeeten geeignet, nicht jedoch als Beimischung zu anderen Böden für Vegetationsschichten in Teichen, da der Humusanteil zu hoch ist.
Bodengruppe II: Diesem Sandboden fehlen die bindigen Anteile. Durch Beimischung von einem Teil Lehmboden (Bodengruppe VI) auf 3 Teile Sandboden (Bodengruppe II) kann eine geeignete Bodenmischung erzielt werden.
Bodengruppe III: Kies- und Terrassenschotter sind als Bestandteil für eine Bodenmischung ungeeignet. In gewaschener Form kann dieses Material zum Abdecken des Spülsaumes im Uferbereich Verwendung finden.
Bodengruppe IV: Der schwachbindige Lößboden oder anlehmiger Sand sind direkt ohne Veränderung für eine Vegetationsschicht in einem Gewässer verwendbar, da bindige Teile und Sandanteil in ausgewogenem Verhältnis stehen.
Bodengruppe V: Dieser lehmige Boden ist ebenfalls für Vegetationsschichten in einem Gewässer verwendbar, wenn die groben Steine über 2 cm Durchmesser ausgesiebt oder ausgelesen werden.
Bodengruppe VI: Diese Böden haben einen zu hohen Feinteilgehalt und müssen deshalb durch Zugabe von Sand oder Sandboden verbessert werden. Das Mischungsverhältnis sollte 3 : 2 sein. Das bedeutet, daß auf 3 Teile Boden 2 Teile Sand zuzugeben sind.
Bodengruppe VII: Der lehmige Kies oder Schotter ist nur bedingt verwendbar. Vorab müssen die groben Steine über 2 cm Durchmesser ausgesiebt oder ausgelesen werden.

Bodengruppe	Bezeichnung	Beispiel
I	organischer Boden	Faulschlamm, Moorboden
II	nichtbindiger Boden	Dünen- und Verwitterungssand
III	nichtbindiger, steiniger Boden	Flußkies, Terrassenschotter
IV	schwachbindiger Boden	Löß, Kalksand, anlehmiger Sand
V	schwachbindiger, steiniger Boden	lehmiger Kies, lehmiger Schotter
VI	bindiger Boden	lehmiger Sand, sandiger Lehm
VII	bindiger, steiniger Boden	Hangschutt, lehmiger Kies, lehmiger Schotter
VIII	stark bindiger Boden	Schlick, Ton, Mergel
IX	stark bindiger, steiniger Boden	Schotter, Hangschutt, Kies mit Ton oder Mergel
X	stark steiniger Boden	Fels

Dann wird Sand zugegeben. Wie bei der Bodengruppe VI sind auf 3 Teile Boden 2 Teile Sand unterzumischen.
Bodengruppe VIII: Diese stark bindigen Böden sind zur Verwendung für Vegetationsschichten weitgehend ungeeignet. Sie werden im Wasser flüssig und können deshalb nicht an Böschungen eingesetzt werden. Selbst bei der Zugabe von 3–4 Teilen Sand ergibt sich kein stabiles Bodengefüge.
Bodengruppe IX: Schotter und Hangschutt in Verbindung mit stark bindigem Boden ist wegen seines hohen Steinanteiles für Vegetationsschichten ungeeignet.
Bodengruppe X: Fels kann nur in Form von Schotter für den Spülsaum Verwendung finden.

In Regionen, in denen Lavamaterial kostengünstig zur Verfügung steht, sollte für die Bodenmischungen Lavasand 0/5 mm oder 0/8 mm verwendet werden. Er ist wasserdurchlässig und trägt zur Bodenstabilität bei.

Das Mischen der Böden

Die Herstellung von Bodenmischungen kann einfach mit einer Schaufel erfolgen, wobei bei einer Mischung von 2 : 3 2 Schaufeln Erde und 3 Schaufeln Sand abwechselnd auf einen Haufen geworfen werden. Danach ist dieser Haufen noch 2–3 mal umzusetzen, damit eine möglichst gleichmäßige Mischung entsteht.
Bei der Herstellung der Bodenmischung muß beachtet werden, daß der Boden nicht zu feucht ist und schmiert, da dann in der Regel keine gute Durchmischung erreicht wird.
Es besteht die Möglichkeit, trockenen bis erdfeuchten Boden in einem gereinigten Betonmischer zu mischen, wobei bei einem Mischungsverhältnis von 2 : 3 erst zwei Schaufeln Boden und dann drei Schaufeln Sand in den Mischer geworfen werden.
Bei den Bodenmischungen ist darauf zu achten, daß kein Torf oder Dünger beigemischt wird. Aus organischen Substanzen bildet sich bei der Zersetzung im Wasser unter Luftabschluß Faulgas, das zum Absterben von Pflanzen und Wassertieren führen kann.
Entgegen allen Tips und vielen Veröffentlichungen ist auf eine Nährstoffanreicherung durch Zugabe von Dünger in jeder Form zu verzichten, dies gilt auch für den häufigen Ratschlag, den in Gittertöpfen gepflanzten Seerosen Mist beizumischen. Herabfallendes Laub und andere organische Stoffe, die auf den Teichboden absinken und sich dort zersetzen, bringen eine ausreichende und dauerhafte Nährstoffversorgung. Zusatzdüngungen erzeugen dagegen lediglich unerwünschten Algenwuchs.
Um möglichst nährstoffarmen Boden zu erhalten, sollte dieser im tiefsten Aushubbereich entnommen werden. Als Regel gilt, 50% Boden und 50% Sand (Körnung 0/3 mm) werden für die Herstellung der Vegetationsschicht benötigt. Weiterhin ist darauf zu achten, daß der gewonnene Boden frei von Steinen, Unkräutern und organischen Substanzen ist. Es sollte immer der hellere Aushubboden verwendet werden, da sowohl bei Sand-, als auch bei Lehmboden die dunklere Braunfärbung des Bodens einen höheren Humusgehalt anzeigt.
Um zu verstehen, warum eine möglichst geringe Nährstoffanreicherung des Bodens so wichtig ist, muß man bedenken, daß die meisten Nährstoffe in wasserlöslicher Form im Boden enthalten sind. Dies bedeutet, daß sich bei dem Füllen des Gewässers die Nährstoffe im Boden lösen und in das Wasser wandern. Es entsteht eine Nährstofflösung, die eine starke Algenentwicklung und ein starkes Pflanzenwachstum verursacht. Die Nährstoffe, die die Pflanze aus dem Wasser aufnimmt, bleiben in der Biomasse der Pflanzen erhalten und werden nach deren Absterben dem Wasser wieder zugeführt. Damit ist der Kreislauf geschlossen. Um eine Verringerung der Nährstoffkonzentration im Wasser zu erreichen, ist es deshalb notwendig, laufend die Algen und absterbenden Pflanzenteile abzufischen.
Falls ein Bodengemisch relativ steinreich ist und die Steine nicht restlos ausgesiebt werden können, sollte die Folien- oder Tonabdichtung vor dem Bodeneinbau mit einer Filtermatte mit mindestens 100 g/m² geschützt werden. Auf dieser Filtermatte kann dann auch steinigeres Material aufgebracht werden. Besteht die Gefahr von Schäden, ist statt der Filtermatte eine 8 mm starke Bautenschutzmatte aus gehäckseltem Reifengummi zu verwenden.
Für die Vegetationsschicht reicht eine Einbaustärke von 10–15 cm vollkommen aus, dies gilt auch für Seerosen. Mit dem Bodeneinbau ist an der tiefsten Stelle zu beginnen und das Material nach oben hin anzusetzen. Dadurch wird vermieden, daß bei einer nicht ganz gleichmäßigen Mischung Bodenknollen oder Steine an die tiefste Stelle rollen und dort eine vollkommen entmischte Bodenschicht entsteht.
Vielfach wird empfohlen, den eingebauten Boden mit einer Kies- oder Splittschicht abzudecken. Falls dies aus Gründen des Zierwertes erfolgt, wird der Erfolg nur von kurzer Dauer sein, da sowohl der Splitt als auch der Kies binnen kurzer Zeit mit Algen zuwächst und nicht mehr sichtbar ist. Eine Anwendung von Kies oder Splitt ist nur im Bereich des Spülsaumes notwendig und sinnvoll, um Erosionsschäden zu vermeiden.

Wasser – Qualität und Aufbereitung

Wasser ist nicht gleich Wasser, auch wenn äußerlich keine Unterschiede feststellbar sind. Vor der Füllung eines Gartenteiches oder Fließgewässers müssen deshalb einige Dinge beachtet werden.

Die ideale Wasserqualität für ein Gewässer liegt bei 6–13° d.H. (deutsche Härtegrade) und einem pH-Wert von 6,5–7,0. Solches Wasser ist aber weder aus der Dachrinne, noch aus der Wasserleitung zu erhalten. Bei der Neuanlage müssen daher Kompromisse eingegangen werden. Besonders im Bereich von Städten und Industriegebieten ist deshalb vor der Verwendung von Regenwasser dessen Zusammensetzung und Schadstoffbelastung durch ein entsprechendes chemisches Institut zu untersuchen.

Bei der Verwendung von Leitungswasser sind unbedingt beim zuständigen Wasserwerk der Härtegrad und eventuelle chemische Zusätze, wie Chlor zu erfragen. Der pH-Wert des Leitungswassers schwankt geringfügig im gesamten Bundesgebiet um den neutralen Wert von 7,0. Ist dem Leitungswasser Chlor beigefügt, so muß im Anfang auf eine besonders gute Belüftung und intensive Wasserbewegung oder Umwälzung geachtet werden, damit das Chlorgas entweicht. Besser ist es natürlich, ungechlortes Wasser zu verwenden.

Liegt der Härtegrad des Wassers wesentlich über dem Wert von 13° d.H., muß dieser durch geeignete Maßnahmen gesenkt werden. Die einfachste Möglichkeit ist, das Wasser durch eine Entkalkungsanlage (Ionenaustauscher) laufen zu lassen. Dabei werden die im Wasser gelösten Salze, Phosphate, Kalk und Mineralstoffe ausgefiltert. Eine derartige Anlage steht jedoch in der Regel meist nicht zur Verfügung.

Eine weitere Möglichkeit zu Senkung der Wasserhärte ist die Zugabe von Flockungsmitteln (Metallsulfate), die auch bei der Abwasserreinigung verwendet werden. Diese Mittel verbinden sich dauerhaft mit den im Wasser enthaltenen Schadstoffen und sinken in Flockenform auf den Boden ab. Auf derartige chemische Großeinsätze sollte jedoch allein wegen der Gefahr der falschen Dosierung verzichtet werden.

Das biologische Gleichgewicht im Wasser stellt sich normalerweise nach einiger Zeit von selbst ein.

Es ist deshalb am besten, nach dem Füllen des Gewässers für eine gute Sauerstoffzufuhr durch eine Tauchpumpe oder einen Luftsprudler zu sorgen. Die im Wasser gelösten Stoffe verbinden sich mit dem Sauerstoff (Oxidation), wandeln sich in stabile, unschädliche Feststoffe um und sinken auf den Gewässerboden ab.

Bei der Verwendung von Regenwasser aus der Dachentwässerung sollte nach längeren Trockenperioden auf jeden Fall das erste Wasser in die Kanalisation abgeleitet werden, da sich bei längeren Trockenperioden eine größere Schadstoffmenge auf den Dächern sammelt.

Besteht die Möglichkeit, Wasser aus einem natürlichen Gewässer, zum Beispiel einem Bach, zu entnehmen, ist eine Wasseranalyse erforderlich. Heute sind fast alle Gewässer mit Schadstoffen und Krankheitserregern belastet, die sowohl den Pflanzen als auch dem Fischbestand schaden können.

Bei der Wasserentnahme aus einem öffentlichen Gewässer ist in der Regel eine Genehmigung von dem zuständigen Wasserwirtschaftsamt einzuholen. Zur Vermeidung von unnötigem Ärger sollte dies unbedingt vor einer Wasserentnahme erfolgen.

Befindet sich auf dem Grundstück ein Brunnen oder besteht die Absicht, einen solchen anzulegen, müssen auch hier die wasserrechtlichen Vorschriften beachtet und eine entsprechende Genehmigung eingeholt werden. Außerdem ist auch bei Brunnenwasser unbedingt eine Wasseranalyse erforderlich, da es oftmals hohe Salzkonzentrationen aufweist, die weder den Fischen noch den Pflanzen bekommen. Es ist also darauf zu achten, daß das richtige Wasser in guter Qualität in ein Gewässer eingefüllt wird. Damit sind jedoch die Bemühungen um die Wasserqualität noch lange nicht abgeschlossen.

Unter Beachtung des Zusammenwirkens von Pflanzen und Tieren müssen geeignete Maßnahmen unternommen werden, damit die erreichte Wasserqualität auch dauerhaft erhalten bleibt.

Einer der wichtigsten Faktoren ist die Nährstoffkonzentration im Wasser, die weder durch Fischfutter noch durch zu hohen Fischbesatz und der damit verbundenen Kotbelastung oder Eintrag von organischen Substanzen angehoben werden darf. Wegen der starken Nährstoffanreicherung sollten daher nicht mehr als 1–2 Fische pro m^3 Wasser eingesetzt werden.

Außerdem muß durch ausreichende Belüftung und entsprechende Unterwasserpflanzen die Sauerstoffversorgung sichergestellt werden, damit das angestrebte biologische Gleichgewicht im Wasser stabil bleibt.

Es wird vielfach angenommen, daß durch Verdunstung in einem Gewässer ein erheblicher Wasserverlust entsteht. Diese Vermutung ist nicht ganz zutreffend, da durch Regen und Taubildung dem Gewässer auch wieder Wasser zugeführt wird. Die höchste Verdunstung tritt bei sehr heißem, trockenen Wetter in Verbindung mit starkem Wind auf. Eine derartige Wetterlage ist jedoch in Deutschland höchst selten. Deshalb darf bei optimaler Verdunstung der Wasserverlust pro Tag maximal 2 mm betragen. Ist der Wasserverlust größer, so besteht in der Regel eine Undichtigkeit, die zu diesen erhöhten Verlusten führt.

Auf jeden Fall ist zu vermeiden, daß das Wasser ausgetauscht werden muß. Bei einer solchen Maßnahme gehen die gesamten Mikroorganismen verloren, die sich in der Zwischenzeit im Wasser gebildet haben und das natürliche Gleichgewicht wird empfindlich gestört. Außerdem werden mit dem Frischwasser wieder Nährstoffe in das Gewässer eingebracht, mit den bereits erläuterten Nachteilen. Es muß deshalb versucht werden, bei Störungen der Wasserqualität durch zu hohe Veralgung oder Brackwasserbildung dies nicht durch Wasseraustausch, sondern durch geeignete Pflegemaßnahmen zu beheben.

In diesem Falle sind die Algen restlos abzufischen und durch eine reichliche Sauerstoffzufuhr die Wasserqualität wieder zu verbessern. Falls notwendig, ist eine Wasseranalyse durchzuführen, um den pH-Wert zu überprüfen. Sollte dieser Wert zu hoch liegen, kann eine Absenkung mit natürlichen Mitteln durch das Einhängen von Torfbeuteln oder Zugabe von Torftabletten erfolgen.

Eine wichtige Rolle bei der Frage des biologischen Gleichgewichtes spielt die Zeit. Es ist nicht nötig, bereits bei geringer Algenbildung etwas zu unternehmen. Die meisten Schwimmalgen haben nur eine kurze Lebensdauer und sind auf kurzfristige, negative Wasserbelastungen durch Dünger oder Erwärmung zurückzuführen. In der Regel sterben diese Algen relativ schnell (nach wenigen Wochen) wieder ab, so daß danach das Wasser wieder vollkommen klar wird.

Bei der Bildung von Fadenalgen sind Pflegemaßnahmen erforderlich. Diese bilden dicke Teppiche auf dem Wasserspiegel. Sie entstehen bei zu hohem Nährstoffgehalt im Boden und bilden auf der Bodenschicht einen dicken Algenteppich, der sich stellenweise ablöst und an die Wasseroberfläche aufsteigt. Falls sich Fadenalgenbewuchs bildet, ist dieser laufend abzufischen, da er sonst den kleineren und feinen Wasserpflanzen den Lebensraum nimmt. Außerdem wird durch das Abfischen der Fadenalgen dem Wasser der Überschuß an Nährstoffen entzogen. So wird sich durch beständige Pflege das biologische Gleichgewicht einstellen.

Ein natürliches Gewässer mit Seerosen.

Bepflanzung eines Gewässers

Eine besonders schöne Seerosen-Hybride ist die rotblühende Sorte »Rene Gèrard«.

Auch ein kleiner Teich, richtig bepflanzt, kann eine Oase sein.

Pflanzarbeiten

Der artgerechte Standort

Die natürliche Pflanzenwelt in und um ein Gewässer ist von bemerkenswerter Vielfalt. Da gibt es Unterwasserpflanzen einschließlich der Algen, Schwimmpflanzen, Schwimmblattpflanzen, Wasser- und Uferstauden und Ufergehölze bis hin zum Auenwald. Die Abbildung verdeutlicht den Regelaufbau der natürlichen Vegetation an und in einem Gewässer.
Diesen natürlichen Aufbau sollten Sie immer vor Augen haben, wenn Sie die Anlage und Bepflanzung eines Teiches planen und sich soweit wie möglich daran orientieren. Dadurch wird das beste Pflanzenwachstum bei geringstem Pflegeaufwand erreicht.

Bei den Pflanzengesellschaften am Ufer eines Gewässers unterscheidet man folgende natürliche Standorttypen:

- Ufersaum an Fließgewässern, das heißt, Bächen oder Flüssen,
- Ufersaum an stehenden Gewässern, das heißt, Seen und Teichen,
- Sumpfgebiete, das heißt, dauernasse Wiesen und Flächen mit ständigem, etwa bodengleichem oder bis etwa 5 cm hohem Wasserstand und
- wechselfeuchte Standorte, das heißt, Überflutungsgebiete im Bereich von Bächen und Flüssen oder flache Geländemulden, die sich durch Regenfälle füllen und später wieder austrocknen.
- Ein besonderer Standort ist das Moor, wo die Pflanzen in dauernd nassen Torfböden bei sauerer Bodenreaktion wachsen.

Alle diese Standorte kommen sowohl im Flachland als auch im Bergland oder Gebirge vor. Man findet sie in sonnigen, halbschattigen und schattigen Lagen. Je nach der Beschaffenheit des Bodens bilden sich an jedem Standort spezielle Pflanzengesellschaften, die diesen Lebensbedingungen optimal angepaßt sind. Ein Fachmann kann aus der Zusammensetzung der Pflanzen an einem natürlichen Standort Rückschlüsse auf die Bodenart, die Wasserversorgung und anderes ziehen. Es würde jedoch den Rahmen dieses Buches sprengen, alle natürlichen Pflanzengesellschaften an stehenden und fließenden Gewässern aufzuführen.

Die natürliche Vegetationsabfolge eines Gewässers

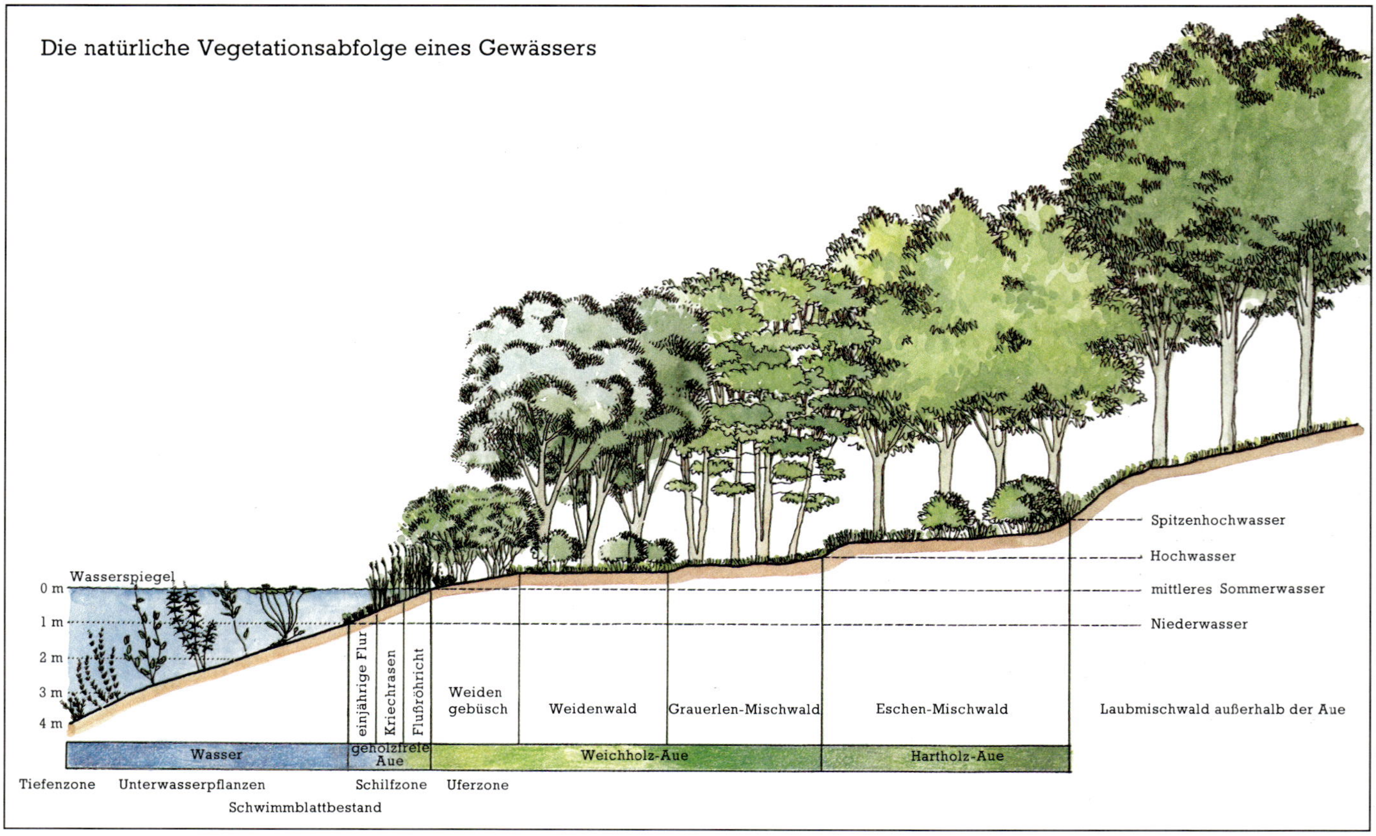

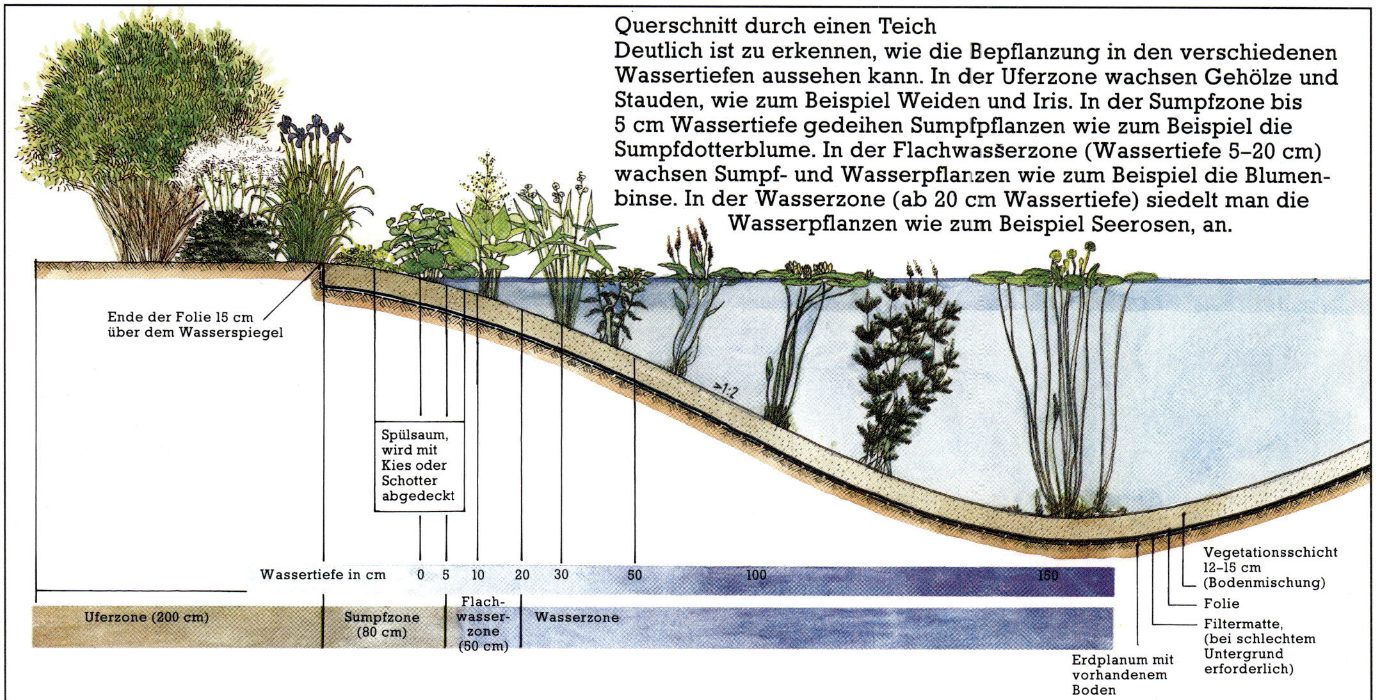

Querschnitt durch einen Teich
Deutlich ist zu erkennen, wie die Bepflanzung in den verschiedenen Wassertiefen aussehen kann. In der Uferzone wachsen Gehölze und Stauden, wie zum Beispiel Weiden und Iris. In der Sumpfzone bis 5 cm Wassertiefe gedeihen Sumpfpflanzen wie zum Beispiel die Sumpfdotterblume. In der Flachwasserzone (Wassertiefe 5–20 cm) wachsen Sumpf- und Wasserpflanzen wie zum Beispiel die Blumenbinse. In der Wasserzone (ab 20 cm Wassertiefe) siedelt man die Wasserpflanzen wie zum Beispiel Seerosen, an.

Im Teil »Pflanzen am und im Wasser« finden Sie für jede vorgestellte Pflanze Angaben zu ihrem artgemäßen Standort.
Es empfiehlt sich, bei der Bepflanzung größerer Seen und natürlicher Uferbereiche an Fließgewässern nur bodenständige und in unserer Klimazone heimische Pflanzen zu verwenden.
Dazu zählen Schilf, Rohrkolben, Blutweiderich, Mädesüß, wilde Seerose, Laichtkraut und Mummel. Bei normaler Entwicklung dieser Bepflanzung und den richtigen Standortbedingungen stellt sich ein natürliches Gleichgewicht ein, zu dem sich dann die entsprechende Tierwelt ohne menschliche Einwirkung gesellt – es entsteht ein komplettes Ökosystem!

Naturgemäße Bepflanzung

Das Gewässer im Garten ist ein belebendes und dekoratives Element, das jedoch erst in Verbindung mit einer vielfältigen Bepflanzung zur Geltung kommt.

Die Pflanzengemeinschaft kann aber nur funktionieren und Bestand haben, wenn bei der Auswahl und Zusammenstellung der Pflanzen die natürlichen Lebensbedingungen ebenso berücksichtigt werden wie die richtigen Pflanzengesellschaften. (Hinweise auf geeignete Pflanzennachbarn finden Sie in der Tabelle ab Seite 104.)
Ohne Berücksichtigung dieser Faktoren kann sich keine Harmonie einstellen. Bei falscher Zusammenstellung und einem ungeeigneten Standort kommt es nicht zu einem natürlichen Gleichgewicht sondern es findet ein fortwährender Existenzkampf statt.
Es wird zwar immer notwendig sein, durch Pflegemaßnahmen regulierend in die Entwicklung einzugreifen, aber je besser das natürliche Gleichgewicht ist, desto geringer wird der Pflegeaufwand sein.
Bei Teichen mit kleineren Wasserflächen hat die Bepflanzung meist mehr Dekorationscharakter und die Pflanzenauswahl erfolgt überwiegend nach optischen Gesichtspunkten wie der Abfolge der Blütezeiten, der passenden Zusammenstellung der Blütenfarben und der Höhe der Pflanzen. Dabei kann sich in der Regel kein natürliches Gleichgewicht einstellen. Mit viel Pflege muß dann versucht werden, diese gestaltete Natur zu erhalten und vorsichtig und gezielt weiterzuentwickeln.
Entsprechend begrenzt ist in diesen Zierteichen der Lebensraum für eine

Tierwelt, die sich – abgesehen von Kleintieren – auf Goldfische oder Golddorfen beschränken muß. Es ist selbstverständlich auch möglich, kleinere Teiche naturnah oder weitgehend natürlich zu gestalten. Das bringt jedoch eine Einbuße an Dekorationswirkung, Artenvielfalt und Blütenreichtum mit sich, aber auch einen geringeren Pflegeaufwand und ein besseres, natürliches Gleichgewicht, was allerdings nicht so stabil sein kann, wie bei einem größeren Gewässer.

Die Auswahl der Pflanzen

Vor Beginn der Planung der Bepflanzung und Auswahl der einzelnen Pflanzenarten muß feststehen, wie die spätere Pflanzung insgesamt aussehen soll und welche Standortbedingungen vorgesehen sind oder geschaffen werden müssen. Aus der Vielzahl der Gehölze und Stauden ist eine Auswahl in Größe und Menge zu treffen, die der Situation des neu geschaffenen Gewässers entspricht.

Es empfiehlt sich sehr, jetzt einen Pflanzplan oder eine Pflanzskizze anzufertigen, um die Pflanzenarten und -größen festzulegen und die erforderlichen Stückzahlen zu ermitteln. Der Bedarf an Pflanzen richtet sich nach der jeweiligen Pflanzenart und der zu erwartenden Pflanzengröße.

Um zu vermeiden, daß zu viele oder zu wenige Pflanzen vorgesehen werden, besteht die Möglichkeit, die Stückzahl und die Pflanzdichte noch mit der Baumschule oder dem Staudengärtner beim Kauf der Pflanzen abzustimmen. (Wie ein solcher Plan aussehen kann, sehen Sie im Abschnitt »Bepflanzungsbeispiele« ab Seite 83.)

Grundsätzlich sind bei der Erstellung eines solchen Plans folgende Punkte zu beachten:

- Die Bepflanzung sollte so ausgewählt und angeordnet werden, daß die Sicht auf das Gewässer frei bleibt. Deshalb sind die höher werdenden Pflanzen im Hintergrund unterzubringen, die niedrigeren Pflanzen im Vordergrund.
- Die Pflanzen für Einzelstellung (Solitärs) sollen frei und im Blickpunkt stehen.
- Durch Pflanzen mit unterschiedlicher Blattform und Blattfarbe soll Abwechslung und Vielfalt in der Grünstruktur entstehen.
- Blütenfarbe und Blühzeitpunkt müssen berücksichtigt werden. Es ist sehr reizvoll, wenn während des ganzen Jahres immer irgendwo etwas blüht. Die Einzelpflanze und auch die Einzelblüte kommt dann besser zur Geltung, als in einem großen Blütenmeer während eines nur kurzen und beschränkten Zeitraumes.
- Die Pflanzen sollten so angeordnet werden, daß durch den Wechsel von hohen und niedrigen Gewächsen eine geordnete Vielfalt entsteht.
- Es ist darauf zu achten, daß im Bereich früh einziehender Pflanzen, wie zum Beispiel *Corydalis cava* und *Primula sieboldii* später eine ausreichende dichte Deckpflanzung folgt. Die entstehenden Kahlstellen überwachsen sonst mit Unkräutern und stark wuchernden Pflanzen.
- Ganz wichtig ist, daß man die Bepflanzung nicht zu dicht plant. Selbst wenn es zunächst noch etwas kahl aussieht: durch das reichlich vorhandene Wasser wächst alles schnell und üppig.
- Wenigstens ein Drittel der Wasserfläche muß offen bleiben, um das ökologische Gleichgewicht nicht zu stören. Das gilt besonders für kleine Teiche!

Worauf Sie beim Pflanzenkauf achten sollten

Alle Pflanzen für Ihr Gewässer sollten Sie über den Fachhandel beziehen! (Die Anschriften der wichtigsten Anzuchtbetriebe in Deutschland finden Sie auf Seite 234.)

Auf keinen Fall sollten Sie die Pflanzen aus der Natur holen, da eine Vielzahl der aufgeführten Pflanzen unter Naturschutz steht und deshalb weder ausgegraben noch gepflückt werden darf. Die Pflanzen in der Natur sind für alle da und sollten auch allen zugute kommen.

Es ist zudem auch risikoloser und günstiger, kultivierte Pflanzen aus einer Gärtnerei zu verwenden, denn nur so sind Sie sicher, gesunde und den Standortbedingungen angepaßte Pflanzen zu erhalten.

Beim Einkauf der Pflanzen sollten Sie auf die Gütebestimmungen der einzelnen Fachverbände achten, damit die Qualität des Pflanzgutes diesen Vorschriften entspricht und Sie sicher gehen, gesunde und wachstumsfreudige Pflanzen zu erhalten.

Qualitätsmerkmale für Laubgehölze

Laubbäume müssen einen fehlerfreien Stamm und eine gute Bewurzelung haben. Der Kronenaufbau muß dem Charakter und dem natürlichen Wuchs der Art und Sorte entsprechen.

Heister sind baumartige Gehölze ohne Krone; sie müssen gerade gewachsen, aus weitem Stand mit Seitenholz bezweigt und gut bewurzelt sein. Die Bezweigung soll dem natürlichen Wuchs der betreffenden Baumart entsprechen.

Stammbüsche sind mindestens 250 cm hohe Pflanzen aus weitem Stand, natürlich gewachsen mit besonders voller Zweiggarnierung.

Sträucher müssen in der Regel zweimal verpflanzt sein und aus weitem Stand geliefert werden. Sie müssen dem Charakter und der Art und Sorte entsprechend gewachsen und gut bewurzelt sein.

Solitärsträucher sind Einzelpflanzen, die ein drittes Mal verpflanzt sind und für die Einzelstellung vorbereitet wurden. Die dritte Verpflanzung muß in extra weitem Abstand erfolgen.

Rhododendren müssen einen ihrer Größe entsprechenden fest durch-

wurzelten Ballen haben. Sie müssen wüchsig, gedrungen, der Höhe entsprechend breit und von unten her verzweigt sein, sowie Blütenknospen haben. Solitärpflanzen müssen mindestens dreimal und nachfolgend alle 3–4 Jahre verpflanzt worden sein; dabei muß der Pflanzenabstand eine vollständige und allseitige Entwicklung zur Solitärpflanze gewährleisten. Sie müssen der Art und Sorte entsprechend eine dunkelgrüne, tiefreichende Belaubung aufweisen, sowie mit Knospen gut besetzt sein. Die Ballengröße muß der Größe der Pflanze entsprechen, er muß fest durchwurzelt sein.
Bodendecker sind niedrige oder flachwachsende Gehölze, die für eine Bodendeckung geeignet sind. Sie sollen gleichmäßig verzweigt sein.

Qualitätsmerkmale für Stauden

Stauden müssen frei von pilzlichen und tierischen Schädlingen sein. Ihre Ballen, beziehungsweise ihr Wurzelwerk dürfen keine Unkräuter enthalten. Pflanzen aus dem Freiland müssen eine der Art entsprechende und normal entwickelte Bewurzelung aufweisen. Stauden im Topf, Container oder ähnlichen Gefäßen müssen einen fest durchwurzelten Ballen haben.

Qualitätsmerkmale für Seerosen

Seerosen müssen bei stark wachsenden Arten und Sorten ein Stammstück von mindestens 6 cm Länge haben, mit gut sichtbaren, kräftigen Triebknospen oder einer der Jahreszeit entsprechenden Anzahl von Blättern versehen sein. Kulturgefäße müssen einen Rauminhalt von mindestens 1 000 cm^3 (1 l) haben.
Schwach wachsende Seerosen-Arten und Sorten müssen ein Stammstück von mindestens 5 cm Länge haben und mit gut sichtbaren, kräftigen Triebknospen versehen sein.

Qualitätsmerkmale für Wasserpflanzen

Sumpf- und Wasserpflanzen müssen einen Alttrieb mit einem am Grund sichtbaren Auge oder einen gesunden Austrieb haben. Topfpflanzen von hoch wachsenden Arten müssen einen Ballen von mindestens 400 cm^3 Rauminhalt aufweisen.

Und so wird gepflanzt

Allgemeine Hinweise

Sind die Vorarbeiten fertiggestellt, der Teich, das Becken oder der Wasserlauf abgedichtet und die Erde eingebracht, kann mit der Bepflanzung begonnen werden.
Das Einsetzen der Pflanzen in ein Gewässer und am Gewässerrand muß vor dem Einfüllen des Wassers erfolgen. Es ist dabei erforderlich, daß das Erdsubstrat gut durchfeuchtet ist, damit die Pflanzen nicht bis zum Einfüllen des Wassers vertrocknet sind.
Im Gartenteich ist es angebracht, stark wuchernde Pflanzen wie *Typha latifolia, Cyperus longus* und *Sparganium erectum,* nur in geschlossene Gefäße zu pflanzen, die die Entwicklung dieser Pflanzen dauerhaft begrenzen. Hierfür können alle Gefäße Verwendung finden, die keine schädlichen Stoffe absondern. Sie sollten jedoch so flach sein, daß sie bis zum Rand in das Pflanzsubstrat versenkt werden können und nicht über den Wasserspiegel hinausragen.
Freistehende Gefäße in einem Wasserbecken sollten ansehnlich sein und unauffällige Farben haben. Sie sind vor dem Einstellen in das Wasser mit einer Schicht Kies abzudecken und gut zu durchfeuchten, um ein Aufschwimmen des Pflanzgefäßes oder des Erdsubstrates zu vermeiden.
Vor dem Einfüllen des Wassers ist die Bepflanzung mit einer Gartenbrause anzugießen, um den Boden zu stabilisieren und die Wassertrübung so gering wie möglich zu halten.

Bei der Bepflanzung im Gewässer und im Ufersaum, soweit er noch mit dem Wasser in Verbindung steht, darf keine Bodenverbesserung in Form von Torf oder Dünger verwendet werden, dies ist nur außerhalb des Gewässers sinnvoll. Im Gewässer führt die Bodenverbesserung und Düngung nur zu erhöhtem Algenwuchs.
Im Bereich des Spülsaumes kann nach Beendigung der Pflanzarbeit Kies oder Schotter der Körnung 0/56 mm als Erosionsschutz zwischen den Pflanzen 3–5 cm stark aufgebracht werden.
Der Pflanzabstand richtet sich nach der Wuchskraft der einzelnen Pflanzen. Bodendeckende Pflanzen werden in der Regel in einem Abstand von etwa 20 cm gesetzt, halbhohe und hohe Stauden im Abstand von etwa 30 cm.

Das Einsetzen der Pflanzen

Die folgenden Hinweise und Tips zum Pflanzen beziehen sich auf die im und am Wasser wachsenden Pflanzen. Für das Pflanzen von Bäumen, Sträuchern und Stauden verweisen wir auf die einschlägige Fachliteratur wie zum Beispiel:
Ingrid Gabriel: »Der biologische Zier- und Wohngarten« oder Gerhard Bambach: »Der Garten«, beide erschienen im Falken-Verlag.
Die Pflanzung wird mit der Hand durchgeführt. Die Abdichtung darf nicht durch einen Spaten oder eine Pflanzschaufel beschädigt werden.
Das Pflanzloch sollte eineinhalbfach so groß wie der Ballen oder der Wurzelbereich der Pflanze sein und diese bis zum Wurzelhals eingesetzt werden. Der verbleibende Raum wird mit Erde gefüllt und angedrückt. Die Pflanze ist entsprechend ihrem natürlichen Wuchs, in der Regel senkrecht, in die Pflanzgrube einzusetzen. Unterwasserpflanzen werden leicht in das Pflanzsubstrat eingedrückt. Besteht bei Pflanzen die Gefahr, daß sie bei der Einfüllung des Wassers aufschwimmen, wie zum Beispiel bei Seerosen, dann muß man sie mit

einem Stein beschweren, der auf den Wurzelballen aufgelegt wird.
Ganz einfach ist das Pflanzen von Schwimm- und Unterwasserpflanzen, die nicht im Bodengrund wurzeln. Man wirft sie nämlich einfach ins Wasser und überläßt den Rest der Natur.
Beim Festlegen des Standortes muß man sowohl auf den Lichtbedarf als auch auf den notwendigen Wasserstand achten. Bei Pflanzarbeiten, die vor dem Einfüllen des Wassers vorgenommen werden, ist es deshalb hilfreich, sich die spätere Wasserlinie durch Abstreuen mit Sand zu markieren.
Die günstigste Pflanzzeit ist Ende April bis Ende Juni. In dieser Jahreszeit haben die Pflanzen ausgetrieben und sind durch ihr Blattwerk erkennbar. Bis zum Winter bleibt auch genügend Zeit zum Anwachsen und eine optimale Entwicklung.
Prinzipiell kann aber das ganze Jahr über gepflanzt werden, ausgenommen ist da nur die Frostperiode.

Das Pflanzen von Seerosen

Ein bißchen Fingerspitzengefühl verlangt das Einsetzen der Seerosen. Seerosen verfügen über ein fleischiges Rhizom, den Nährstoffspeicher der Pflanze, aus dem sie in jedem Jahr wieder neu austreiben. Die Wurzeln sind ebenfalls dick, fleischig und sehr lang. Damit sie sich beim Pflanzen nicht umbiegen sondern möglichst gerade in den Boden gebracht werden können, ist es sinnvoll, diese Wurzeln auf etwa 7-9 cm (eine Handbreit) einzukürzen.
Da bei einer Neupflanzung die Wurzeln ja noch nicht im Boden verankert sind, besteht gerade bei Seerosen die Gefahr, daß das Rhizom wegen seines hohen Luftgehalts aufschwimmt, das heißt, es löst sich aus dem Boden und treibt an die Wasseroberfläche. Besonders starke Rhizome sollten deshalb mit einem Stein

Vor dem Pflanzen werden die Wurzeln der Seerosen auf 7–9 cm gekürzt. Gepflanzt wird dann leicht schräg (siehe die untere Abbildung) und so, daß der Sproß nicht mit Erde bedeckt ist. Besteht die Gefahr des Aufschwimmens, wird das Rhizom zusätzlich mit einem Stein beschwert.

beschwert werden. Vor dem Pflanzen wird das Rhizom auf etwaige Verletzungen und faule Stellen untersucht und diese sorgfältig mit einem scharfen Messer herausgeschnitten. Wenn nötig, können die Schnittstellen durch Einreiben mit Holzkohle gegen weitere Fäulnis geschützt werden.
Entgegen vieler Veröffentlichungen und »Expertentips« ist bei der Seerosenpflanzung weder Mist noch sonst ein Dünger oder Bodenverbesserungsmittel zu verwenden! Diese Mittel fördern nicht die Seerose sondern nur den unerwünschten Algenwuchs.

Nachträgliche Pflanzarbeiten

Auch bei einem bestehenden, schon bepflanzten und gefüllten Teich können natürlich Änderungen oder Neubepflanzungen erforderlich werden. Es ist in der Regel nicht nötig, für diese Arbeiten den Wasserstand abzusenken oder gar das Gewässer zu entleeren. Für die Herausnahme von Pflanzen im Uferbereich werden die Ärmel aufgekrempelt, mit der Hand vorsichtig unter Wasser der Wurzelballen umfaßt und die Pflanze mit einer leichten Drehung herausgenommen. Die entstehende kleine Bodenmulde wird mit dem umgebenden Boden vorsichtig aufgefüllt. Erfolgen diese Arbeiten mit langsamen Bewegungen, wird der Boden kaum aufgewirbelt und die geringfügige Trübung verschwindet schnell wieder. Ist das Gewässer nicht breiter als 3,50-4,00 m kann für Pflanzarbeiten in tieferen Bereichen eine Holzbohle über das Gewässer gelegt und von dort aus die Bepflanzung durchgeführt werden. Dies ist natürlich nur soweit möglich, wie der Bodengrund mit der Hand noch erreicht werden kann. Ist es nötig, in großen Tiefen Pflanzen, zum Beispiel Seerosen, zu entnehmen oder zu pflanzen, muß eben von der Bohle oder – falls das Gewässer zu groß ist – vom Ufer aus vorsichtig in den Teich gestiegen und die Pflanzarbeiten tauchend ausgeführt werden, was im Sommer bei warmem Wetter ja kein Problem ist.
Dieses Verfahren ist auf jeden Fall schonender, als das Ablassen des Wassers, da so die für das biologische Gleichgewicht so bedeutsame Kleintierfauna erhalten bleibt.

Bepflanzungsbeispiele

Um Ihnen die Bepflanzung Ihres neuangelegten Teiches oder Gewässers zu erleichtern, sind im folgenden ein paar Beispiele zusammengestellt, die zeigen, welche Pflanzen sich für welche Teichgröße und für welchen Standort eignen. Natürlich sind mit diesen Beispielen nicht alle Möglichkeiten abzudecken, aber die Bepflanzungsvorschläge sind in erster Linie als Anregung zu verstehen, die Sie dann auf Ihre eigene individuelle Situation übertragen können.
Es werden Vorschläge für einen etwa 25 m² großen Teich an folgenden Standorten vorgestellt:

a. Halbschatten bis Schatten
b. Sonne
c. Halbschatten bis Sonne

Außerdem wird die Bepflanzung eines etwa 10 m² großen Tümpels im Halbschatten bis Schatten, eines etwa 7 m² großen Wasserbeckens im Schatten, eines etwa 2 m² großen Wasserbeckens in der Sonne bis im Halbschatten und die Bepflanzung eines Wasserlaufes in einer Wiese vorgestellt.

Jedes Beispiel ist mit einer Planzeichnung dargestellt, die sich folgendermaßen lesen läßt:

- Die vorkommenden Pflanzen sind durch Zahlen und Zeichen symbolisiert und zusätzlich durch verschiedene Farben gekennzeichnet. Was die einzelnen Symbole zu bedeuten haben, können Sie jeweils den Legenden entnehmen.
- Jede Pflanze gehört zu einer Pflanzengruppe. Die erste Zahl vor dem Komma gibt Auskunft darüber, zu welcher Gruppe die Pflanze zu zählen ist.
  1 = Gehölze
  2 = Krautartige Pflanzen
  3 = Sumpf- und Wasserstauden
  4 = Wasserpflanzen
  5 = Unterwasserpflanzen
- Die Zahl der für den jeweiligen Vorschlag benötigten Einzelpflanzen ist ebenfalls in der Legende angegeben.
- Eine ausführliche Beschreibung der Pflanzen finden Sie im Kapitel »Pflanzen am und im Wasser« unter der entsprechenden Nummer.
- Um Ihnen eine Vorstellung vom Aussehen des fertig bepflanzten Gewässers zu geben, wurden alle Pflanzbeispiele mit Bildern illustriert. Bei den größeren Teichen (Pflanzbeispiel 1, 2 und 3) gibt es dabei mehrere Ansichten, die verschiedene Bereiche des Teiches zeigen. Auf welchen Teil sich die Darstellung jeweils bezieht, können Sie den Bildlegenden und den den Pflanzbeispielen beigefügten Schemazeichnungen entnehmen.

Besonders Pflanzen, die sehr wuchsfreudig sind und leicht die anderen Pflanzen überwuchern, sollte man in Pflanzgefäßen in den Teich setzen.

2.96
2.27
2.44
2.89
2.75
2.77
2.34
2.33
2.71
2.78
2.1o
4.o1
3.o6
S
2.54
2.65
2.68
2.22
1
2
3
NORDEN
Maßstab:
0
1 m
2 m
3 m

Bepflanzungsbeispiel 1

Situation: Gartenteich in einem Hausgarten, angelegt unter Einbeziehung des vorhandenen Baum- und Strauchbestandes

Wasserfläche: etwa 25 m^2

Standort: Halbschatten bis Schatten

Krautartige Pflanzen

2.09 3 Aruncus sylvester
2.10 40 Asarum europaeum
2.13 10 Astilbe chinensis
2.14 10 Astilbe japonica
2.22 75 Epimedium pinnatum 'Elegans'
2.24 3 Filipendula hexapetala
2.26 10 Geranium endressii
2.27 15 Geranium platypetalum
2.33 1 Hosta fortunei 'Aurea'
2.34 4 Hosta sieboldiana 'Elegans'
2.41 3 Iris sibirica
2.44 1 Ligularia x Hessei
2.53 40 Omphalodes verna
2.54 1 Peltiphyllum peltatum
2.63 35 Pulmonaria saccharata 'Mrs. Moon'
2.65 3 Rodgersia podophylla
2.68 3 Thalictrum aquilegifolium
2.71 65 Waldsteinia ternata
2.75 2 Dryopteris borreri
2.77 1 Matteuccia struthiopteris
2.78 3 Osmunda regalis
2.89 1 Miscanthus sinensis 'Gracillimus'
2.96 1 Sinarundinaria murielae

Sumpf- und Wasserstauden

3.03 3 Alisma plantago-aquatica
3.05 3 Calla palustris
3.06 8 Caltha palustris
3.08 10 Carex grayi
3.12 3 Cyperus longus
3.19 11 Hippuris vulgaris
3.26 135 Lysimachia nummularia
3.28 7 Lythrum salicaria
3.30 10 Menyanthes trifoliata
3.33 10 Myosotis palustris
3.34 10 Orontium aquaticum
3.36 3 Pontederia cordata
3.39 5 Primula sikkimensis
3.44 1 Scirpus tabernaemontani 'Zebrinus'
3.46 5 Tradescantia x Andersoniana
3.49 5 Typha minima
3.50 5 Veronica beccabunga

Wasserpflanzen

4.01 2 Aponogeton distachyos
4.03 3 Hydrocharis morsus-ranae
4.12 1 Nymphaea alba
4.06 1 Nymphoides peltata

Die drei Ansichten des Bepflanzungsbeispiel 1 von Seite 84/85:

Da es sich um einen Teich in halbschattiger Lage handelt, wurde beim Pflanzen der Seerose darauf geachtet, daß sie ab Mittag in der Sonne liegt, damit sie zum Blühen kommen kann.
Die großen Stauden und Gräser stehen überwiegend im Hintergrund, um den Blick auf das Gewässer nicht zu behindern.
Es ist sinnvoll, die an den Teich angrenzende Rasenfläche durch eine Pflasterzeile als Mähkante gegen die Teichbepflanzung abzugrenzen. So kann das Gras nicht in die Stauden wuchern und der Pflegeaufwand wird in Grenzen gehalten.

Ausschnitt 1: Für diesen schattigen Bereich wurde als Blickfang ein Greiskraut gewählt, das mit seinen großen Blättern einen spannungsvollen Kontrast zu dem lockeren Wuchs des Gartenbambus und dem filigranen Chinaschilf bildet.

Ausschnitt 2: Im Schatten unter dem Baum gedeiht der beeindruckende Königsfarn.

Ausschnitt 3: Auch das Schaublatt fühlt sich im Schatten wohl. Diese Pflanze bereichert die Ufervegetation durch ihre dekorativen Blätter und schönen Blütenstände.

Ausschnitt 2

Ausschnitt 1

Ausschnitt 3

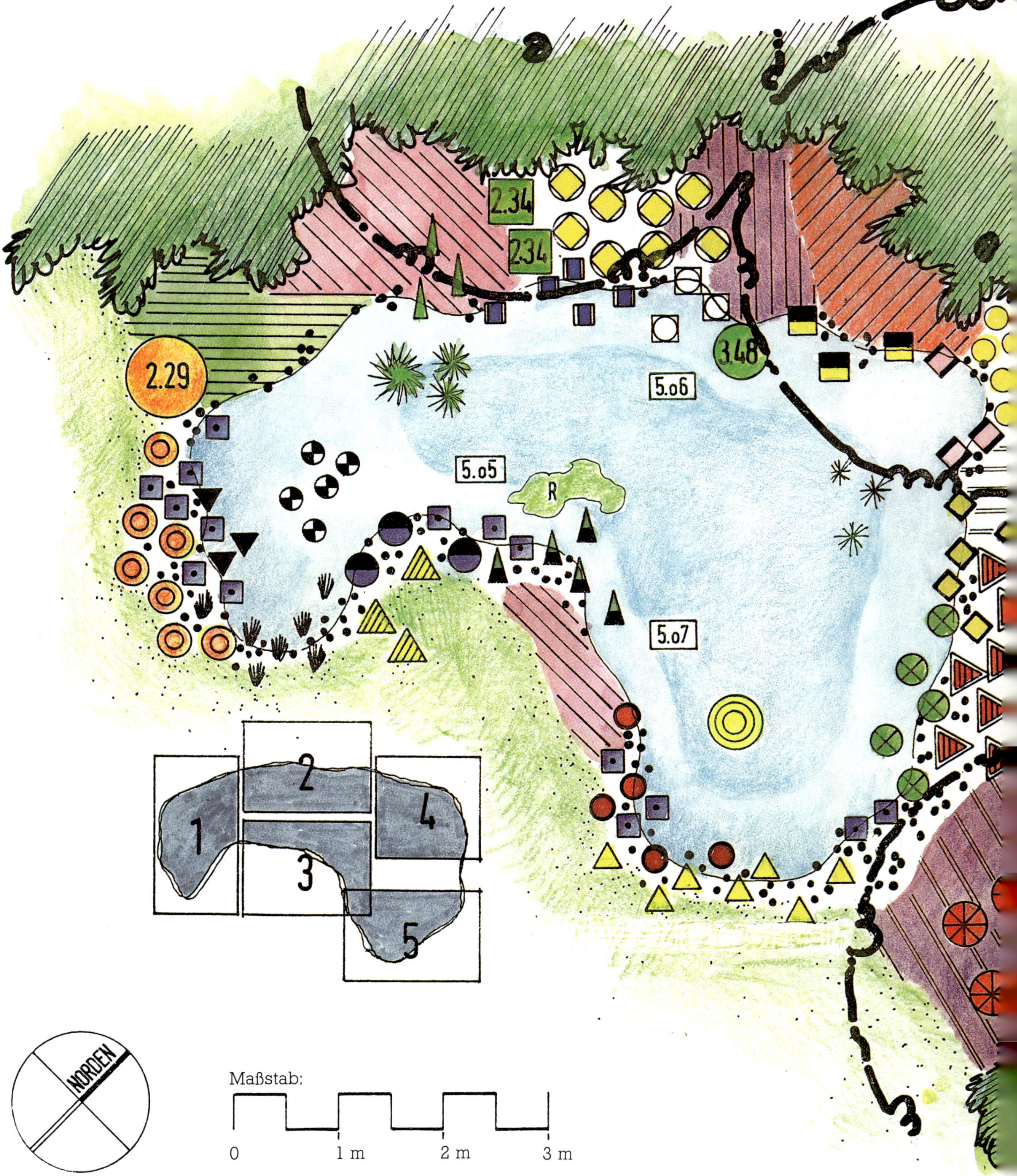
2.34
2.34
3.48
2.29
5.o6
5.o5
R
5.o7
1
2
3
4
5
NORDEN
Maßstab:
0
1 m
2 m
3 m

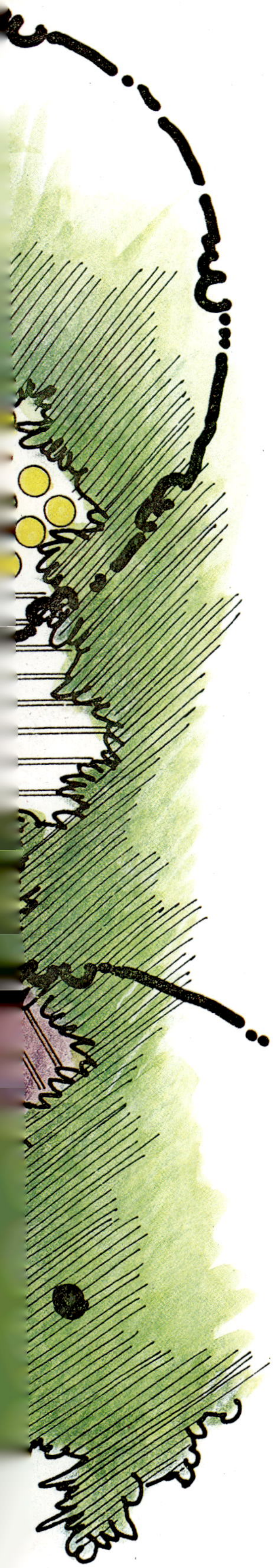

Bepflanzungsbeispiel 2

Situation: Gartenteich in einem Hausgarten, angelegt unter Einbeziehung des vorhandenen Baum- und Strauchbestandes

Wasserfläche: etwa 25 m^2

Standort: Sonne

Krautartige Pflanzen

2.17	10	Campanula glomerata
2.20	15	Corydalis lutea
2.24	10	Filipendula hexapetala
2.26	7	Geranium endressii
2.29	1	Helianthus salicifolius
2.30	3	Hemerocallis citrina
2.34	2	Hosta albomarginata
2.37	10	Hypericum calycinum
2.49	10	Mimulus cardinalis
2.50	10	Mimulus triginus
2.55	25	Polygonum affine
2.62	17	Pulmonaria angustifolia
2.70	3	Tradescantia x andersoniana, rot

Wasserpflanzen

4.03	5	Hychdroaris morsus-ranae
4.14	1	Nymphaea x Hybrida, gelb
4.09	1	Ranunculus aquatilis
4.10	3	Stratiotes aloides

Sumpf- und Wasserstauden

3.03	3	Alisma plantago-aquatica
3.04	3	Butomus umbellatus
3.06	7	Caltha palustris
3.09	5	Carex pseudocyperus
3.12	5	Cyperus longus
3.15	7	Eriophorum angustifolium
3.17	3	Euphorbia palustris
3.19	3	Hippuris vulgaris
3.20	3	Iris kaempferi, blau
3.22	3	Iris pseudacorus
3.26	130	Lysimachia nummularia
3.27	5	Lysimachia thyrsiflora
3.28	5	Lythrum salicaria
3.33	15	Myosotis palustris
3.34	3	Orontium aquaticum
3.36	5	Pontederia cordata
3.48	1	Typha laxmannii
3.49	5	Typha minima

Unterwasserpflanzen

5.05	1	Hottonia palustris
5.06	1	Myriophyllum verticillatum
5.07	3	Utricularia vulgaris

Ausschnitt 1

Ausschnitt 2

Ausschnitt 3

Die fünf Ausschnitte des Bepflanzungsbeispiels 2 von Seite 88/89:

Der Teich hat hier eine vollsonnige Lage. Bei diesen optimalen Lichtverhältnissen – vorausgesetzt es handelt sich um eine geschützte Lage – können auch empfindlichere Seerosen-Zuchtsorten verwendet werden.
Auch hier ist es sinnvoll, als Trennung zwischen Uferstauden und Rasen eine Mähkante aus Pflastersteinen vorzusehen, damit das Gras nicht in die Stauden wuchern kann.

Ausschnitt 1: Sumpfvergißmeinnicht und Gräser schaffen einen gelungenen, ganz natürlichen Übergang zwischen den Sträuchern, der Wiese und der Wasserfläche.

Ausschnitt 2: An dieser Stelle des Teiches ist die harmonische Kombination von Blatt- und Blütenpflanzen besonders gut gelungen.

Ausschnitt 3: Die kleinen Rohrkolben wirken sehr dekorativ neben den blühenden Taglilien und der japanischen Sumpfiris.

Ausschnitt 4: Die grazile Blumenbinse rechts bildet einen reizvollen Gegensatz zu den dicken, gelben Blüten der Sumpfiris.

Ausschnitt 5: Links begrenzt das wuchsfreudige Zypergras den Teich. Den Übergang zum Rasen schaffen Blutweiderich und Sumpfvergißmeinnicht.

Ausschnitt 4

Ausschnitt 5

2.09
2.09
2.09
2.55
2.76
2.76
2.76
2.71
R
U
P
P
P
2
H
M
U
1
3.04
3.04
3.04
3.04
3.04
3.04
3.04
3.47
1
2
3
4
5
NORDEN
Maßstab:
0
1 m
2 m
3 m

Bepflanzungsbeispiel 3

Situation: Naturteich in einem Hausgarten, angelegt unter Einbeziehung des vorhandenen Baum- und Strauchbestandes

Wasserfläche: etwa 25 m^2

Standort: Halbschatten bis Sonne

Krautartige Pflanzen

2.04	40	Ajuga reptans
2.09	3	Aruncus sylvester
2.19	10	Corydalis cava
2.55	40	Polygonum affine
2.71	20	Waldsteinia ternata
2.76	3	Dryopteris filix-mas

Wasserpflanzen

4.03		5	Hydrocharis morsus-ranae
4.06	1	1	Nymphoides peltata
4.07	P	3	Polygonum var. aquaticum
4.08	2	1	Potamogeton natans
4.09	R	1	Ranunculus aquatilis

Sumpf- und Wasserstauden

3.03	18	Alisma plantago-aquatica
3.04	7	Butomus umbellatus
3.05	6	Calla palustris
3.06	16	Caltha palustris
3.09	25	Carex pseudocyperus
3.11	15	Colchicum autumnale
3.14	6	Equisetum hyemale var. robustum
3.18	15	Filipendula ulmaria
3.22	8	Iris pseudacorus
3.28	30	Lythrum salicaria
3.29	7	Mentha aquatica
3.30	18	Menyanthes trifoliata
3.37	18	Primula rosea
3.40	6	Ranunculus lingua
3.41	4	Sagittaria latifolia
3.43	20	Scirpus lacustris
3.47	8	Typha angustifolia
3.50	7	Veronica beccabunga

Unterwasserpflanzen

5.05	H	1	Hottonia palustris
5.06	M	1	Myriophyllum verticillatum
5.07	U	2	Utricularia vulgaris

Die fünf Ausschnitte des Bepflanzungsbeispiels 3 von Seite 92/93:

Dieser Teich wurde am Rande eines Gehölzes mit Baumbestand angelegt, so daß sich eine teils sonnige teils halbschattige Lage ergibt.
Die Rohrkolben (Ausschnitt 4) sollte man durch geeignete Maßnahmen in ihrem Wachstum begrenzen, da sie sonst leicht alles überwuchern.
Auch hier wurde zum Rasen hin eine Mähkante aus Pflastersteinen verlegt.

Ausschnitt 1

Ausschnitt 1: Eine üppige Ufervegetation mit Blumenbinsen, Zypergrasseggen, Froschlöffel und Blutweiderich schafft viele Versteckmöglichkeiten für Tiere.

Ausschnitt 2: In diesem Uferabschnitt wurde die Bepflanzung durch die Zusammenstellung von Waldgeisbart, Froschlöffel, Sumpfiris, Mädesüß, Pfeilkraut und Blutweiderich besonders abwechslungsreich gestaltet.

Ausschnitt 3: Einen sanften Übergang zum Rasen schaffen Sumpfdotterblumen und Sumpfprimeln, dekorativ eingerahmt von Blumenbinsen und Seesimsen.

Ausschnitt 4: Die Rohrkolben wurden hier durch Steine in ihrem Wachstum begrenzt, da sie dazu neigen, alles zu überwuchern.

Ausschnitt 5: Um einen allmählichen Übergang zwischen dem dichten Pflanzenbestand im Hintergrund des Teiches und der Rasenfläche zu erzielen, wurde die Bepflanzung aufgelockert und zusätzlich immer kleinere Pflanzen gewählt.

Ausschnitt 2

Ausschnitt 4

Ausschnitt 5

Ausschnitt 3

Bepflanzungsbeispiel 4

Situation: kleiner Tümpel mit naturnaher Bepflanzung in einem Hausgarten

Wasserfläche: etwa 10,5 m²

Standort: Halbschatten bis Schatten

Krautartige Pflanzen

2.05 10 Alchemilla mollis
2.14 7 Astilbe japonica
2.33 1 Heracleum mantegazzianum
2.34 3 Hosta sieboldiana 'Elegans'
2.50 10 Mimulus tigrinus
2.71 80 Waldsteinia ternata
2.75 3 Oryopteris borreri
2.77 1 Matteuccia struthiopteris
2.88 7 Luzula sylvatica

Sumpf- und Wasserstauden

3.03 1 Alisma plantago-aquatica
3.04 2 Butomus umbellatus
3.05 4 Calla palustris
3.12 10 Cyperus longus
3.24 4 Juncus ensifolius
3.28 3 Lythrum salicaria
3.42 4 Sagittaria sagittifolia

Wasserpflanzen

4.06 1 Nymphoides peltata

Unterwasserpflanzen

5.02 4 Eleocharis acicularis

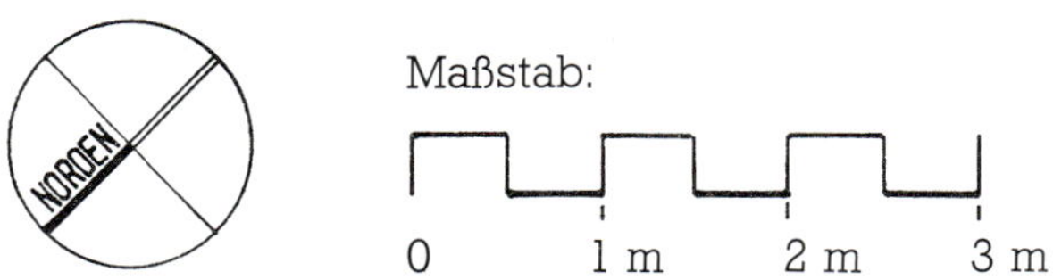

Ein kleiner Tümpel mit naturnaher Bepflanzung ist neben dem Gartenweg entstanden. Die Herkulesstaude beherrscht das Bild, daneben Zypergras.

Bepflanzungsbeispiel 5

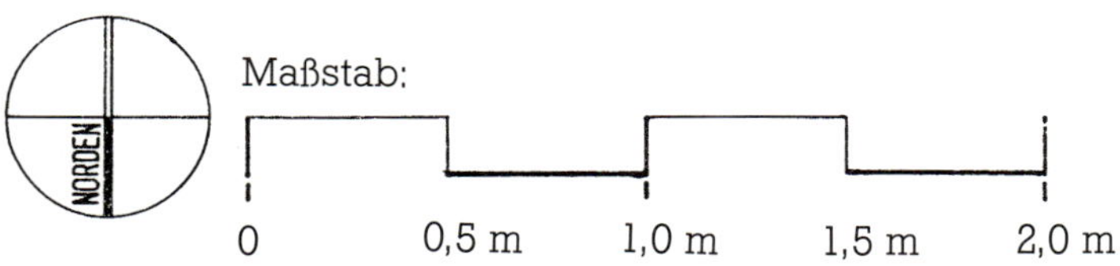

Situation: kleines Wasserbecken an der Terrasse mit einer Wasserzufuhr durch Natursteintröge; Wasserbecken in Natursteinmauer eingefaßt

Wasserfläche: etwa 1,5 m^2

Standort: Sonne bis Halbschatten

Krautartige Pflanzen

2.15 ● 5 Bergenia cordifolia
2.21 ● 2 Iris laevigata
2.26 ● 6 Geranium endressii
2.96 ✱ 1 Sinarundinaria murielae

Sumpf- und Wasserstauden

3.06 ■ 3 Caltha palustris
3.09 ✱ 4 Carex pseudocyperus
3.33 ● 8 Myosotis palustris
3.36 ● 3 Pontederia cordata
3.50 ◆ 6 Veronica beccabunga

Wasserpflanzen

4.13 ◈ 1 Nymphaea pygmaea alba

Hier wurde ein quadratisches Betonbecken angelegt. Der Wasserzulauf erfolgt über eine Wassertreppe – zwei alte Sandsteintröge – durch ein Rohr in die Natursteinmauer, gespeist von einer Umwälzpumpe, die im Becken unter den Trögen aufgestellt ist.
Die Bepflanzung entstand nach rein dekorativen Gesichtspunkten. Im Vordergrund wächst Gartenbambus, im Becken Sumpfiris, Hechtkraut und Sumpfdotterblume. Den Mittelpunkt bildet eine Zwergseerose.

Bepflanzungsbeispiel 6

Situation: Wasserbecken in einem Hausgarten, angelegt unter Einbeziehung des vorhandenen Baum- und Strauchbestandes

Wasserfläche: etwa 7 m²

Standort: Schatten

Krautartige Pflanzen

2.05	5	Alchemilla mollis
2.22	20	Epimedium pinnatum 'Elegans'
2.35	4	Hosta sieboldiana 'Elegans'
2.44	1	Ligularia x hesseii
2.47	1	Lysimachia punctata
2.69	30	Tiarella cordata
2.71	15	Waldsteinia ternata
2.75	2	Oryopteris borreri

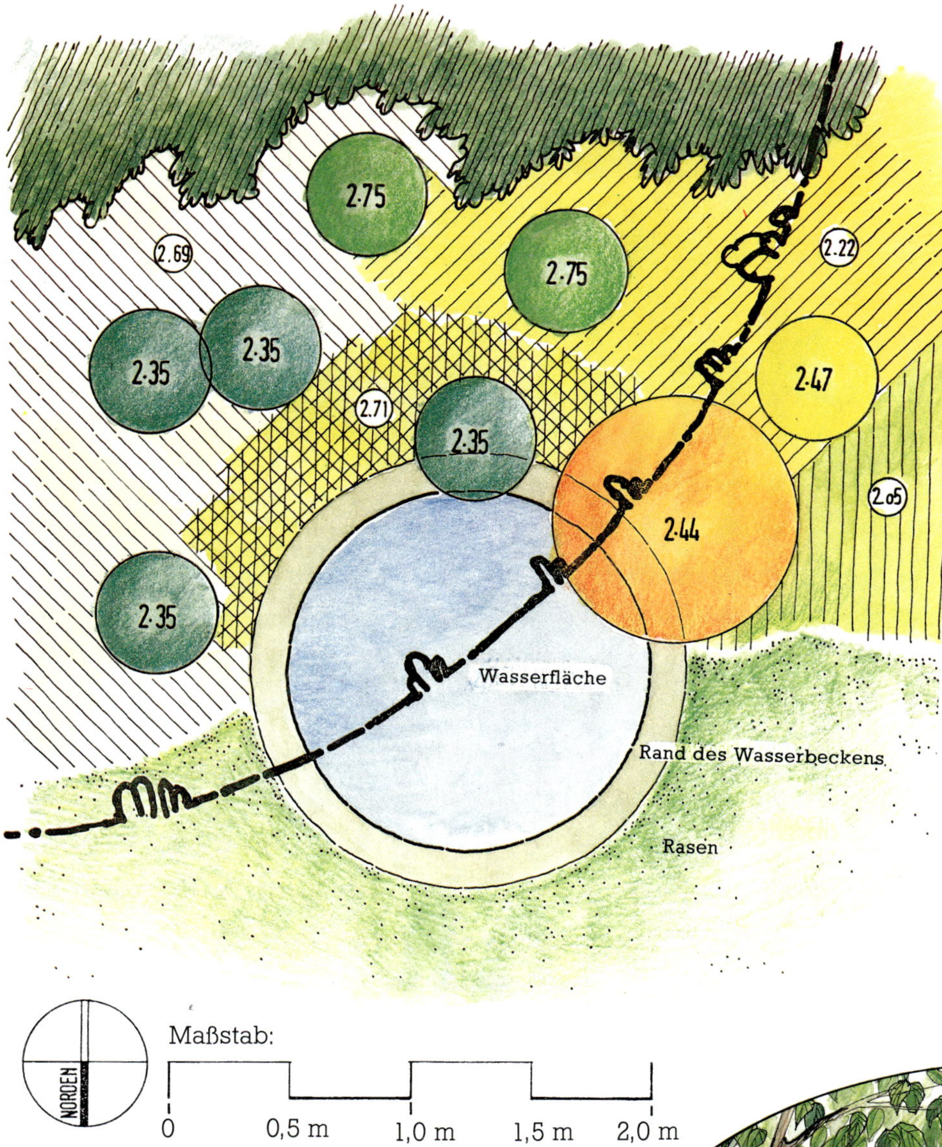

Hier wurde ein Fertigbecken am Rande des Rasens als Wasserstelle eingelassen. Wegen der kleinen Wasserfläche wurde das Becken nicht bepflanzt, sondern nur rundum zum Wasser passende Stauden angeordnet. An dieser schattigen Stelle wachsen Blaublattfunkien, dahinter Goldschuppenfarn und den Vordergrund beherrscht das Greiskraut.

Bepflanzungsbeispiel 7

Situation:
Bachlauf in einer Wiese

Standort:
Halbschatten bis Schatten

Krautartige Pflanzen

2.08	70	Anemone nemerosa
2.23	16	Eupatorium purpureum
2.24	33	Filipendula hexapetala
2.52	122	Pulmonaria angustifolia
2.55	20	Polygonum affine
2.94	27	Phalaris arundinacea

Gehölze

1.01	ALG	2	Alnus glutinosa
1.11	SFRA	1	Salix fragilis
1.13	SPUR	4	Salix purpurea 'Nana'

Sumpf- und Wasserstauden

3.06	20	Caltha palustris
3.22	6	Iris pseudacorus
3.26	83	Lysimachia nummularia
3.28	24	Lytrum salicaria
3.29	40	Mentha aquatica
3.33	25	Myosotis palustris
3.45	15	Sparganium erectum
3.50	10	Veronica beccabunga

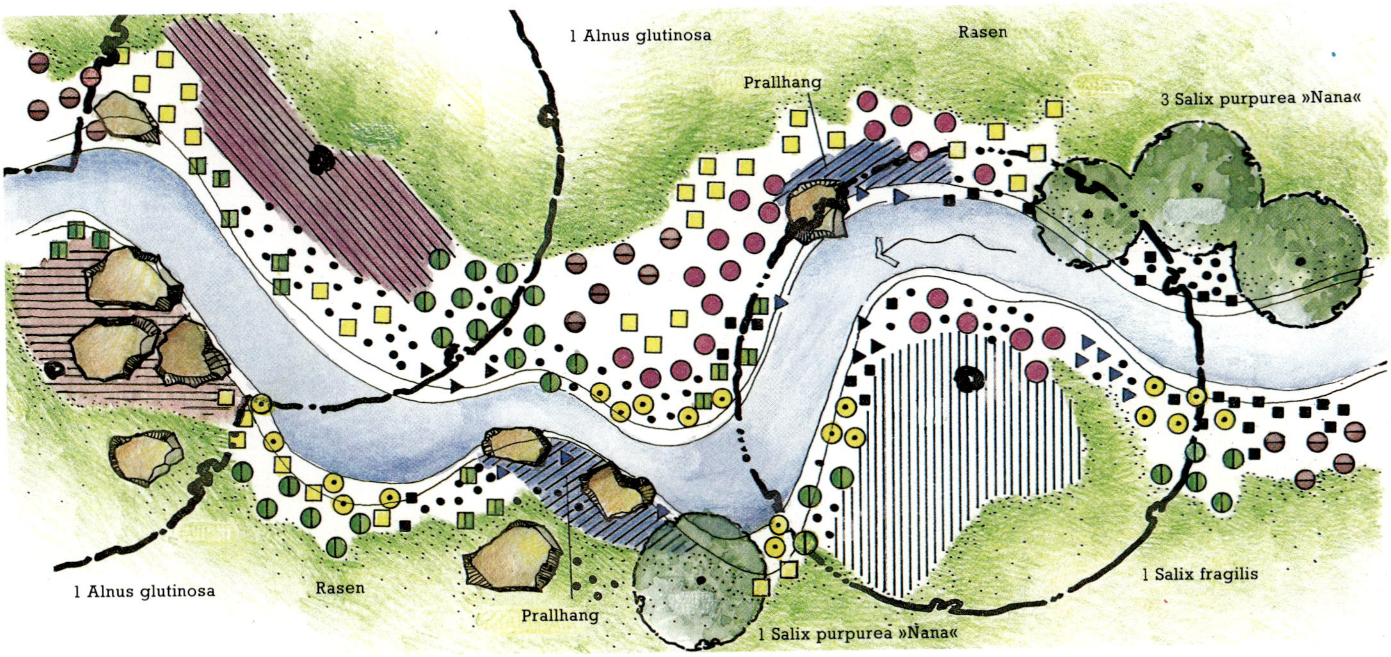

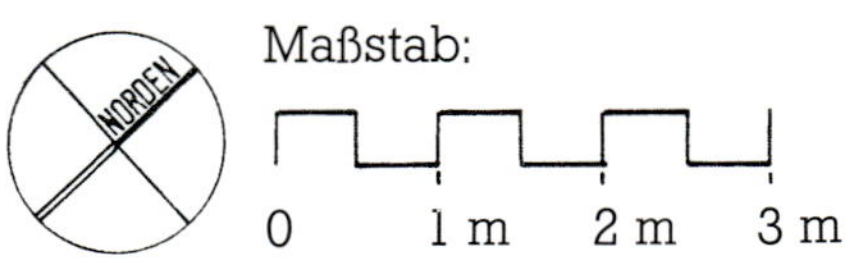

In einem parkartigen Gelände entstand ein Bachlauf. Dabei wurden die Prallhänge (die Außenkurven) durch eine besonders intensive Bepflanzung und zusätzlich durch Schotter- und Bruchsteine gesichert.
Für diesen naturnah gestalteten Bach wurden heimische Uferstauden wie Sumpfdotterblume, Blutweiderich, Sumpfminze, Igelkolben, Sumpfiris, Bachbunge, Pfennigkraut und Sumpfvergißmeinnicht gewählt.

Pflanzen am und im Wasser

Auch die artenreiche Blumenwiese neben dem Wasserlauf ist inzwischen eine Seltenheit geworden.

Im Mai bis Juni blühen die Wasserschwertlilien, ein Bild, wie es heute in der freien Natur leider kaum noch zu sehen ist.

Tabellarische Übersicht

Benutzerhinweise

Die in diesem Kapitel vorgestellten Pflanzen eignen sich alle für eine Verwendung am oder im Wasser. Natürlich handelt es sich dabei nur um eine Auswahl, da es den Rahmen dieses Buches sprengen würde, wenn man alle an und in Gewässern wachsende Pflanzen aufgenommen hätte. Bei der Auswahl wurde Wert auf möglichst dauerhafte Pflanzenarten gelegt und darauf geachtet, daß diese auch über den Fachhandel zu beziehen sind. (Tips zu Einkaufsmöglichkeiten für Wasserpflanzen finden Sie im Anhang im Bezugsquellenverzeichnis.)
Alle Pflanzen werden zunächst in einer tabellarischen Zusammenstellung in Kurzform vorgestellt und anschließend im Teil »Pflanzenportraits« noch einmal ausführlicher behandelt und zum großen Teil auch abgebildet.
Die Tabelle dient der schnellen Übersicht und ersten Orientierung, welche Pflanzen in Bezug auf Standort, Lichtbedarf, Höhe und andere Merkmale für den vorgesehenen Standort überhaupt geeignet sind. Eine zusätzliche Hilfe zum Zusammenstellen ganzer Pflanzengesellschaften sind die in den Tabellen aufgeführten Hinweise auf geeignete Pflanzennachbarn.
Möchten Sie dann Näheres über die in Frage kommenden Pflanzen erfahren, sollten Sie den Teil »Pflanzenportraits« zur Hand nehmen, wo jede Pflanze mit ihren Besonderheiten geschildert wird und auch meist abgebildet ist.
Die Pflanzen sind vier großen Gruppen zugeordnet und entsprechend ihrer Zugehörigkeit zu einer dieser Gruppen numeriert. Die erste große Gruppe sind die Gehölze. Alle Pflanzen, die unter diesen Oberbegriff fallen, haben als erste Ziffer (vor dem Komma) eine 1.
Diese Gruppe ist noch einmal unterteilt in:
a. Heimische Ufergehölze
b. Dekorative Laubgehölze
c. Dekorative Nadelgehölze
d. Rhododendren und Azaleen

Die zweite Gruppe (gekennzeichnet durch eine 2 vor dem Komma) umfaßt die krautartigen Pflanzen, unterteilt in:
a. Stauden
b. Farne
c. Gräser

In der dritten Gruppe (alle Pflanzen mit einer 3 vor dem Komma) lernen Sie die Sumpf- und Wasserstauden kennen. Hier und in der folgenden Gruppe ist unter der Rubrik »Standort« jeweils angegeben, welche Wassertiefe die jeweilige Pflanze für ihr Gedeihen braucht.

Die vierte Gruppe enthält eine Auswahl an Wasserpflanzen, unterteilt in:
a. Schwimm- und Schwimmblattpflanzen
b. Seerosen
c. Exotische Liebhaberpflanzen
d. Unterwasserpflanzen
(Die Unterwasserpflanzen haben die Kennummer 5., die anderen Pflanzen dieser Gruppe die 4.)

Innerhalb der Gruppen und Untergruppen sind die Pflanzen alphabetisch nach ihren lateinischen Namen geordnet, die deutsche Bezeichnung steht aber jeweils dabei.
Die Bedeutung der in der Tabelle und teilweise auch im Teil »Pflanzenportraits« verwendeten Symbole entnehmen Sie bitte nachfolgender Aufstellung:

Zeichenerklärung

Lichtbedarf	
○	Sonne
◑	Halbschatten
●	Schatten

Standort	
1	normaler Gartenboden
2	humoser Boden
3	Sumpfboden
W bis 10	Wasserstand bis 10 cm

Verwendung	
⊥	Einzelstellung (Solitär)
8	kleine Gruppen (bis 3 Stück)
8o	größere Gruppen (bis 10 Stück)
88	großflächig
WL	Pflanzung am Wasserlauf

Wuchsform	
⇝	Ausläufer treibend
⦚	Hängeform
△	schwach wachsend
▲	stark wachsend

Merkmale	
♡	Zierende Blätter
♠	Auffallende Herbstfärbung
ꝏ	Zierende Frucht
#	Immergrün oder Wintergrün
D	Auffallender Duft
Wi	Wildstaude
✂	Schnittstaude

Blattformen

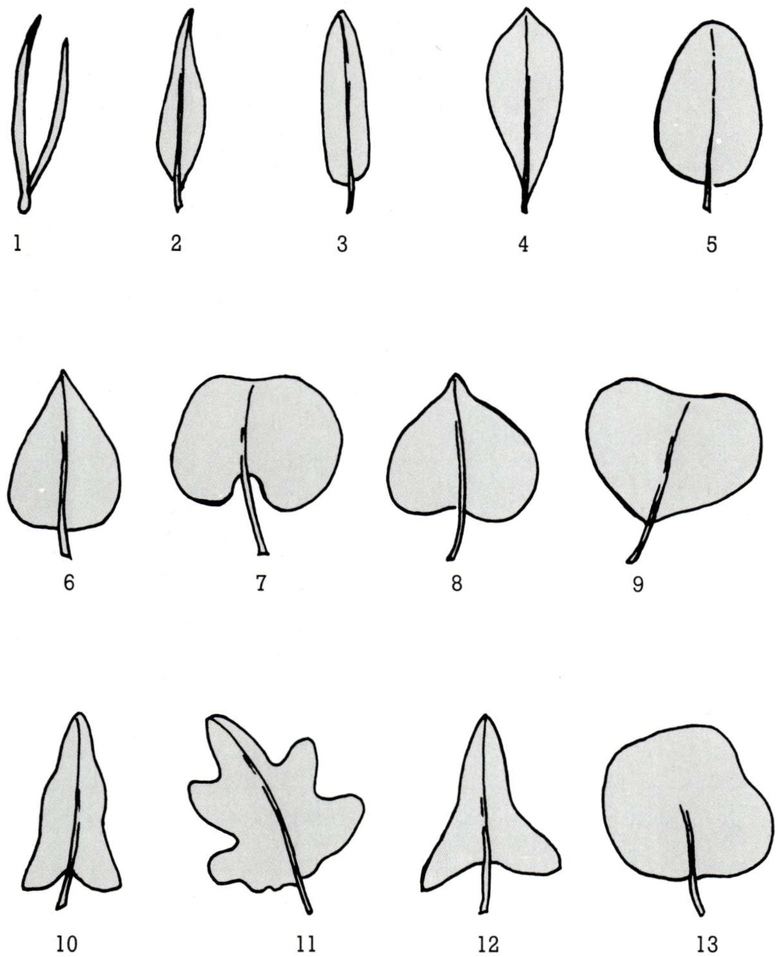

1 nadelförmig
2 lanzettlich
3 linealisch
4 keilförmig
5 oval (eiförmig)
6 dreieckig
7 nierenförmig
8 herzförmig
9 verkehrt herzförmig
10 pfeilförmig
11 handförmig gelappt
12 spießförmig
13 schildförmig

Blattränder

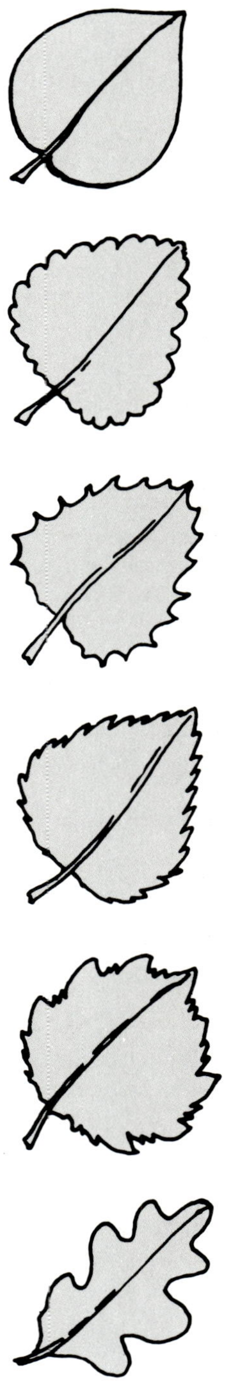

ganzrandig

gekerbt

gezähnt

gesägt

doppelt gesägt

gelappt

I. Gehölze

Heimische Ufergehölze

Nr.	Lateinischer und deutscher Name	Licht-bedarf	Stand-ort	Blüte-zeit	Blüten-farbe	Verwen-dung	Höhe in m	Wuchs-form	Merk-male
1.01	**Alnus glutinosa** Schwarzerle	○ – ●	1, 2 + 3	März–April		⊥ 8 – ∞∞ WL	bis 30	▲	♧
	Geeignete Pflanzennachbarn Alle Baumarten und Sträucher wie Rhamnus frangula, Salix aurita, Salix purpurea, Salix repens rosmarinifolia, Viburnum opulus								
1.02	**Cornus sanguinea** Roter Hartriegel	○ – ●	1, 2 + 3	Mai-Juni	weiß	⊥ 8 – ∞∞ WL	bis 5	▲	♠ ♧
	Geeignete Pflanzennachbarn Fraxinus excelsior, Rhamnus frangula, Salix alba, Salix fragilis, Viburnum opulus								
1.03	**Fraxinus excelsior** Esche	○ – ◑	1, 2 + 3	Mai		⊥ 8 – ∞∞ WL	bis 40	▲	♡ ♧
	Geeignete Pflanzennachbarn Alle heimischen Gehölze; durch lichte Krone günstig für Unterpflanzungen								
1.04	**Populus alba Nivea** Silberpappel	○	1, 2 + 3	März–April		⊥ 8 WL	bis 30	▲	♡
	Geeignete Pflanzennachbarn Alle heimischen Gehölze; durch lichte Krone günstig für Unterpflanzungen								
1.05	**– nigra Italica** Pyramidenpappel	○	1, 2 + 3	März–April		⊥ 8 WL	bis 30	▲	
	Geeignete Pflanzennachbarn Fraxinus excelsior, Salix alba, Salix fragilis								
1.06	**Quercus palustris** Sumpfeiche	○	1, 2 + 3	Mai		⊥ 8 – ∞∞ WL	bis 30	▲	♡ ♠ ♧ ✂
	Geeignete Pflanzennachbarn Alnus glutinosa, Fraxinus excelsior, Salix fragilis								
1.07	**Rhamnus frangula** Faulbaum	○ – ●	1, 2 + 3	Mai–Aug.	weiß	⊥ 8 WL	bis 5	▲	♠ ♧
	Geeignete Pflanzennachbarn Cornus sanguinea, Salix aurita, Salix purpurea, Salix repens Rosmarinifolia, Viburnum opulus								
1.08	**Salix alba** Kopfweide	○	1, 2 + 3	März–April		⊥ 8 WL	bis 25	▲	♡
	Geeignete Pflanzennachbarn Alnus glutinosa, Fraxinus excelsior, Populus alba Nivea, Salix fragilis								

Nr.	Lateinischer und deutscher Name	Licht-bedarf	Stand-ort	Blüte-zeit	Blüten-farbe	Verwen-dung	Höhe in m	Wuchs-form	Merk-male
1.09	**- alba Tristis** Hängeweide	○	1, 2 + 3	März–April		⊥ WL	bis 20	▲ ⦚	♡
	Geeignete Pflanzennachbarn Nur in Einzelstellung								
1.10	**- aurita** Öhrchenweide	○	1, 2 + 3	März–April		⊥ 8 – 8o WL	bis 3	▲	
	Geeignete Pflanzennachbarn Cornus sanguinea, Salix purpurea, Salix viminalis, Viburnum opulus								
1.11	**- fragilis** Knackweide	○	1, 2 + 3	April		⊥ 8 – 8o WL	bis 20	▲	
	Geeignete Pflanzennachbarn Alnus glutinosa, Cornus sanguinea, Fraxinus excelsior, Rhamnus frangula, Salix purpurea, Viburnum opulus								
1.12	**-purpurea** Purpurweide	○	1, 2 + 3	März–April		⊥ 8 – 8o WL	bis 5	▲	♡ ♠
	Geeignete Pflanzennachbarn Cornus sanguinea, Rhamnus frangula, Salix aurita, Viburnum opulus								
1.13	**- purpurea Nana** Kugelweide	○	1, 2 + 3	März–April		8 – 88 WL	bis 1	▲	♡ ♠
	Geeignete Pflanzennachbarn Cornus sanguinea, Rhamnus frangula, Viburnum opulus, Aruncus sylvester, Alisma plantago-aquatica, Caltha palustris, Eleocharis palustris, Filipendula ulmaria, Iris pseudacorus, Lythrum salicaria								
1.14	**- repens argentea** Silberkriechweide	○	1, 2 + 3	April	grün	8 – 88 WL	bis 1	⇝ ▲	♡
	Geeignete Pflanzennachbarn Caltha palustris, Carex grayi, Carex pseudocyperus, Filipendula ulmaria, Lythrum salicaria								
1.15	**- repens rosmarinifolia** Rosmarinweide	○	1, 2 + 3	April		8 – 8o WL	bis 2	▲	♡
	Geeignete Pflanzennachbarn Cornus sanguinea, Rhamnus frangula, Salix aurita, Salix purpurea Nana, Viburnum opulus								
1.16	**- viminalis** Korbweide	○	1, 2 + 3	März–April	grün	8 – 8o WL	bis 10	▲	
	Geeignete Pflanzennachbarn Alnus glutinosa, Cornus sanguinea, Fraxinus excelsior, Rhamnus frangula, Salix aurita, Salix purpurea, Viburnum opulus								
1.17	**Viburnum opulus** Gemeiner Schneeball	○ – ●	1, 2 + 3	Mai–Juni	weiß	8 – 8o WL	bis 4	▲	♠ ♧ D ✂
	Geeignete Pflanzennachbarn Alnus glutinosa, Cornus sanguinea, Rhamnus frangula, Salix aurita, Salix purpurea								

Dekorative Laubgehölze

Nr.	Lateinischer und deutscher Name	Licht-bedarf	Stand-ort	Blüte-zeit	Blüten-farbe	Verwen-dung	Höhe in m	Wuchs-form	Merk-male
1.18	**Acer japonicum Aconitifolium** Japanahorn	○ – ◑	1	Mai	rot	⊥	3–4	△	♡ ♠ ♧
	Geeignete Pflanzennachbarn Flache bis mittelhohe Stauden								
1.19	**- palmatum** Fächerahorn	◑ – ●	2	Mai–Juni	rot	⊥ WL	bis 4	△	♡ ♠ ✂
	Geeignete Pflanzennachbarn Bodendeckende, niedrige Stauden								
1.20	**- palmatum Atropurpureum** Rotblättriger Fächerahorn	◑ – ●	1 + 2	Mai–Juni		⊥	3–5	△	♡ ✂
	Geeignete Pflanzennachbarn Rhododendren, niedrige Koniferen, bodendeckende, niedrige Stauden								
1.21	**- palmatum Dissectum Atropurpureum** Rotblättriger Schlitzahorn	◑	1	Mai–Juni		⊥	2–2,50	△	♡ ♠ ✂
	Geeignete Pflanzennachbarn Bodendeckende Stauden								
1.22	**- palmatum Dissectum Viridis** Grüner Schlitzahorn	◑	1	Mai–Juni		⊥	bis 2	△	♡ ♠ ✂
	Geeignete Pflanzennachbarn Bodendeckende Stauden								
1.23	**- saccharinum Wieri** Geschlitztblättriger Silberahorn	○	1 + 3	Feb.–März	grün	⊥ WL	20	▲ ⌇	♡ ♠
1.24	**Amelanchier lamarckii** Kanadische Felsenbirne	○ – ●	1	April–Mai	weiß	⊥ 8	7	▲	♠ ♧ ✂
	Geeignete Pflanzennachbarn Bodendeckende bis mittelhohe Stauden, Kleingehölze								
1.25	**Aralia elata** Aralie	○	1 + 2	Juli–Nov.	weiß	⊥	bis 5	▲	♡ ♧
	Geeignete Pflanzennachbarn Bodendeckende Stauden, Gehölze								

Nr.	Lateinischer und deutscher Name	Licht-bedarf	Stand-ort	Blüte-zeit	Blüten-farbe	Verwen-dung	Höhe in m	Wuchs-form	Merk-male
1.26	**Callicarpa bodinieri giraldii** Schönfrucht	○ - ◑	1	Juli–Okt.		⊥ 8	2–3	△	♧ ✂
	Geeignete Pflanzennachbarn Bodendeckende Stauden, Gehölze								
1.27	**Cercidiphyllum japonicum** Judasblatt	○ - ◑	1 + 3	April–Mai	rot	⊥ WL	bis 30	△	♠
	Geeignete Pflanzennachbarn Niedrige bis mittelhohe Stauden, Gehölze								
1.28	**Chaenomeles lagenaria** Scheinquitte	○ - ◑	1	April–Mai	rot	⊥ 8 - ∞	bis 2	△	♧ ✂
	Geeignete Pflanzennachbarn Bodendeckende Stauden								
1.29	**Cornus controversa** Pagodenhartriegel	○ - ◑	1	Mai–Juni	weiß	⊥	8–15	△	♧
	Geeignete Pflanzennachbarn Bodendeckende Stauden, Gehölze								
1.30	**- florida** Blumenhartriegel	○ - ◑	1 + 2	Juni	rosa	⊥	bis 7	△	♠ ♧
	Geeignete Pflanzennachbarn Flache Stauden, niedrige Rhododendren								
1.31	**- kousa** Japanischer Blumenhartriegel	○	2	Mai–Juni	weiß-grün	⊥	bis 10	△	♠ ♧
	Geeignete Pflanzennachbarn Bodendeckende Stauden, niedrige Rhododendren, Gehölze								
1.32	**Corylus avellana Contorta** Korkenzieherhasel	○ - ◑	1	Feb.–März	gelb	⊥	bis 4	△	♡ ♧ ✂
	Geeignete Pflanzennachbarn Bodendeckende Stauden und Gehölze								
1.33	**Fraxinus excelsior Pendula** Traueresche	○ - ◑	1	Mai	grün	⊥	bis 15	△ ⌇	♡ ♧

Nr.	Lateinischer und deutscher Name	Licht-bedarf	Stand-ort	Blüte-zeit	Blüten-farbe	Verwen-dung	Höhe in m	Wuchs-form	Merk-male
1.34	**Hydrangea aspera sargentiana** China-Hortensie	◑ - ●	2 + 3	Juli–Aug.	weiß-violett	⊥ 8	2	△	♡
	Geeignete Pflanzennachbarn Farne, Rhododendren, bodendeckende Stauden								
1.35	**Ilex aquifolium** Stechpalme	◑ - ●	2	Mai–Juni	weiß	⊥ 8	10	△	♡ ♧ # ✂
1.36	**Liquidambar styraciflua** Amberbaum	○	1	Mai	gelb	⊥	bis 20	△	♠ ♡ ♧
	Geeignete Pflanzennachbarn Niedrige bis mittelhohe Stauden, Gehölze								
1.37	**Magnolia stellata** Sternmagnolie	○ - ◑	2	März–April	weiß	⊥	3	△	D ✂
	Geeignete Pflanzennachbarn Bodendeckende Stauden und Gehölze								
1.38	**Mahonia bealii** Chinesische Mahonie	○ - ◑	1	April–Mai	gelb	⊥ 8	2	△	♠ ♡ ♧ # ✂
	Geeignete Pflanzennachbarn Farne, Gräser, bodendeckende Stauden und Gehölze								
1.39	**Malus Eleyi** Zierapfel	○	1	Mai	rot	⊥	6	△	♠ ♡ ♧ ✂
1.40	**Nothofagus antarctica** Scheinbuche	○	1	Mai		⊥	bis 5	△	♠ ♡
	Geeignete Pflanzennachbarn Flache bis mittelhohe Stauden und Sträucher								
1.41	**Pieris floribunda** Lavendelheide	◑	2	April–Mai	weiß	⊥ 8	bis 2	△	#
	Geeignete Pflanzennachbarn Rhododendren, bodendeckende Stauden und Gehölze								
1.42	**- japonica** Lavendelheide	◑ - ●	2	April–Mai	weiß	⊥ 8	bis 4	△	#
	Geeignete Pflanzennachbarn Rhododendren								

Nr.	Lateinischer und deutscher Name	Licht-bedarf	Stand-ort	Blüte-zeit	Blüten-farbe	Verwen-dung	Höhe in m	Wuchs-form	Merk-male
1.43	**Prunus sargentii Accolade** Bergkirsche	○	1	April	rosa-rot	⊥	4	△	♠ ✂
	Geeignete Pflanzennachbarn Mittelhohe Stauden und Gehölze								
1.44	**- serrulata Shidare-Sakura** Hängende Nelkenkirsche	○	1	April–Mai	rosa	⊥	5	△ ⌇	✂
	Geeignete Pflanzennachbarn Bodendeckende bis mittelhohe Stauden und Gehölze								
1.45	**- subhirtella Autumnalis** Schneekirsche	○	1	Nov.–April	rosa	⊥	5	△	♠ ✂
	Geeignete Pflanzennachbarn Bodendeckende bis mittelhohe Stauden und Gehölze								
1.46	**- subhirtella Pendula** Frühlingskirsche	○	1	April	rosa	⊥	6	△ ⌇	♠ ✂
	Geeignete Pflanzennachbarn Bodendeckende bis mittelhohe Stauden und Gehölze								
1.47	**- cerasifera Nigra** Blutpflaume	○	1	März–April	rosa	⊥	7	△	♡ ♧ ✂
1.48	**Pterocarya fraxinifolia** Flügelnuß	○ - ◑	1 + 3	Mai	grün-gelb	⊥ WL	bis 20	▲	♡ ♧
1.49	**Rhus typhina Laciniata** Geschlitztblättriger Essigbaum	○ - ◑	1	Juni–Juli	grün-braun	⊥ 8	3–5	▲	♠ ♡ ♧
	Geeignete Pflanzennachbarn Bodendeckende Stauden und Gehölze								
1.50	**Robinia pseudoacacia Tortuosa** Korkenzieherakazie	○	1	Mai–Juni	weiß	⊥ 8	bis 15	▲	♡ ✂
	Geeignete Pflanzennachbarn Niedrige bis mittelhohe Stauden und Gehölze								
1.51	**Salix Setsuka** Japanische Drachenweide	○	1	März–April	gelb	⊥	bis 4	△	✂
	Geeignete Pflanzennachbarn Mittelhohe Stauden und Gehölze								

Nr.	Lateinischer und deutscher Name	Licht-bedarf	Stand-ort	Blüte-zeit	Blüten-farbe	Verwen-dung	Höhe in m	Wuchs-form	Merk-male
1.52	**Viburnum carlesii** Korea-Schneeball	○ – ◑	2	April–Mai	weiß	⊥ 8	bis 2	△	♠ D
	Geeignete Pflanzennachbarn Bodendeckende Stauden und Gehölze								
1.53	**– plicatum Mariesii** Japanischer Schneeball	○ – ◑	2	Mai–Juni	weiß	⊥	bis 1,50	△	♡
	Geeignete Pflanzennachbarn Bodendeckende Stauden und Gehölze								

Dekorative Nadelgehölze

Nr.	Lateinischer und deutscher Name	Licht-bedarf	Stand-ort	Blüte-zeit	Blüten-farbe	Verwen-dung	Höhe in m	Wuchs-form	Merk-male
1.54	**Metasequoia glyptostroboides** Urweltmammutbaum	○	1 + 2			⊥ 8 – 8o WL	35	▲	♠ ♡
	Geeignete Pflanzennachbarn Laub- und Nadelbäume								
1.55	**Sciadopitys verticillata** Japanische Schirmtanne	◑ – ●	1 + 2			⊥	bis 30	△	♡ ♧ #
	Geeignete Pflanzennachbarn Flache oder bodendeckende Stauden und Sträucher								
1.56	**Taxodium distichum** Sumpfzypresse	○ – ◑	1 + 3			⊥ 8 WL	bis 35	△	♠ ♡ ♧
	Geeignete Pflanzennachbarn Laubbäume, mittelhohe Gehölze								
1.57	**Taxus baccata Dovastoniana** Adlerschwingen-Eibe	○ – ◑	1 + 2			⊥ 8	bis 6	△	♡ ♧ # ✂
	Geeignete Pflanzennachbarn Bodendeckende Unterpflanzung								
1.58	**– Nissen's Corona** Nissen-Eibe Typ I	○ – ●	1 + 2			⊥ 8	bis 1	△	#
	Geeignete Pflanzennachbarn Bodendeckende Unterpflanzung								

Nr.	Lateinischer und deutscher Name	Licht-bedarf	Stand-ort	Blüte-zeit	Blüten-farbe	Verwen-dung	Höhe in m	Wuchs-form	Merk-male
1.59	**- Repandens** Tafeleibe	○ - ◑	1 + 2			⊥ 8	bis 0,50	△	♧ # ✂
	Geeignete Pflanzennachbarn Bodendeckende Unterpflanzung								
1.60	**Tsuga canadensis** Hemlockstanne	◑	1 + 2			⊥ 8 WL	bis 25	△	♡ ♧ #
	Geeignete Pflanzennachbarn Niedere bis mittelhohe Unterpflanzung								

Rhododendren und Azaleen

Nr.	Lateinischer und deutscher Name	Licht-bedarf	Stand-ort	Blüte-zeit	Blüten-farbe	Verwen-dung	Höhe in m	Wuchs-form	Merk-male
1.61	**Azalea japonica** Japanische Azalee	○ - ◑	2	Mai–Juni	weiß, rosa, rot, violett	8 - 8o	0.80–1.20	△	#
	Geeignete Pflanzennachbarn Rhododendron ferrugineum, bodendeckende Stauden, Gräser, Farne								
1.62	**- Knaphill** Schmuck-Azalee	○ - ◑	2	Mai–Juni	weiß, rosa, rot, orange, gelb	8 - 8o	1–2	△	♠
	Geeignete Pflanzennachbarn Azalea mollis, Azalea pontica, Rhododendron williamsianum, bodendeckende Stauden								
1.63	**- mollis** Großblumige Strauchazalee	◑ - ●	2	Mai–Juni	weiß, rosa, rot, orange, gelb	8 - 8o	1–2	△	♠
	Geeignete Pflanzennachbarn Immergrüne Rhododendren, niedrige Stauden, Gräser								
1.64	**- mollis x sinensis** Strauchazalee	◑ - ●	2	Mai–Juni	weiß, rosa, rot, orange, gelb	8 - 8o	1–2	△	♠
	Geeignete Pflanzennachbarn Rhododendron williamsianum								

Nr.	Lateinischer und deutscher Name	Licht-bedarf	Stand-ort	Blüte-zeit	Blüten-farbe	Verwen-dung	Höhe in m	Wuchs-form	Merk-male
1.65	**- pontica** Pontische Azalee	○ – ◑	2	Mai–Juni	weiß, rosa, rot, orange, gelb	8 – 8o	1–2	△	♠ D
	Geeignete Pflanzennachbarn Azalea mollis, Azalea mollis x sinensis, Rhododendron williamsianum								
1.66	**Diamant-Azalee** Diamant-Azalee	◑	2	Mai–Juni	weiß, rosa, violett	8 – 8o	bis 0.70	△	♠ #
	Geeignete Pflanzennachbarn Bodendeckende Stauden								
1.67	**Rhododendron catawbiense** Alpenrose	◑ – ●	2	Mai–Juni	violett	⊥ 8	bis 4	△	♡ #
	Geeignete Pflanzennachbarn Lichte Bäume								
1.68	**- ferrugineum** Echte Alpenrose	◑	2	Juni	rot	8 – 88	0.80	△	#
	Geeignete Pflanzennachbarn Alpine bodendeckende Stauden und Gehölze								
1.69	**- hirsutum** Almenrausch	○ – ◑	2	Juni	rot	8 – 88	0.60	△	
1.70	**- praecox** Vorfrühlings-Alpenrose	◑	2	März–April	rosa-violett	⊥ 8	bis 1.50	△	#
	Geeignete Pflanzennachbarn Niedrige Rhododendren, bodendeckende bis mittelhohe Stauden								
1.71	**- repens** Flacher Rhododendron	◑	2	Mai–Juni	rot	8 – 8o	bis 1	△	♡ #
	Geeignete Pflanzennachbarn Vorpflanzung für großblumige Rhododendren								
1.72	**- williamsianum** Glocken-Rhododendron	○ – ◑	2	Mai	rosarot	8 – 8o	bis 1,50	△	♡ #
	Geeignete Pflanzennachbarn Vorpflanzung für großblumige Rhododendren								
1.73	**- yakusimanum** Ball-Rhododendron	○ – ◑	2	Mai	gelb, rosa, rot	8	1	△	#
	Geeignete Pflanzennachbarn Azalea mollis, Azalea pontica, Rhododendron repens, Rhododendron williamsianum								

II. Krautartige Pflanzen

Stauden

Nr.	Lateinischer und deutscher Name	Licht-bedarf	Stand-ort	Blüte-zeit	Blüten-farbe	Verwen-dung	Höhe in cm	Wuchs-form	Merk-male
2.01	**Acaena buchananii** Stachelnüßchen	○	1	Juni–Juli	grün-gelb	8o – 88	5–10	⁓⁓> ▲	♡ ♧ # Wi
	Geeignete Pflanzennachbarn Acer palmatum, Aralia elata, Callicarpa bodinieri giraldii, Nothofagus antarctica, Viburnum plicatum Mariesii oder Solitärstauden wie Helianthus salicifolius, Ligularia x hessei, Macleaya cordata, Oenothera missouriensis oder Gräser wie Miscanthus sinensis Gracillimus, Molinia altissima, Pennisetum compressum, Sinarundinaria murielae, Stipa barbata								
2.02	**- microphylla** Braungrünes Stachelnüßchen	○	1	Juni–Juli	weiß	8o – 88	10	⁓⁓> ▲	♡ ♧ # Wi
	Geeignete Pflanzennachbarn Wie Acaena buchananii								
2.03	**Aconitum wilsonii** Eisenhut	◑ – ●	1 + 2	Aug.–Sep.	blau	⊥8 WL	bis 150	▲	Wi ✂
	Geeignete Pflanzennachbarn Alchemilla mollis, Anemone japonica, Asarum europaeum, Asperula odorata, Corydalis cava, Epimedium pinnatum Elegans, Omphalodes verna, Tiarella cordifolia, Waldsteinia ternata und Farne								
2.04	**Ajuga reptans** Günsel	◑	1	Mai–Juni	blau	8o – 88	15	⁓⁓> ▲	♡ # Wi
	Geeignete Pflanzennachbarn Dekorative Einzelgehölze wie Hydrangea aspera sargentiana, Mahonia bealii, Pieris floribunda und Rhododendren in verschiedenen Sorten oder Stauden wie Aconitum wilsonii, Alchemilla mollis, Anemone hupehensis, Aruncus sylvester, Astilbe x arendsii, Campanula glomerata, Rodgersia podophylla								
2.05	**Alchemilla mollis** Frauenmantel	○ – ◑	1	Juni–Juli	gelb	8 – 8o	40–40	▲	♡ Wi ✂
	Geeignete Pflanzennachbarn Astilbe, Campanula glomerata, Geranium endressii, Helianthus salicifolius, Hosta sieboldiana Elegans, Iris i.S., Ligularia i.S., Polygonum affine, Waldsteinia ternata								
2.06	**Anemone hupehensis** Herbstanemone	◑ – ●	1 + 2	Aug.–Okt.	rosa	⊥8	80–100	▲	✂
	Geeignete Pflanzennachbarn Aconitum wilsonii, Ajuga reptans, Alchemilla mollis, Asarum europaeum, Astilbe i.S., Bergenia cordifolia, Epimedium i.S., Hosta i.S., Omphalodes verna, Primula i.S., Pulmonaria angustifolia, Rodgersia i.S., Tiarella cordifolia, Waldsteinia ternata und Farne								
2.07	**- japonica** Japanische Herbstanemone	◑ – ●	1 + 2	Aug.–Okt.	weiß, rosa, rot	⊥8	80–120	▲	✂
	Geeignete Pflanzennachbarn Wie Anemone hupehensis								

Nr.	Lateinischer und deutscher Name	Lichtbedarf	Standort	Blütezeit	Blütenfarbe	Verwendung	Höhe in cm	Wuchsform	Merkmale
2.08	**- nemerosa** Buschwindröschen	◑ - ●	1 + 2	April–Mai	weiß	8o - 88	10–15	⟿ ▲	♡ Wi
	Geeignete Pflanzennachbarn Aruncus sylvester, Convallaria majalis, Hosta i.S., Rodgersia i.S., Farne i.S., Carex i.S., Luzula sylvatica								
2.09	**Aruncus sylvester** Waldgeißbart	◑ - ●	1 + 2	Juni–Juli	weiß	⊥ 8	150	▲	♡ Wi ✂
	Geeignete Pflanzennachbarn Aconitum wilsonii, Ajuga reptans, Asarum europaeum, Asperula odorata, Astilbe i.S., Bergenia cordifolia, Convallaria majalis, Corydalis cava, Epimedium i.S., Hosta i.S., Hypericum calycinum, Omphalodes verna, Pulmonaria i.S., Waldsteinia ternata und Farne in verschiedenen Arten								
2.10	**Asarum europaeum** Haselwurz	◑ - ●	1 + 2	März–April	braun	8o - 88	10	⟿ ▲	♡ # Wi
	Geeignete Pflanzennachbarn Aconitum wilsonii, Anemone i.S., Aruncus sylvester, Astilbe i.S., Bergenia cordifolia, Campanula glomerata, Epimedium i.S., Hosta i.S., Omphalodes verna, Primula i.S., Pulmonaria i.S., Rodgersia podophylla, Thalictrum aquilegifolium, Tiarella cordifolia und Farne								
2.11	**Asperula odorata** Waldmeister	◑ - ●	2	Mai	weiß	8o - 88	15	⟿ ▲	D Wi
	Geeignete Pflanzennachbarn Aconitum wilsonii, Aruncus sylvester, Campanula glomerata, Hosta i.S., Rodgersia tabularis, Farne wie Adiantum pedatum, Dryopteris borreri, Osmunda regalis, Gräser wie Carex buchananii, Carex pendula, Luzula i.S.								
2.12	**Astilbe x arendsii** Prachtspiere	◑	1 + 2	Juli–Sept.	weiß, rosa, rot	8 - 8o WL	60–100	△	✂
	Geeignete Pflanzennachbarn Aconitum wilsonii, Alchemilla mollis, Asperula odorata, Bergenia cordifolia, Campanula glomerata, Epimedium pinnatum Elegans, Geranium endressi, Iris i.S., Omphalodes verna, Pulmonaria angustifolia, Waldsteinia ternata, Farne wie Adiantum pedatum, Blechnum spicant, Polystichum setiferum Proliferum, Gräser wie Carex buchananii, Luzula sylvatica								
2.13	**- chinensis** Chinesische Prachtspiere	○ - ◑	1 + 2	Aug.–Sept.	rosa	8 - 8o WL	20–40	⟿ △	✂
	Geeignete Pflanzennachbarn Aconitum wilsonii, Anemone nemerosa, Asarum europaeum, Asperula odorata, Corydalis cava, Epimedium pinnatum Elegans, Omphalodes verna, Primula i.S., Tiarella cordifolia, Farne wie Blechnum spicant, Polystichum setiferum proliferum, Gräser wie Carex buchananii, Luzula sylvatica								
2.14	**- japonica** Japanische Prachtspiere	◑	1 + 2	Juli	weiß, rosa	8 - 8o WL	40–50	△	✂
	Geeignete Pflanzennachbarn Alchemilla mollis, Anemone japonica, Asarum europaeum, Bergenia cordifolia, Campanula glomerata, Epimedium perraldianum Frohnleiten, Ligularia clivorum Desdemona, Omphalodes verna, Polygonum affine, Waldsteinia ternata, Farne wie Adiantum pedatum, Polystichum setiferum Proliferum, Gräser wie Carex buchananii, Luzula i.S.								

Nr.	Lateinischer und deutscher Name	Licht-bedarf	Stand-ort	Blüte-zeit	Blüten-farbe	Verwen-dung	Höhe in cm	Wuchs-form	Merk-male
2.15	**Bergenia cordifolia** Bergenie	○ - ◑	1	April–Mai	weiß, rosa, rot	8 - 8o	30–40	△	♡ #
	Geeignete Pflanzennachbarn Aconitum wilsonii, Aruncus sylvester, Asperula odorata, Astilbe i.S., Campanula glomerata, Corydalis lutea, Epimedium pinnatum Elegans, Lysimachia punctata, Oenothera tetragona, Omphalodes verna, Waldsteinia ternata, Farne wie Adiantum pedatum, Blechnum spicant, Dryopteris borreri, Polystichum aculeatum, Gräser wie Carex buchananii, Deschampsia caespitosa, Luzula nivea, Luzula sylvatica								
2.16	**Brunnera macrophylla** Kaukasusvergißmeinnicht	○ - ◑	1	April–Mai	blau	8 - 88	50	▲	Wi
	Geeignete Pflanzennachbarn Bergenia cordifolia, Geranium platipetalum, Iris barbata-elatior, Lysimachia punctata, Macleaya cordata, Mimulus cardinalis, Oenothera missouriensis, Oenothera tetragona, Stachys grandiflora Superba								
2.17	**Campanula glomerata** Knäuelglockenblume	○ - ◑	1	Juli–Aug.	weiß, blau	8 - 8o	40–50	△	Wi ✂
	Geeignete Pflanzennachbarn Alchemilla mollis, Aruncus sylvester, Asarum europaeum, Asperula odorata, Bergenia cordifolia, Epimedium i.S., Geranium endressii, Lysimachia punctata, Oenothera tetragona, Waldsteinia ternata								
2.18	**Convallaria majalis** Maiglöckchen	◑	1 + 2	Mai	weiß	8o - 88	20	⤳ ▲	D Wi ✂
	Geeignete Pflanzennachbarn Asarum europaeum, Epimedium pinnatum Elegans, Hosta i.S., Hypericum calycinum, Pulmonaria angustifolia, Rodgersia podophylla, Farne wie Adiantum pedatum, Ahyrium filix-femina, Dryopteris borreri, Polystichum aculeatum, Gräser wie Carex buchananii, Carex pendula, Luzula nivea, Luzula sylvatica								
2.19	**Corydalis cava** Lerchensporn	◑ - ●	1 + 2	April–Mai	rosa-weiß	8o - 88	20	▲	Wi
	Geeignete Pflanzennachbarn Asarum europaeum, Convallaria majalis, Waldsteinia ternata oder Bodendecke mit Hedera helix								
2.20	**- lutea** Lerchensporn	○ - ●	1 + 2	Mai–Okt.	gelb	8 - 8o	20	△	
	Geeignete Pflanzennachbarn Adiantum pedatum, Athyrium filix-femina, Blechnum spicant, Phyllitis scolopendrium, Polystichum setiferum proliferum, Carex buchananii, Luzula sylvatica								
2.21	**Epimedium perraldianum Frohnleiten** Elfenblume	◑	1 + 2	April–Mai	gelb	8 - 88	25	⤳ ▲	♡ # Wi
	Geeignete Pflanzennachbarn Aconitum wilsonii, Alchemilla mollis, Anemone i.S., Aruncus sylvester, Asarum europaeum, Astilbe i.S., Bergenia cordifolia, Campanula glomerata, Hemerocallis i.S., Hosta i.S., Lysimachia punctata, Pulmonaria angustifolia, Rodgersia tabularis, Waldsteinia ternata, Farne und Schattengräser								

Nr.	Lateinischer und deutscher Name	Licht-bedarf	Stand-ort	Blüte-zeit	Blüten-farbe	Verwen-dung	Höhe in cm	Wuchs-form	Merk-male
2.22	**- pinnatum Elegans** Elfenblume	◑	1 + 2	April–Mai	gelb	8 – 88	30	⤳ ▲	♡ # Wi
	Geeignete Pflanzennachbarn In Pflanzengesellschaften wie Epimedium perraldianum Frohnleiten								
2.23	**Eupatorium purpureum** Wasserdost	○ – ◑	1 + 2	Juli–Sept.	rot	⊥ – 8 WL	180	▲	Wi ✂
	Geeignete Pflanzennachbarn Filipendula hexapetala, Helianthus salicifolius, Miscanthus sinensis Gracillimus								
2.24	**Filipendula hexapetala** Spierstaude	○	1, 2 + 3	Juli–August	weiß	8 – 8o WL	100	▲	Wi ✂
	Geeignete Pflanzennachbarn Alchemilla mollis, Geranium endressii, Ligularia clivorum Desdemona, Mimulus cardinalis, Oenothera tetragona, Rheum palmatum Tanguticum, Stachys grandiflora Superba								
2.25	**- purpurea Elegans** Spierstaude	○ – ◑	1 + 2	Juli–August	rosa-rot	8 – 8o	100	▲	Wi ✂
	Geeignete Pflanzennachbarn Alchemilla mollis, Astilbe i.S., Brunnera macrophylla, Epimedium i.S., Geranium endressii								
2.26	**Geranium endressii** Storchschnabel	○ – ◑	1	Juli–August	rosa	8 – 8o	30	△	♡ Wi
	Geeignete Pflanzennachbarn Alchemilla mollis, Astilbe i.S., Hemerocallis i.S., Liatris spicata, Lysimachia punctata, Oenothera tetragona, Polygonum affine, Thalictrum aquilegifolium, Gräser wie Lasiagrostis calamagrostis, Molinia caerulea, Pennisetum compressum, Stipa barbata								
2.27	**- platypetalum** Storchschnabel	○ – ◑	1	Mai–Juni	blau-violett	8 – 8o	50	▲	♡ Wi
	Geeignete Pflanzennachbarn Dekorative Einzelgehölze, Stauden wie Alchemilla mollis, Aruncus sylvester, Brunnera macrophylla, Filipendula hexapetala, Gunnera chilensis, Heracleum mantegazzianum, Macleaya cordata, Gräser wie Lasiagrostis calamagrostis, Miscanthus sinensis Gracillimus, Molinia altissima, Phalaris arundinacea, Sinarundinaria murielae, Stipa gigantea								
2.28	**Gunnera chilensis** Mammutblatt	○ – ◑	1, 2 + 3	August	braun-rot	⊥ WL	150–200	▲	♡ ♧
	Geeignete Pflanzennachbarn Solitärpflanze								
2.29	**Helianthus salicifolius** Weidenblättrige Sonnenblume	○	1	Sept.–Okt.	gelb	⊥ WL	200	△	♡ ✂
	Geeignete Pflanzennachbarn Alchemilla mollis, Astilbe i.S., Geranium i.S., Oenothera missouriensis, Polygonum compactum Roseum, Stachys grandiflora Superba								

Nr.	Lateinischer und deutscher Name	Lichtbedarf	Standort	Blütezeit	Blütenfarbe	Verwendung	Höhe in cm	Wuchsform	Merkmale
2.30	**Hemerocallis citrina** Taglilie	○ – ◑	1	Juli– August	gelb	⊥ 8 – 8o	90	▲	D Wi ✂
	Geeignete Pflanzennachbarn Astilbe i.S., Geranium platipetalum, Oenothera missouriensis, Omphalodes verna, Tiarella cordifolia								
2.31	**– x Atlas** Taglilie	○ – ◑	1	Juni– August	gelb	⊥ 8 – 8o	100	▲	Wi ✂
	Geeignete Pflanzennachbarn Alchemilla mollis, Geranium platipetalum, Iris barbata-elatior, Iris sibirica, Ligularia x hessei, Macleaya cordata, Pennisetum compressum								
2.32	**– x Crimson Pirate** Taglilie	○ – ◑	1	Juni– August	rot	⊥ 8 – 8o	70	▲	D Wi ✂
	Geeignete Pflanzennachbarn Alchemilla mollis, Astilbe i.S., Brunnera macrophylla, Iris sibirica, Liatris spicata, Ligularia x hessei, Macleaya cordata, Miscanthus sinensis Gracillimus, Pennisetum compressum, Sinarundinaria murielae								
2.33	**Heracleum mantegazzianum** Herkulesstaude	○	1	Juli– August	weiß	⊥	250	▲	♡
	Geeignete Pflanzennachbarn Solitärpflanze								
2.34	**Hosta albomarginata** Weißrandfunkie	◑ – ●	1	Juli– August	lila	⊥ 8 – 8o	bis 60	▲	♡
	Geeignete Pflanzennachbarn Anemone japonica, Aruncus sylvester, Asarum europaeum, Asperula odorata, Astilbe i.S., Epimedium pinnatum Elegans, Omphalodes verna, Rodgersia tabularis, Tiarella cordifolia, Waldsteinia ternata, Farne wie Blechnum spicant, Dryopteris borreri, Matteuccia struthiopteris, Polystichum setiferum Proliferum, Gräser wie Carex buchananii, Luzula sylvatica								
2.35	**– sieboldiana Elegans** Blaublattfunkie	◑ – ●	1	Juli– August	lila- weiß	⊥ 8 – 8o	60	▲	♡ Wi
	Geeignete Pflanzennachbarn Aruncus sylvester, Asperula odorata, Astilbe i.S., Hosta albomarginata, Omphalodes verna, Rodgersia podophylla, Waldsteinia ternata, Farne wie Athyrium filix-femina, Blechnum spicant, Polystichum setiferum Proliferum, Gräser wie Carex buchananii, Carex pendula, Luzula sylvatica								
2.36	**– undulata Univittata** Schneefederfunkie	◑ – ●	1	Juli– August	violett	8 – 8o	30	△	♡ Wi
	Geeignete Pflanzennachbarn Asarum europaeum, Astilbe i.S., Campanula glomerata, Primula i.S., Pulmonaria angustifolia, Farne wie Adiantum pedatum, Blechnum spicant, Gräser wie Luzula sylvatica								
2.37	**Hypericum calycinum** Johanniskraut	○ – ●	1	Juni– Sept.	gelb	8o – 88	30	⇝ ▲	# Wi
	Geeignete Pflanzennachbarn Nur Gehölze, Großstauden und Gräser								

Nr.	Lateinischer und deutscher Name	Licht-bedarf	Stand-ort	Blüte-zeit	Blüten-farbe	Verwen-dung	Höhe in cm	Wuchs-form	Merk-male
2.38	**Iris x barbata-elatior** Schwertlilie, hohe Bartiris	○	1	Mai–Juni	blau, gelb, rosa, violett, weiß	8 – 8o	60–100	▲	✂
	Geeignete Pflanzennachbarn Acaena buchananii, Alchemilla mollis, Astilbe chinensis, Brunnera macrophylla, Oenothera missouriensis, Polygonum compactum Roseum, Stachys grandiflora Superba, Waldsteinia ternata, Gräser wie Molinia caerulea, Pennisetum compressum, Stipa barbata								
2.39	**- x barbata-media** Schwertlilie, mittelhohe Bartiris	○	1	Mai	blau, gelb, rosa, violett, weiß	8 – 8o	40	△	✂
	Geeignete Pflanzennachbarn Ajuga reptans, Alchemilla mollis, Astilbe japonica, Brunnera macrophylla, Ligularia przewalskii, Mimulus cardinalis, Oenothera missouriensis, Stachys grandiflora Superba, Waldsteinia ternata, Gräser wie Pennisetum compressum, Stipa barbata								
2.40	**- x barbata-nana** Schwertlilie, niedrige Bartiris	○	1	April– Mai	blau, gelb	8 – 8o	15–30	△	
	Geeignete Pflanzennachbarn Acaena i.S., Corydalis cava, Iris x barbata-media, Liatris spicata, Mimulus cardinalis, Oenothera missouriensis, Polygonum affine, Waldsteinia ternata								
2.41	**Iris sibirica** Sibirische Iris	○	1 + 3	Juni	blau, rosa, weiß	⊥ 8 WL	80	△	✂
	Geeignete Pflanzennachbarn Alchemilla mollis, Astilbe i.S., Bergenia cordifolia, Brunnera macrophylla, Ligularia x hessei, Lysimachia punctata, Mimulus tigrinus, Omphalodes verna, Polygonum affine, Waldsteinia ternata, Gräser wie Lasiagrostis calamagrostis, Miscanthus sinensis Strictus, Pennisetum compressum, Stipa barbata								
2.42	**Liatris spicata** Prachtscharte	○	1	Juli– Okt.	violett	⊥ 8	100	△	✂
	Geeignete Pflanzennachbarn Acaena microphylla, Brunnera macrophylla, Geranium endressii, Oenothera tetragona, Omphalodes verna, Polygonum affine, Stachys grandiflora Superba, Waldsteinia ternata								
2.43	**Ligularia clivorum Desdemona** Greiskraut	○ – ◑	1 + 3	Juli– Sept.	gelb	⊥ 8 WL	100	▲	♡
	Geeignete Pflanzennachbarn Filipendula hexapetala, Hemerocallis i.S., Iris sibirica								

Nr.	Lateinischer und deutscher Name	Licht-bedarf	Stand-ort	Blüte-zeit	Blüten-farbe	Verwen-dung	Höhe in cm	Wuchs-form	Merk-male
2.44	**- x hessei** Greiskraut	○ - ◑	1 + 3	Juli- Sept.	gelb	⊥ 8 WL	180	▲	♡
	Geeignete Pflanzennachbarn Alchemilla mollis, Hemerocallis i.S., Iris sibirica, Polygonum compactum Roseum								
2.45	**- przewalskii** Greiskraut	○ - ◑	1 + 3	Juli- Sept.	gelb	⊥ 8 WL	100–150	△	♡
	Geeignete Pflanzennachbarn Ajuga reptans, Alchemilla mollis, Geranium endressii, Mimulus cardinalis, Omphalodes verna, Tiarella cordifolia, Gräser wie Carex pendula, Glyceria maxima Variegata, Phalaris arundinacea								
2.46	**Lysimachia clethroides** Schneefelberich	○	1	Juli- Sept.	weiß	8 - 8o WL	80	▲	Wi
	Geeignete Pflanzennachbarn Ajuga reptans, Alchemilla mollis, Eupatorium purpureum, Geranium platipetalum, Hosta sieboldiana Elegans, Iris sibirica, Omphalodes verna								
2.47	**- punctata** Goldfelberich	◑ - ●	1	Juni- August	gelb	8 - 8o WL	80	⇝ ▲	Wi
	Geeignete Pflanzennachbarn Aruncus sylvester, Asarum europaeum, Bergenia cordifolia, Campanula glomerata, Epimedium pinnatum Elegans, Hemerocallis i.S., Hosta i.S., Iris sibirica, Omphalodes verna, Rodgersia podophylla								
2.48	**Macleaya cordata** Federmohn	○ - ◑	1	Juli- August	rosa- weiß	⊥ 8	200–300	⇝ ▲	♡
	Geeignete Pflanzennachbarn Alchemilla mollis, Astilbe i.S., Helianthus salicifolius, Hosta i.S., Polygonum compactum Roseum								
2.49	**Mimulus cardinalis** Gauklerblume	○	1 + 3	Juni- Sept.	rot	8 - 8o	50	△	
	Geeignete Pflanzennachbarn Acaena microphylla, Bergenia cordifolia, Brunnera macrophylla, Iris barbata-media, Lysimachia punctata, Oenothera tetragona, Polygonum affine, Waldsteinia ternata								
2.50	**- tigrinus** Gauklerblume	○	1 + 3	Juni- Sept.	gelb- braun	8 - 8o	30	△	
	Geeignete Pflanzennachbarn Acaena buchananii, Geranium endressii, Iris x barbata-nana, Polygonum affine								
2.51	**Oenothera missouriensis** Nachtkerze	○	1	Juli- Sept.	gelb	8 - 8o	15	△	Wi
	Geeignete Pflanzennachbarn Acaena microphylla, Geranium endressii, Iris x barbata-media, Polygonum affine, Waldsteinia ternata, Gräser wie pennisetum compressum, Stipa barbata								

Nr.	Lateinischer und deutscher Name	Licht-bedarf	Stand-ort	Blüte-zeit	Blüten-farbe	Verwen-dung	Höhe in cm	Wuchs-form	Merk-male
2.52	**- tetragona** Nachtkerze	○	1	Juni- August	gelb	8 - 8o	40–60	△	Wi
	Geeignete Pflanzennachbarn Brunnera macrophylla, Iris x barbata-media, Liatris spicata, Polygonum affine, Stachys grandiflora Superba, Gräser wie Lasiagrostis calamagrostis, Molinia altissima, Pennisetum compressum, Stipa barbata								
2.53	**Omphalodes verna** Waldvergißmeinnicht	◑ - ●	1 + 2	April- Mai	blau	8 - 88	10–15	⇝ ▲	♡ # Wi
	Geeignete Pflanzennachbarn Aconitum wilsonii, Anemone nemerosa, Aruncus sylvester, Asarum europaeum, Astilbe i.S., Bergenia cordifolia, Campanula glomerata, Epimedium perraldianum Frohnleiten, Hosta i.S., Pulmonaria saccharata Mrs. Moon, Tiarella cordifolia, Waldsteinia ternata, Farne wie Adiantum pedatum, Blechnum spicant, Phyllitis scolopendrium, Polystichum setiferum Proliferum, Gräser wie Luzula sylvatica								
2.54	**Peltiphyllum peltatum** Schildblatt	◑ - ●	3	Mai	rosa- weiß	8 - 8o WL	80	△	♡
	Geeignete Pflanzennachbarn Ajuga reptans, Asarum europaeum, Astilbe i.S., Iris sibirica								
2.55	**Polygonum affine** Knöterich	○ - ◑	1	Juli- Sept.	rosa	8o - 88 WL	20	⇝ ▲	Wi
	Geeignete Pflanzennachbarn Alchemilla mollis, Astilbe i.S., Bergenia cordifolia, Geranium platipetalum, Hemerocallis i.S., Iris x barbata-elatior, Iris x barbata-media, Liatris spicata, Ligularia i.S.								
2.56	**- compactum Roseum** Knöterich	○ - ◑	1	August- Sept.	weiß, rot	8 - 8o	40–60	⇝ ▲	♧ Wi
	Geeignete Pflanzennachbarn Bergenia cordifolia, Brunnera macrophylla, Geranium platipetalum, Hemerocallis i.S., Lysimachia punctata								
2.57	**Primula x bullesiana** Etagenprimel	◑ - ●	1 + 2	Juni- August	gelb, orange, rot	8 - 8o	40	△	
	Geeignete Pflanzennachbarn Asarum europaeum, Corydalis cava, Tiarella cordifolia, Waldsteinia ternata								
2.58	**- denticulata** Kugelprimel	◑ - ●	1	März- Mai	weiß, rosa, lila	8 - 8o	30	△	
	Geeignete Pflanzennachbarn Asarum europaeum, Asperula odorata, Corydalis cava, Omphalodes verna, Pulmonaria saccharata Mrs. Moon, Tiarella cordifolia, Waldsteinia ternata								

Nr.	Lateinischer und deutscher Name	Licht-bedarf	Stand-ort	Blüte-zeit	Blüten-farbe	Verwen-dung	Höhe in cm	Wuchs-form	Merk-male
2.59	**- florindae** Sumpfprimel	◑ - ●	1 + 3	Juni-Juli	gelb, rot	8 - 8o	80	△	
	Geeignete Pflanzennachbarn Anemone nemerosa, Asarum europaeum, Astilbe i.S., Campanula glomerata, Hosta sieboldiana Elegans, Omphalodes verna, Pulmonaria saccharata Mrs. Moon, Tiarella cordifolia, Waldsteinia ternata, Farne wie Blechnum spicant, Phyllitis scolopendrium, Polystichum setiferum Proliferum, Gräser wie Carex buchananii, Luzula sylvatica								
2.60	**- vialii** Orchideenprimel	◑ - ●	1	Juni-August	rot, violett	8 - 8o	50	△	
	Geeignete Pflanzennachbarn Ajuga reptans, Asarum europaeum, Hosta i.S., Pulmonaria saccharata Mrs. Moon, Waldsteinia ternata, Farne wie Adiantum pedatum, Blechnum spicant, Phyllitis scolopendrium, Gräser wie Luzula sylvatica								
2.61	**Prunella grandiflora Loveliness** Braunelle	○ - ◑	1	Juli-Sept.	violett	8 - 88	15-25	△	Wi
	Geeignete Pflanzennachbarn Astilbe i.S., Brunnera macrophylla, Tradescantia x andersoniana								
2.62	**Pulmonaria angustifolia** Lungenkraut	◑	1 + 2	April-Mai	rot, blau	8 - 88	30-40	▲	Wi
	Geeignete Pflanzennachbarn Anemone japonica, Anemone nemerosa, Aruncus sylvester, Asarum europaeum, Astilbe i.S., Campanula glomerata, Convallaria majalis, Hemerocallis i.S., Hosta i.S., Tiarella cordifolia, Waldsteinia ternata, Farne wie Adiantum pedatum, Blechnum spicant, Polystichum setiferum Proliferum, Gräser wie Carex buchananii, Luzula sylvatica								
2.63	**- saccharata Mrs. Moon** Lungenkraut	●	1 + 2	April-Mai	rot	8 - 88	30	▲	♡ Wi
	Geeignete Pflanzennachbarn Anemone nemerosa, Asarum europaeum, Asperula odorata, Astilbe i.S., Hosta sieboldiana Elegans, Rodgersia podophylla, Tiarella cordifolia, Waldsteinia ternata, Farne wie Blechnum spicant, Phyllitis scolopendrium, Gräser wie Carex buchananii, Luzula sylvatica								
2.64	**Rheum palmatum Tanguticum** Russischer Rhabarber	○ - ◑	1	Mai-Juli	rot	⊥ WL	200	▲	♡ Wi
	Geeignete Pflanzennachbarn Alchemilla mollis, Brunnera macrophylla, Geranium platipetalum, Hypericum calycinum, Polygonum compactum Roseum								
2.65	**Rodgersia podophylla** Schaublatt	◑ - ●	2	Juni-Juli	weiß-gelb	⊥ 8 WL	150	△	♡ Wi
	Geeignete Pflanzennachbarn Aconitum wilsonii, Aruncus sylvester, Asarum europaeum, Asperula odorata, Astilbe i.S., Brunnera macrophylla, Epimedium perraldianum Frohnleiten, Hemerocallis i.S., Hosta albomarginata, Waldsteinia ternata, Farne wie Adiantum pedatum, Blechnum spicant, Dryopteris borreri, Polystichum aculeatum, Gräser wie Carex i.S., Luzula i.S.								

Nr.	Lateinischer und deutscher Name	Licht-bedarf	Stand-ort	Blüte-zeit	Blüten-farbe	Verwen-dung	Höhe in cm	Wuchs-form	Merk-male
2.66	**- tabularis** Schildschaublatt	◑ - ●	2	Juni-Juli	weiß	⊥ 8 WL	100-150	△	♡ Wi
	Geeignete Pflanzennachbarn Aconitum wilsonii, Anemone japonica, Asarum europaeum, Astilbe i.S., Epimedium pinnatum Elegans, Hosta albomarginata, Hosta sieboldiana Elegans, Tiarella cordifolia, Farne wie Adiantum pedatum, Dryopteris borreri, Polystichum setiferum Proliferum, Gräser wie Carex buchananii, Luzula sylvatica								
2.67	**Stachys grandiflora Superba** Ziest	○ - ◑	1	Juli-August	rosa-rot	8 - 8o	40	▲	♡ Wi
	Geeignete Pflanzennachbarn Alchemilla mollis, Astilbe i.S., Brunnera macrophylla, Geranium platipetalum, Lysimachia punctata								
2.68	**Thalictrum aquilegifolium** Wiesenraute	◑	1	Juni-Juli	lila	8	100	△	✂
	Geeignete Pflanzennachbarn Ajuga reptans, Alchemilla mollis, Asarum europaeum, Polygonum affine, Tiarella cordifolia								
2.69	**Tiarella cordifolia** Schaumblüte	◑ - ●	1 + 2	April-Mai	weiß	8o - 88	20	⇝ ▲	Wi
	Geeignete Pflanzennachbarn Aconitum wilsonii, Alchemilla mollis, Aruncus sylvester, Asarum europaeum, Astilbe i.S., Brunnera macrophylla, Epimedium perraldianum Frohnleiten, Hosta i.S., Pulmonaria angustifolia, Rodgersia podophylla, Waldsteinia ternata, Farne wie Adiantum pedatum, Blechnum spicant, Phyllitis scolopendrium, Gräser wie Carex buchananii, Luzula i.S.								
2.70	**Tradescantia x andersoniana** Dreimasterblume	○ - ◑	1	Juni-August	rot, blau, violett, weiß	⊥ - 8 WL	50	△	Wi
	Geeignete Pflanzennachbarn Alchemilla mollis, Astilbe x arendsii, Brunnera macrophylla, Geranium platipetalum, Hosta albomarginata, Polygonum i.S., Gräser wie Glyceria maxima Variegata, Miscanthus sinensis Gracillimus, Molinia altissima, Phalaris arundinacea								
2.71	**Waldsteinia ternata** Waldsteinie	◑ - ●	1 + 2	April-Juli	gelb	8o - 88	10	⇝ ▲	# Wi
	Geeignete Pflanzennachbarn Aconitum wilsonii, Alchemilla mollis, Aruncus sylvester, Asarum europaeum, Astilbe i.S., Epimedium pinnatum Elegans, Hemerocallis i.S., Hosta i.S., Omphalodes verna, Primula x bullesiana, Primula sieboldii, Primula vialii, Rodgersia podophylla, Tradescantia x andersoniana, Farne wie Adiantum pedatum, Blechnum spicant, Phyllitis scolopendrium, Polystichum setiferum Proliferum								

Farne

Nr.	Lateinischer und deutscher Name	Licht-bedarf	Stand-ort	Blüte-zeit	Blüten-farbe	Verwen-dung	Höhe in cm	Wuchs-form	Merk-male
2.72	**Adiantum pedatum** Hufeisen-, Pfauenradfarn	◑ - ●	2			⊥ - 8o	60	△	✂
	Geeignete Pflanzennachbarn Aruncus sylvester, Asarum europaeum, Epimedium pinnatum Elegans, Hosta sieboldiana Elegans, Luzula sylvatica								
2.73	**Athyrium filix-femina** Frauenfarn	◑ - ●	2			⊥ - 8o	70	▲	Wi
	Geeignete Pflanzennachbarn Rhododendren, Azaleen, Asperula odorata								
2.74	**Blechnum spicant** Rippenfarn	◑ - ●	2			⊥ - 8o	20–40	△	# Wi
	Geeignete Pflanzennachbarn Asarum europaeum, Asperula odorata, Epimedium pinnatum Elegans, Hosta undulata Univittata, Pulmonaria angustifolia, Rodgersia podophylla								
2.75	**Dryopteris borreri** Goldschuppenfarn	◑ - ●	2			⊥ - 8o	80	▲	Wi
	Geeignete Pflanzennachbarn Asarum europaeum, Convallaria majalis, Epimedium pinnatum Elegans, Waldsteinia ternata								
2.76	**- filix-mas** Wurmfarn	◑ - ●	2			⊥ - 8 WL	100	▲	Wi
	Geeignete Pflanzennachbarn Asarum europaeum, Asperula odorata, Pulmonaria saccharata Mrs. Moon, Tiarella cordifolia, Luzula nivea								
2.77	**Matteuccia struthiopteris** Becher-, Trichter- oder Straußfarn	◑ - ●	2			⊥ - 8	80	⇝ ▲	Wi
	Geeignete Pflanzennachbarn Asarum europaeum, Asperula odorata, Luzula nivea, Tiarella cordifolia								
2.78	**Osmunda regalis** Königsfarn	◑ - ●	2			⊥ - 8o	120	▲	Wi
	Geeignete Pflanzennachbarn Asperula odorata, Luzula sylvatica								
2.79	**Phyllitis scolopendrium** Hirschzungenfarn	◑ - ●	2			⊥ - 8o	40	△	# Wi
	Geeignete Pflanzennachbarn Aruncus sylvester, Asperula odorata, Waldsteinia ternata								

Nr.	Lateinischer und deutscher Name	Licht-bedarf	Stand-ort	Blüte-zeit	Blüten-farbe	Verwen-dung	Höhe in cm	Wuchs-form	Merk-male
2.80	**Polystichum aculeatum** Schildfarn	◑ - ●	2			⊥ - 8	80	△	# Wi
	Geeignete Pflanzennachbarn Aruncus sylvester, Asarum europaeum, Asperula odorata, Rodgersia podophylla, Waldsteinia ternata								
2.81	**- setiferum Proliferum** Filigranfarn	◑ - ●	2			⊥ - 8	60	△	#
	Geeignete Pflanzennachbarn Asarum europaeum, Asperula odorata, Bergenia cordifolia, Campanula glomerata, Hosta undulata Univittata, Omphalodes verna, Waldsteinia ternata								

Gräser

Nr.	Lateinischer und deutscher Name	Licht-bedarf	Stand-ort	Blüte-zeit	Blüten-farbe	Verwen-dung	Höhe in cm	Wuchs-form	Merk-male
2.82	**Carex buchananii** Fuchsrote Segge	○	1	August		8 - 8o	40	▲	♡ Wi ✂
	Geeignete Pflanzennachbarn Acaena buchananii, Geranium endressii, Oenothera missouriensis, Polygonum affine								
2.83	**- pendula** Riesensegge	◑ - ●	1 + 3	Juni-Juli		8 - 8o WL	80–100	▲	♡ # Wi
	Geeignete Pflanzennachbarn Asarum europaeum, Asperula odorata, Epimedium pinnatum Elegans, Waldsteinia ternata								
2.84	**Deschampsia caespitosa** Waldschmiele	○ - ◑	1 + 2	Juni-Juli		⊥ - 8	80–100	▲	
	Geeignete Pflanzennachbarn Acaena buchananii, Aconitum wilsonii, Anemone hupehensis, Lysimachia i.S., Rodgersia podophylla, Tiarella cordata								
2.85	**Glyceria maxima Variegata** Süßgras	○	1 + 3	Juli-August		⊥ - 8 WL	70	⇝ ▲	♡
	Geeignete Pflanzennachbarn Bergenia cordifolia, Geranium platypetalum, Ligularia x hessei, Lysimachia nummularia, Macleaya cordata, Rheum palmatum Tanguticum								
2.86	**Lasiagrostis calamagrostis** Silberährengras	○	1	Juni-Sept.		⊥ - 8	80	▲	Wi ✂
	Geeignete Pflanzennachbarn Acaena buchananii, Geranium endressii, Hemerocallis citrina, Lysimachia nummularia, Macleaya cordata, Polygonum compactum Roseum, Tiarella cordifolia								

<table>
<tr><th>Nr.</th><th>Lateinischer und deutscher Name</th><th>Licht-bedarf</th><th>Stand-ort</th><th>Blüte-zeit</th><th>Blüten-farbe</th><th>Verwen-dung</th><th>Höhe in cm</th><th>Wuchs-form</th><th>Merk-male</th></tr>
<tr><td rowspan="2">2.87</td><td>Luzula nivea
Schneemarbel</td><td>○ – ●</td><td>1 + 2</td><td>Juni–Juli</td><td></td><td>8 – 88</td><td>40</td><td>▲</td><td># Wi ✂</td></tr>
<tr><td colspan="9">Geeignete Pflanzennachbarn
Ajuga reptans, Asarum europaeum, Asperula odorata, Pulmonaria angustifolia, Rodgersia tabularis, Waldsteinia ternata, Adiantum pedatum, Dryopteris borreri</td></tr>
<tr><td rowspan="2">2.88</td><td>– sylvatica
Waldmarbel</td><td>◑</td><td>1 + 2</td><td>Mai–Juni</td><td></td><td>8 – 88</td><td>30</td><td>▲</td><td># Wi</td></tr>
<tr><td colspan="9">Geeignete Pflanzennachbarn
Aruncus sylvester, Asarum europaeum, Rodgersia podophylla, Waldsteinia ternata</td></tr>
<tr><td rowspan="2">2.89</td><td>Miscanthus sinensis Gracillimus
Chinaschilf</td><td>○</td><td>1</td><td>Sept.–Okt.</td><td></td><td>⊥
WL</td><td>150</td><td>▲</td><td># ✂</td></tr>
<tr><td colspan="9">Geeignete Pflanzennachbarn
Gunnera chilensis, Ligularia x hessei, Rheum palmatum Tanguticum</td></tr>
<tr><td rowspan="2">2.90</td><td>– sinensis Strictus
Stachelschweingras</td><td>○</td><td>1</td><td>Sept.–Okt.</td><td></td><td>⊥
WL</td><td>150</td><td>▲</td><td>✂</td></tr>
<tr><td colspan="9">Geeignete Pflanzennachbarn
Pennisetum compressum, Alchemilla mollis, Bergenia cordifolia, Geranium platypetalum, Gunnera chilensis, Polygonum affine</td></tr>
<tr><td rowspan="2">2.91</td><td>Molinia altissima
Riesenpfeifengras</td><td>○ – ◑</td><td>1</td><td>August–Sept.</td><td></td><td>⊥</td><td>150–200</td><td>▲</td><td>✂</td></tr>
<tr><td colspan="9">Geeignete Pflanzennachbarn
Alchemilla mollis, Caltha palustris, Aruncus sylvester, Filipendula ulmaria, Geranium endressii, Hosta sieboldiana Elegans, Lythrum salicaria</td></tr>
<tr><td rowspan="2">2.92</td><td>– caerulea
Blaues Pfeifengras</td><td>○ – ◑</td><td>1</td><td>August–Okt.</td><td></td><td>⊥ – 8</td><td>80</td><td>▲</td><td>✂</td></tr>
<tr><td colspan="9">Geeignete Pflanzennachbarn
Ajuga reptans, Aruncus sylvester, Asarum europaeum, Peltiphyllum peltatum, Pulmonaria angustifolia, Tiarella cordifolia</td></tr>
<tr><td rowspan="2">2.93</td><td>Pennisetum compressum
Lampenputzergras</td><td>○</td><td>1</td><td>August–Sept.</td><td></td><td>8 – 8o</td><td>80</td><td>△</td><td>✂</td></tr>
<tr><td colspan="9">Geeignete Pflanzennachbarn
Acaena buchananii, Alchemilla mollis, Bergenia cordifolia, Geranium endressii, Iris sibirica, Liatris spicata, Ligularia przewalskii</td></tr>
<tr><td rowspan="2">2.94</td><td>Phalaris arundinacea
Rohrglanzgras</td><td>○</td><td>1 + 3</td><td>Juni–Juli</td><td></td><td>⊥ – 8
WL</td><td>100</td><td>⁓›
▲</td><td>✂</td></tr>
<tr><td colspan="9">Geeignete Pflanzennachbarn
Alchemilla mollis, Geranium platypetalum, Heracleum mantegazzianum, Hypericum calycinum, Ligularia clivorum Desdemona</td></tr>
</table>

Nr.	Lateinischer und deutscher Name	Licht-bedarf	Stand-ort	Blüte-zeit	Blüten-farbe	Verwen-dung	Höhe in cm	Wuchs-form	Merk-male
2.95	**Sasa pumila** Zwergbambus	○ – ◑	1			8 – 88	60	⇝ ▲	♡ #
	Geeignete Pflanzennachbarn Alchemilla mollis, Bergenia cordifolia, Ligularia x hessei, Polygonum compactum Roseum								
2.96	**Sinarundinaria murielae** Gartenbambus	○ – ◑	1			⊥ – 8	200	▲	♡ # ✂
	Geeignete Pflanzennachbarn Alchemilla mollis, Bergenia cordifolia, Epimedium pinnatum Elegans, Geranium platypetalum, Hosta sieboldiana Elegans, Hypericum calycinum, Omphalodes verna, Polygonum compactum Roseum								
2.97	**– nitida** Gartenbambus	○ – ◑	1			⊥	300	▲	♡ #
	Geeignete Pflanzennachbarn Alchemilla mollis, Bergenia cordifolia, Brunnera macrophylla, Geranium i.S., Gunnera chilensis, Lysimachia punctata, Omphalodes verna								
2.98	**Stipa barbata** Reiherfedergras	○	1	Juli–August		⊥ – 8	80	△	Wi ✂
	Geeignete Pflanzennachbarn Acaena i.S., Bergenia cordifolia, Brunnera macrophylla, Lysimachia punctata, Macleaya cordata, Oenothera tetragona, Omphalodes verna								
2.99	**– gigantea** Pyrenäenfedergras	○	1	Juni–August		⊥	180	▲	# Wi ✂
	Geeignete Pflanzennachbarn Alchemilla mollis, Bergenia cordifolia, Brunnera macrophylla, Geranium platypetalum, Oenothera tetragona, Polygonum affine								

III. Sumpf- und Wasserstauden

Nr.	Lateinischer und deutscher Name	Lichtbedarf	Standort (Wassertiefe in cm)	Blütezeit	Blütenfarbe	Verwendung	Höhe in cm	Wuchsform	Merkmale
3.01	**Acorus calamus** Kalmus	○ – ◑	W bis 20	Juni–Juli	gelb, braun	⊥ – 8 WL	60	⇝ △	Wi
	Geeignete Pflanzennachbarn Calla palustris, Lysimachia thyrsiflora, Mimulus ringens, Typha minima, Veronica beccabunga								
3.02	**- Variegatus** Kalmus, weißbunt	○ – ◑	W bis 20	Juni–Juli	gelb, braun	⊥ – 8	60	⇝ △	♡
	Geeignete Pflanzennachbarn Calla palustris, Lysimachia thyrsiflora, Mimulus ringens, Typha minima, Veronica beccabunga								
3.03	**Alisma plantago -aquatica** Froschlöffel	○ – ◑	W bis 20	Juni–Sept.	rosa-weiß	8 – 8o	70	△	Wi ✂
	Geeignete Pflanzennachbarn Iris kaempferi, Iris laevigata, Iris pseudacorus, Iris versicolor, Lysimachia nummularia								
3.04	**Butomus umbellatus** Blumenbinse	○	W bis 20	Juni–August	rosa	8 – 8o WL	80–100	△	Wi ✂
	Geeignete Pflanzennachbarn Iris pseudacorus, Lysimachia nummularia, Sagittaria sagittifolia								
3.05	**Calla palustris** Sumpfcalla	○ – ◑	W bis 10	Juni–Juli	weiß	8 – 8o WL	20	△	♧ Wi
	Geeignete Pflanzennachbarn Menyanthes trifoliata, Lysimachia thyrsiflora, Veronica beccabunga								
3.06	**Caltha palustris** Sumpfdotterblume	○ – ◑	W bis 10	März–Mai	gelb	8 – 8o WL	30	▲	Wi
	Geeignete Pflanzennachbarn Carex pseudocyperus, Cyperus longus, Filipendula ulmaria, Lysimachia nummularia, Lythrum salicaria, Primula rosea								
3.07	**- Multiplex** Sumpfdotterblume, gefüllt	○ – ◑	Sumpf	April–Juni	gelb	8 – 8o	20	▲	
	Geeignete Pflanzennachbarn Carex pseudocyperus, Filipendula ulmaria, Lysimachia nummularia, Lythrum salicaria, Cyperus longus								
3.08	**Carex grayi** Morgensternsegge	○ – ◑	Sumpf	Juli–August		⊥ – 8	30	△	♡ ♧ ✂
	Geeignete Pflanzennachbarn Caltha palustris, Butomus umbellatus, Lysimachia nummularia								

Nr.	Lateinischer und deutscher Name	Licht-bedarf	Stand-ort (Wasser-tiefe in cm)	Blüte-zeit	Blüten-farbe	Verwen-dung	Höhe in cm	Wuchs-form	Merk-male
3.09	**- pseudocyperus** Zypergrassegge	○ - ◑	W bis 30	Juni–Juli		⊥ - 8	80	▲	♧ Wi ✂
	Geeignete Pflanzennachbarn Caltha palustris, Iris pseudacorus								
3.10	**Comarum palustris** Blutauge	○ - ◑	Sumpf	Juni–Juli	rot	⊥ - 8	40	△	Wi
	Geeignete Pflanzennachbarn Caltha palustris, Carex grayi, Iris kaempferi, Juncus ensifolius, Mimulus luteus, Ranunculus lingua								
3.11	**Colchcium autumnale** Herbstzeitlose	○	feucht	Sept.–Okt.	rosa bis violett	8 - 88	15	△	Wi
	Geeignete Pflanzennachbarn Caltha palustris, Filipendula ulmaria, Lysimachia nummularia, Lythrum salicaria								
3.12	**Cyperus longus** Zypergras	○ - ◑	W bis 20	Juni–Juli		⊥ - 8	100	⇝ ▲	♧ ✂
	Geeignete Pflanzennachbarn Acorus calamus, Alisma plantago-aquatica, Butomus umbellatus, Pontederia cordata, Sparganium erectum								
3.13	**Eleocharis palustris** Sumpfsimse	○ - ◑	W bis 20	Juni–Aug.		8 - 8o	30	⇝ △	Wi
	Geeignete Pflanzennachbarn Caltha palustris, Euphorbia palustris, Filipendula ulmaria, Lysimachia nummularia, Lythrum salicaria, Myosotis palustris								
3.14	**Equisetum hyemale var. robustum** Winterschachtelhalm	○	W bis 20			8 - 8o WL	100	⇝ ▲	#
	Geeignete Pflanzennachbarn Acorus calamus, Alisma plantago-aquatica, Caltha palustris, Iris pseudacorus, Lythrum salicaria								
3.15	**Eriophorum angustifolium** Schmalblättriges Wollgras	○	W bis 10	April–Juni		8 - 8o	30	⇝ △	♧ Wi ✂
	Geeignete Pflanzennachbarn Acorus calamus, Calla palustris, Caltha palustris, Lythrum salicaria								
3.16	**- vaginatum** Scheidenwollgras	○	W bis 10	April–Juni		8 - 8o	30	△	♧ Wi ✂
	Geeignete Pflanzennachbarn Acorus calamus, Calla palustris								

Nr.	Lateinischer und deutscher Name	Licht-bedarf	Stand-ort (Wasser-tiefe in cm)	Blüte-zeit	Blüten-farbe	Verwen-dung	Höhe in cm	Wuchs-form	Merk-male
3.17	**Euphorbia palustris** Sumpfwolfsmilch	○	W bis 10	Mai–Juni	gelb	8 - 8o WL	80	⇝ △	Wi
	Geeignete Pflanzennachbarn Acorus calamus, Scirpus lacustris								
3.18	**Filipendula ulmaria** Mädesüß	○ - ◑	Sumpf	Juni–Aug.	weiß	8 - 8o WL	80	▲	Wi ✂
	Geeignete Pflanzennachbarn Caltha palustris, Lythrum salicaria, Scirpus lacustris								
3.19	**Hippuris vulgaris** Tannenwedel	○ - ◑	W 10–20	Juni–Aug.	grün	8 - 8o	40	⇝ △	Wi
	Geeignete Pflanzennachbarn Menyanthes trifoliata, Stratiotes aloides, Trapa natans								
3.20	**Iris kaempferi** Japanische Sumpfiris	○	W bis 10	Mai–Juli	weiß, rot, blau	8 - 8o	80	△	✂
	Geeignete Pflanzennachbarn Caltha palustris, Carex pseudocyperus, Cyperus longus, Myosotis palustris								
3.21	**- laevigata** Sumpfiris	○	W bis 10	Juli Aug.	blau	8 - 8o	70	△	✂
	Geeignete Pflanzennachbarn Iris kaempferi								
3.22	**- pseudacorus** Wasserschwertlilie	○ - ◑	W bis 20	Mai–Juli	gelb	8 - 8o WL	80	▲	Wi ✂
	Geeignete Pflanzennachbarn Butomus umbellatus, Caltha palustris, Carex pseudocyperus, Cyperus longus, Filipendula ulmaria, Lythrum salicaria, Myosotis palustris								
3.23	**- versicolor** Sumpfiris	○ - ◑	W bis 10	Juni–Juli	rot	8 - 8o	80	△	
	Geeignete Pflanzennachbarn Butomus umbellatus, Cyperus longus, Myosotis palustris, Scirpus lacustris								
3.24	**Juncus ensifolius** Zwergbinse	○ - ◑	W bis 10	Juli–Aug.	braun	8 - 8o	20	△	
	Geeignete Pflanzennachbarn Alisma plantago-aquatica, Butomus umbellatus, Calla palustris, Lysimachia nummularia								

Nr.	Lateinischer und deutscher Name	Licht-bedarf	Stand-ort (Wasser-tiefe in cm)	Blüte-zeit	Blüten-farbe	Verwen-dung	Höhe in cm	Wuchs-form	Merk-male
3.25	**Lysichitum americanum** Scheincalla	○ - ◑	W bis 10	April–Mai	gelb	8 - 8o	50	△	♧
	Geeignete Pflanzennachbarn Acorus calamus, Pontederia cordata								
3.26	**Lysimachia nummularia** Pfennigkraut	◑	feucht	Mai–Sept.	gelb	8 - 8o WL	5	⇝ △	Wi
	Geeignete Pflanzennachbarn Ajuga reptans, Calla palustris, Caltha palustris, Carex grayi, Colchicum autumnale, Filipendula ulmaria, Lythrum salicaria, Primula sieboldii, Ranunculus lingua								
3.27	**- thyrsiflora** Straußfelberich	○ - ◑	W bis 10	Juni–Aug.	gelb	8 - 8o WL	30	⇝ △	Wi
	Geeignete Pflanzennachbarn Acorus calamus, Calla palustris, Caltha palustris, Filipendula ulmaria, Lythrum salicaria, Mimulus ringens, Sparganium erectum								
3.28	**Lythrum salicaria** Blutweiderich	○ - ◑	Sumpf	Juli–Sept.	rot	8 - 88	150	▲	Wi
	Geeignete Pflanzennachbarn Alisma plantago-aquatica, Caltha palustris, Carex i.S., Cyperus longus, Euphorbia palustris, Filipendula ulmaria, Iris pseudacorus, Lysimachia nummularia, Mentha aquatica, Mimulus luteus, Myosotis palustris								
3.29	**Mentha aquatica** Bachminze	○	W bis 10	Juni–Aug.	rot	8 - 88	40	⇝ △	Wi
	Geeignete Pflanzennachbarn Calla palustris, Carex pseudocyperus, Filipendula ulmaria, Lythrum salicaria, Scirpus lacustris								
3.30	**Menyanthes trifoliata** Fieberklee	○ - ◑	W bis 30	Mai–Juni	weiß	8 - 8o	30	⇝ △	Wi
	Geeignete Pflanzennachbarn Caltha palustris, Lythrum salicaria, Pontederia cordata, Scirpus lacustris, Sagittaria sagittifolia								
3.31	**Mimulus luteus** gelbe Gauklerblume	○ - ◑	W bis 5	Juni–Aug.	gelb	8 - 8o	bis 50	△	
	Geeignete Pflanzennachbarn Caltha palustris, Lythrum salicaria, Myosotis palustris								
3.32	**- ringens** blaue Gauklerblume	○ - ◑	W bis 10	Juni–Aug.	blau-violett	8 - 8o	bis 80	△	
	Geeignete Pflanzennachbarn Caltha palustris, Eriophorum angustifolium, Mentha aquatica, Pontederia cordata, Veronica beccabunga								

Nr.	Lateinischer und deutscher Name	Licht-bedarf	Stand-ort (Wasser-tiefe in cm)	Blüte-zeit	Blüten-farbe	Verwen-dung	Höhe in cm	Wuchs-form	Merk-male
3.33	**Myosotis palustris** Sumpfvergißmeinnicht	○	W bis 5	Mai–Sept.	blau	8 - 8o	30	▲	Wi ✂
	Geeignete Pflanzennachbarn Caltha palustris, Lythrum salicaria, Mimulus luteus								
3.34	**Orontium aquaticum** Goldkolben	○	W 10–30	Mai–Juni	gelb	8 - 8o	30	△	
	Geeignete Pflanzennachbarn Callitriche palustris, Hippuris vulgaris, Hydrocharis morsus-ranae, Ranunculus aquatilis								
3.35	**Phragmites communis** Schilf	○	W bis 20	Juni–Aug.	braun	8 - 88	250	⇝ ▲	Wi ✂
	Geeignete Pflanzennachbarn Filipendula ulmaria, Lythrum salicaria, Scirpus lacustris, jedoch nur in den Randbereichen; durch starken Wuchs werden in den Beständen alle Konkurrenzpflanzen verdrängt								
3.36	**Pontederia cordata** Hechtkraut	○	W bis 30	Juli–Aug.	blau	8 - 8o	60	△	♡
	Geeignete Pflanzennachbarn Alisma plantago-aquatica, Butomus umbellatus, Cyperus longus, Lysimachia nummularia, Menyanthes trifoliata, Sagittaria sagittifolia								
3.37	**Primula rosea Gigas** Mehlprimel	○ - ◑	feucht	Mai–Juni	rosa-rot	8 - 8o	20	△	Wi
	Geeignete Pflanzennachbarn Caltha palustris, Lysimachia nummularia, Mimulus luteus								
3.38	**- sieboldii** Wiesenprimel	◑ - ●	feucht	Mai–Juni	rosa	8 - 8o	20	△	
	Geeignete Pflanzennachbarn Corydalis lutea, Omphalodes verna, Tiarella cordifolia, Waldsteinia ternata, Farne wie Blechnum spicant								
3.39	**- sikkimensis** Sumpfprimel	◑ - ●	Sumpf	Juni–Aug.	gelb	8 - 8o	50	△	Wi
	Geeignete Pflanzennachbarn Dryopteris borreri, Matteuccia struthiopteris, Phyllitis scolopendrium, Luzula sylvatica, flache Rhododendren								
3.40	**Ranunculus lingua** Sumpfhahnenfuß	○	Sumpf	Juni–Aug.	gelb	8 - 8o	100	⇝ ▲	Wi
	Geeignete Pflanzennachbarn Filipendula ulmaria, Lythrum salicaria, Mimulus ringens, Sparganium erectum								

Nr.	Lateinischer und deutscher Name	Licht-bedarf	Stand-ort (Wasser-tiefe in cm)	Blüte-zeit	Blüten-farbe	Verwen-dung	Höhe in cm	Wuchs-form	Merk-male
3.41	**Sagittaria latifolia** Pfeilkraut	○ – ◑	W 10–20	Juni– Aug.	weiß	8 – 8o	50	△	♡ Wi
	Geeignete Pflanzennachbarn Caltha palustris, Hippuris vulgaris, Menyanthes trifoliata, Pontederia cordata, Sparganium erectum								
3.42	**– sagittifolia** Pfeilkraut	○ – ◑	W 10–40	Juni– Aug.	rosa- weiß	8 – 8o	50	△	♡ Wi
	Geeignete Pflanzennachbarn Caltha palustris, Menyanthes trifoliata, Myosotis palustris, Orontium aquaticum, Pontederia cordata								
3.43	**Scirpus lacustris** Seesimse	○ – ◑	W 5–30	Juni– Aug.	braun	8 – 8o	100	⟿ ▲	Wi
	Geeignete Pflanzennachbarn Acorus calamus, Alisma plantago-aquatica, Butomus umbellatus, Filipendula ulmaria, Lysimachia nummularia, Lythrum salicaria								
3.44	**– tabernaemontani Zebrinus** Zebrasimse	○ – ◑	W 5–20	Juni– Aug.		⊥ – 8	120	⟿ △	Wi
	Geeignete Pflanzennachbarn Acorus calamus, Caltha palustris, Filipendula ulmaria, Lysimachia nummularia, Lythrum salicaria, Pontederia cordata								
3.45	**Sparganium erectum** Igelkolben	○ – ◑	W bis 30	Juni– Aug.	grün- weiß	8 – 8o WL	50	⟿ ▲	♧ Wi
	Geeignete Pflanzennachbarn Caltha palustris, Menyanthes trifoliata, Myosotis palustris, Lythrum salicaria, Pontederia cordata								
3.46	**Typha angustifolia** Rohrkolben	○	W bis 30	Juli– Aug.	braun	⊥ – 88 WL	200	⟿ ▲	♧ Wi ✂
	Geeignete Pflanzennachbarn Alisma plantago-aquatica, Iris pseudacorus, Phragmites communis, Scirpus lacustris								
3.47	**– latifolia** Rohrkolben	○	W bis 30	Juli– Aug.	braun	⊥ – 88 WL	250	⟿ ▲	♧ Wi ✂
	Geeignete Pflanzennachbarn Iris pseudacorus, Phragmites communis, Scirpus lacustris								
3.48	**– laxmannii** Rohrkolben	○	W bis 30	Juli– Aug.	braun	⊥ – 8o WL	150	⟿ ▲	♧ ✂
	Geeignete Pflanzennachbarn Typha angustifolia, Phragmites communis, Scirpus lacustris								

Nr.	Lateinischer und deutscher Name	Licht-bedarf	Stand-ort (Wasser-tiefe in cm)	Blüte-zeit	Blüten-farbe	Verwen-dung	Höhe in cm	Wuchs-form	Merk-male
3.49	**- minima** kleiner Rohrkolben	○	W bis 10	Juni–Juli	braun	8 - 8o WL	40	⇝ △	☘ ✂
	Geeignete Pflanzennachbarn Caltha palustris, Carex pseudocyperus, Cyperus longus, Menyanthes trifoliata, Sagittaria sagittifolia, Veronica beccabunga								
3.50	**Veronica beccabunga** Bachehrenpreis	○ - ◑	W bis 10	Mai–Okt.	blau	8 - 8o WL	50	△	Wi
	Geeignete Pflanzennachbarn Acorus calamus, Carex pseudocyperus, Lysimachia nummularia, Mimulus luteus, Mimulus ringens, Sagittaria sagittifolia								
3.51	**Zizania latifolia** Kanadischer Reis	○	W 10–40			⊥	100	△	♠
	Geeignete Pflanzennachbarn Caltha palustris, Iris pseudacorus, Myosotis palustris								

IV. Wasserpflanzen

Schwimm- und Schwimmblattpflanzen

Nr.	Lateinischer und deutscher Name	Lichtbedarf	Standort (Wassertiefe in cm)	Blütezeit	Blütenfarbe	Verwendung	Höhe in cm	Wuchsform	Merkmale
4.01	**Aponogeton distachyos** Wasserähre	○	W 20–50	Juni– Okt.	weiß	8 – 88		▲	♡ D
	Geeignete Pflanzennachbarn Alisma plantago-aquatica, Butomus umbellatus, Cyperus longus, Hipporis vulgaris, Hydrocharis morsus-ranae, Menyanthes trifoliata, Nymphaea x hybrida, Pontederia cordata								
4.02	**Callitriche palustris** Frühlingswasserstern	○	W 10–30			8 – 8o		△	Wi
	Geeignete Pflanzennachbarn Butomus umbellatus, Calla palustris, Cyperus longus, Hipporis vulgaris, Menyanthes trifoliata, Orontium aquaticum, Sagittaria sagittifolia								
4.03	**Hydrocharis morsus-ranae** Froschbiß	○ – ◑	W 20–40	Juli– Aug.	weiß	8 – 8o		△	♡ Wi
	Geeignete Pflanzennachbarn Butomus umbellatus, Cyperus longus, Hippuris vulgaris, Hottonia palustris, Menyanthes trifoliata, Pontederia cordata, Sagittaria sagittifolia								
4.04	**Lemna trisulca** Wasserlinse	○	W ab 10			8 – 88		▲	♡ Wi
	Geeignete Pflanzennachbarn Nymphaea alba, Phragmites communis, Sparganium erectum, Typha angustifolia								
4.05	**Nuphar lutea** Mummel	○ – ◑	W 40–200	Mai– Aug.	gelb	8 – 88		⇝ ▲	♡ Wi
	Geeignete Pflanzennachbarn Phragmites communis, Potamogeton natans, Sparganium erectum, Typha angustifolia								
4.06	**Nymphoides peltata** Seekanne	○ – ◑	W 20–50	Juli– Aug.	gelb	8 – 8o		⇝ ▲	♡ Wi
	Geeignete Pflanzennachbarn Nuphar lutea, Potamogeton natans, Trapa natans, Stratiotes aloides								
4.07	**Polygonum var. aquaticum** Wasserknöterich	○ – ◑	W 20–80	Juni– Aug.	rosa	8 – 8o		⇝ △	Wi
	Geeignete Pflanzennachbarn Callitriche palustris, Nymphoides peltata, Stratiotes aloides								

Nr.	Lateinischer und deutscher Name	Licht-bedarf	Stand-ort (Wasser-tiefe in cm)	Blüte-zeit	Blüten-farbe	Verwen-dung	Höhe in cm	Wuchs-form	Merk-male
4.08	**Potamogeton natans** Laichkraut	○ - ◑	W 30–100	Juni– Aug.	weiß	8 - 88		▲	♡ Wi
	Geeignete Pflanzennachbarn Nuphar lutea, Sparganium erectum, Stratiotes aloides, Trapa natans, Utricularia vulgaris								
4.09	**Ranunculus aquatilis** Wasserhahnenfuß	○	W 20–40	Juni– Aug.	weiß	8 - 8o		△	Wi
	Geeignete Pflanzennachbarn Menyanthes trifoliata, Nymphoides peltata, Potamogeton natans, Sparganium erectum, Stratiotes aloides								
4.10	**Stratiotes aloides** Krebsschere	○	W 30–100	Juli– Aug.	weiß	8 - 8o		△	♡ Wi
	Geeignete Pflanzennachbarn Nuphar lutea, Nymphoides peltata, Trapa natans, Typha angustifolia								
4.11	**Trapa natans** Wassernuß	○ - ◑	W 30–120	Juni– Aug.		8 - 8o		△	♡ ♠ Wi
	Geeignete Pflanzennachbarn Nuphar lutea, Nymphoides peltata, Pontederia cordata, Stratiotes aloides								

Seerosen

Nr.	Lateinischer und deutscher Name	Licht-bedarf	Stand-ort (Wasser-tiefe in cm)	Blüte-zeit	Blüten-farbe	Verwen-dung	Höhe in cm	Wuchs-form	Merk-male
4.12	**Nymphaea alba** Seerose	○	W 100–200	Juni– Sept.	weiß	⊥ - 88		⇝ ▲	♡ Wi ✂
	Geeignete Pflanzennachbarn Keine direkte Vergesellschaftung, da durch starke Ausbreitung andere Pflanzen verdrängt werden. Uferzonen mit Phragmites communis, Sparganium erectum, Typha angustifolia								
4.13	**– pygmaea Alba** Zwergseerose	○	W 5–20	Juni– Sept.	weiß	8 - 8o		△	♡ D
	Geeignete Pflanzennachbarn Butomus umbellatus, Calla palustris, Cyperus longus, Hippuris vulgaris, Orontium aquaticum, Pontederia cordata								

Nr.	Lateinischer und deutscher Name	Lichtbedarf	Standort (Wassertiefe in cm)	Blütezeit	Blütenfarbe	Verwendung	Höhe in cm	Wuchsform	Merkmale
4.14	**– x hybrida** Seerosen-Hybriden i.S.	○	W 20–100	Juni– Sept.	rot, gelb, weiß	⊥ - 8o		△	♡ ✂
	Geeignete Pflanzennachbarn Keine Vergesellschaftung; bei Verwendung mehrerer Sorten Wassertiefe und Blütenfarbe berücksichtigen								

Exotische Liebhaberpflanzen

Nr.	Lateinischer und deutscher Name	Lichtbedarf	Standort (Wassertiefe in cm)	Blütezeit	Blütenfarbe	Verwendung	Höhe in cm	Wuchsform	Merkmale
4.15	**Azolla mexicana** Feenmoos	○	W bis 80			8 - 8o		⇝ ▲	♠
	Geeignete Pflanzennachbarn Alisma platango-aquatica, Butomus umbellatus, Cyperus longus, Orontium aquaticum, Sagittaria sagittifolia								
4.16	**Canna flaccida** Blumenrohr	○	Sumpf	Juli– Sept.	gelb	8 - 8o	180	△	
4.17	**Eichhornia crassipes** Wasserhyazinthe	○	W 20–100	Juli– Sept.	blauviolett	8 - 8o	20	△	D
	Geeignete Pflanzennachbarn Aponogeton distachyos, Lemna trisulca, Nymphoides peltata, Potamogeton natans								
4.18	**Pistia stratiotes** Muschelblume	○	W 20–80			8 - 8o		△	♡
	Geeignete Pflanzennachbarn Eichhornia crassipes, Lemna trisulca, Menyanthes trifoliata								

Unterwasserpflanzen

Nr.	Lateinischer und deutscher Name	Lichtbedarf	Standort (Wassertiefe in cm)	Blütezeit	Blütenfarbe	Verwendung	Höhe in cm	Wuchsform	Merkmale
5.01	**Ceratophyllum demersum** Hornblatt	○ – ◑	W 30–100			8 – 8o		△	♡ Wi
	Geeignete Pflanzennachbarn Sparganium erectum, Typha angustifolia								
5.02	**Eleocharis acicularis** Nadelsimse	○ – ◑	W bis 100			8o		⇝ △	Wi
	Geeignete Pflanzennachbarn Aponogeton distachyos, Hydrocharis morsus-ranae, Orontium aquaticum								
5.03	**- palustris** Nadelsimse	○ – ◑	W bis 20			8o		⇝ △	Wi
	Geeignete Pflanzennachbarn Hippuris vulgaris, Hydrocharis morsus-ranae, Pontederia cordata, Sagittaria sagittifolia								
5.04	**Elodea canadensis** Wasserpest	○	W 20–100			8 – 8o WL		⇝ ▲	
	Geeignete Pflanzennachbarn Hippuris vulgaris, Nuphar lutea, Nymphoides peltata, Pontederia cordata, Sagittaria latifolia, Scirpus lacustris								
5.05	**Hottonia palustris** Wasserfeder	○	W 10–20			8 – 8o	bis 30	⇝ ▲	Wi
	Geeignete Pflanzennachbarn Lemna trisulca, Sagittaria sagittifolia, Scirpus lacustris, Trapa natans								
5.06	**Myriophyllum verticillatum** Tausendblatt	○ – ◑	W 20–40			8 – 8o		⇝ ▲	Wi
	Geeignete Pflanzennachbarn Orontium aquaticum, Scirpus lacustris, Veronica beccabunga								
5.07	**Utricularia vulgaris** Wasserschlauch	○ – ◑	W 30–40			8 – 8o		△	Wi
	Geeignete Pflanzennachbarn Hippuris vulgaris, Menyanthes trifoliata, Sparganium erectum								

Pflanzenportraits: I. Gehölze

Schwarzerle
(Alnus glutinosa)
◁

Roter
Hartriegel
(Cornus sanguinea)
▽

Heimische Ufergehölze

1.01 Alnus glutinosa
Schwarzerle ○–● III–IV ♧

Herkunft	Europa, Asien
Wuchsform	Höhe bis 30 m, meist mehrtriebiger Baum mit lockerer Krone
Blatt	Rundlich, verkehrt-eiförmig, 5–8 Nervenpaare, unterseits vorstehend
Blüte	Grüne Blütenkätzchen
Standort	Feuchte Wälder, Ufer von stehenden und fließenden Gewässern, Sümpfe
Verwendung	Als Solitärbaum, auch in Gruppen an Gewässern oder im Auenwald
Bemerkung	Heimisches Gehölz, typisch für Uferzonen, als Solitärgehölz sehr gut für große Gärten und Parkanlagen geeignet

1.02 Cornus sanguinea
Roter Hartriegel ○–● V–VI ♠ ♧

Herkunft	Europa
Wuchsform	Strauch, bis 5 m hoch
Blatt	Elliptisch-eiförmig, 4–10 cm lang mit roter Herbstfärbung
Blüte	Gelblichweiß, in dichten Trugdolden; Früchte rund, bis 1 cm dick, schwarz
Standort	Normaler Garten- bis Sumpfboden
Verwendung	In Gruppen, in Strauchpflanzungen und an Waldrändern, jedoch auch als Einzelgehölz; zur Rekultivierung in der freien Landschaft sehr gut geeignet
Bemerkung	Sehr gute Bienenweide

1.03 Fraxinus excelsior
Esche ○–◑ V ♡ ♧

Herkunft	Europa, Kleinasien
Wuchsform	Höhe bis 40 m, starkwüchsiger Baum mit lichter, ausladender, pyramidaler bis rundlicher Krone
Blatt	Unpaarig gefiedert, Einzelblättchen 5–10 cm lang, eiförmig gesägt, dunkelgrün, unterseits hellgrün, Herbstfärbung leuchtendgelb
Blüte	Vor den Blättern; im Austrieb grün oder violettbraun, in hängenden Rispen; Früchte 3–4 cm lang, geflügelt
Standort	Nährstoffreiche, tiefgründige, feuchte Böden; empfindlich gegen Oberflächenverdichtung
Verwendung	Als Einzelbaum, in Gruppen oder Auenwäldern, an Gewässerrändern, jedoch auch als Park- oder Alleebaum
Bemerkung	Früher typischer Dorfbaum

1.04 Populus alba Nivea
Silberpappel ○ III–IV ♡

Herkunft	Europa
Wuchsform	Raschwüchsiger, bis 30 m hoher Baum; weitreichendes Wurzelsystem; Krone rundlich, breit, ausladend und unregelmäßig; Zweige leicht überhängend
Blatt	3- bis 5lappig, 6–12 cm lang, dunkelgrün, unterseits weißfilzig, an weißfilzigen Stielen, Herbstfärbung gelb
Blüte	Gelblichgrüne Kätzchen im März/April bis 8 cm lang; vor Laubaustrieb
Standort	Alle Böden; trocken bis feuchte Niederungen
Verwendung	Als Einzelbaum oder in Gruppen in der freien Landschaft, in Ufer- oder Auenwäldern, auch in größeren Parkanlagen

1.05 Populus nigra Italica
Pyramidenpappel ○ III–IV

Herkunft	Norditalien
Wuchsform	Schmaler, säulenförmiger bis 30 m hoher Baum; Seitenäste straff und spitzwinklig aufstrebend, dicht verzweigt
Blatt	6–8 cm lang, breit herzförmig, hellgrün, glänzend, Herbstfärbung gelb
Blüte	Zweihäusig; in Kultur befinden sich nur männliche Pflanzen
Standort	Tiefgründige, feuchte und nahrhafte Böden
Verwendung	In Gruppen oder Reihen an Gewässern und in Parks, jedoch auch als Straßenbaum
Bemerkung	Bedingt durch großen Licht- und Nährstoffbedarf für Gesellschaft mit anderen Baumarten nicht geeignet

Pyramidenpappel (Populus nigra Italica) ◁

Esche (Fraxinus excelsior ▷

1.06 Quercus palustris
Sumpfeiche ○ V ♠ ♡ ♧ ✂

Herkunft	Nordamerika
Wuchsform	Großer Baum bis 30 m hoch; Stamm durchgehend bis zum Wipfel; Krone gleichmäßig kegelförmig und locker; Äste fast waagrecht abstehend, buschig verzweigt; langsam wachsend
Blatt	10–15 cm lang, breit länglich, Lappen spitz, gezähnt, beidseits lebhaft grün, Herbstfärbung gelb bis scharlachrot
Blüte	Gelblichgrüne Doldenrispen; braune Eicheln bis 1,5 cm breit und halbkugelig
Standort	Feuchte und nahrhafte Böden, sauer bis schwach alkalisch; empfindlich bei Oberflächenverdichtung
Verwendung	Als Solitärbaum oder in kleinen Gruppen in feuchten Auen und an Ufern, jedoch auch als Park- und Alleebaum

1.07 Rhamnus frangula
Faulbaum ○–● V–VIII ♠ ♧

Herkunft	Europa, Westasien, Nordafrika
Wuchsform	Strauch, bis 5 m hoch, aufrecht; Zweige locker angeordnet, leicht verzweigt, überhängend
Blatt	5–7 cm lang, eiförmig, länglich, dunkelgrün, glänzend, unterseits hellgrün, Herbstfärbung goldgelb
Blüte	Gelblichweiß, zu 10–20 in Büscheln; Früchte rund, bis 0,5 cm dick, anfangs rot, später schwarz
Standort	Feuchte Böden, sauer bis alkalisch; an Gewässerrändern und in Sumpfbereichen
Verwendung	In Einzelstellung oder Gruppen, in der freien Landschaft zur Rekultivierung oder an Teichen und Bachläufen
Bemerkung	Gute Bienenweide

1.08 Salix alba
Kopfweide, Silberweide ○ III–IV ♡

Herkunft	Europa, Mittelasien
Wuchsform	Großer Baum mit mächtiger, rundlicher Krone bis 25 m hoch; Äste regelmäßig und locker verzweigt; rasch wachsend
Blatt	Bis 10 cm lang, lanzettlich, beidseitig silbriggrün, glänzend, seidig behaart, Herbstfärbung gelb
Blüte	Gelb, mit 4–6 cm langen Kätzchen
Standort	Feuchte Böden, sauer bis alkalisch; an Gewässern und in Auenwäldern
Verwendung	Als Einzelbaum oder in Gruppen und in Auenwäldern
Bemerkung	Zur Gewinnung von Weidenruten für die Korbflechterei wurden die Bäume früher auf 3–5 m Höhe zurückgeschnitten, wodurch es zu der Kopfbildung kam

Kopfweide (Salix alba) ▷

Sumpfeiche (Quercus palustris) ▽

Öhrchenweide △
(Salix aurita)

Silberkriechweide
(Salix repens argentea)
◁

Purpurweide
(Salix purpurea) ▽

1.09 Salix alba Tristis
Hängeweide ○ III–IV ⦚ ♡

Herkunft	Frankreich
Wuchsform	Breite Krone, bis 20 m hoch mit bogig überhängenden Ästen, bis zum Boden reichend
Blatt	8–12 cm lang, schmal lanzettlich, graugrün, unterseits bläulich, im Austrieb gelblich, Herbstfärbung gelb
Blüte	Gelblichgrüne Kätzchen, 4–6 cm lang
Standort	Feuchte Böden, alkalisch bis sauer; in Tallagen und an Gewässern
Verwendung	Nur in Einzelstellung an Teichrändern und in Parkanlagen
Bemerkung	Die Trauerweide sollte nur als Solitärbaum verwendet werden, damit sie ihre volle Schönheit und ihren Wuchscharakter zur Geltung bringen kann

1.10 Salix aurita
Öhrchenweide ○ III–IV

Herkunft	Europa, Westasien
Wuchsform	Strauch, bis 3 m hoch, mit rotbraunen bis schwarzbraunen Trieben; Grundtriebe sparrig, breit aufrecht mit vielen kurzen Seitentrieben; langsam wachsend
Blatt	3–5 cm lang, verkehrt-eiförmig bis lanzettlich, runzelig, stumpfgrün, unterseits graugrün
Blüte	Gelblichgrüne Kätzchen; zweihäusig
Standort	Feuchte bis nasse Böden in Tal- und Höhenlagen
Verwendung	In Einzelstellung oder Gruppen in feuchten Tälern, an Bach- und Teichrändern; als Pioniergehölz für die Rekultivierung geeignet

1.11 Salix fragilis
Knackweide ○ IV

Herkunft	Europa, Westasien
Wuchsform	Baum mit kugeliger Krone, bis 20 m hoch; oftmals auch mehrtriebig; aufrecht
Blatt	Bis 15 cm lang, lanzettlich, gesägt, unterseits blau bereift, beim Austrieb klebrig, Herbstfärbung gelb
Blüte	Gelblichgrüne, 3–6 cm lange Kätzchen

Standort	Tiefgründige, feuchte Böden an Flüssen und Bächen
Verwendung	In kleinen und größeren Gruppen an Bächen und Flüssen, auch an Teichanlagen; als Pioniergehölz in der freien Landschaft zur Rekultivierung

1.12 Salix purpurea
Purpurweide ○ III–IV ♠ ♡

Herkunft	Europa, Nordafrika
Wuchsform	Strauch, bis 5 m hoch; Grundtriebe als lange, biegsame Ruten; wenig verzweigt, dicht, buschig; rasch wachsend
Blatt	8–10 cm lang, lanzettlich, stumpfgrün, unterseits hellgrün, wechselständig, Herbstfärbung braunrot
Blüte	Grünlichgelbe Kätzchen, bis 3 cm lang
Standort	Trockene bis nasse Böden, sauer bis alkalisch; in Uferbereichen an Bächen, Flüssen und Seen
Verwendung	In kleineren und größeren Gruppen an fließenden und stehenden Gewässern; als Ufersicherung; als Pioniergehölz zur Rekultivierung in der freien Landschaft

1.13 Salix purpurea Nana
Kugelweide ○ III–IV ♠ ♡

Herkunft	Deutschland
Wuchsform	Kleinstrauch, bis 1 m hoch und kugelig; feintriebig, dicht verzweigt; schwach wachsend
Blatt	6–10 cm lang, lanzettlich, silbergrau, unterseits bläulich, Herbstfärbung braunrot
Blüte	Gelbe Kätzchen, bis 5 cm lang
Standort	Trockene bis nasse Böden, schwach sauer bis alkalisch
Verwendung	Einzeln, in kleinen oder großen Gruppen, auch flächig als Rand- oder Vorpflanzung an Ufern von stehenden oder fließenden Gewässern, auch in Sumpfgebieten

1.14 Salix repens argentea
Silberkriechweide ○ IV ♡

Herkunft	Europa, Nordasien
Wuchsform	Kriechender Zwergstrauch, bis 1 m hoch; Zweige bodenaufliegend, Spitzen ansteigend, dünntriebig; langsam wachsend
Blatt	Elliptisch, 1–2 cm lang, Oberseite graugrün, unterseits silbrig, glänzend, beidseits seidig behaart
Blüte	Gelbe Kätzchen, 2–5 cm lang; vor dem Austrieb; zweihäusig
Standort	Feucht, sauer bis neutral
Verwendung	In kleineren oder größeren Gruppen zur Flächenbegrünung an Böschungen und Ufern

Hängeweide
(Salix alba Tristis)

1.15 Salix repens rosmarinifolia
Rosmarinweide ○ IV ♡

Herkunft	Nordasien, Sibirien
Wuchsform	Kleiner Strauch, bis 2 m hoch; Zweige niederliegend, in der Jugend aufrecht wachsend, wenig verzweigt
Blatt	2–5 cm lang, lanzettlich, dunkelgrün, unterseits grausilbrig
Blüte	Silbriggraue Kätzchen, bis 1,5 cm lang, mit gelben Staubblüten
Standort	Feuchte Böden, sauer bis alkalisch
Verwendung	In kleinen und großen Gruppen, auch als Flächenbegrünung an Böschungen und Ufern

1.16 Salix viminalis
Korbweide ○ III–IV

Herkunft	Europa, Nordostasien
Wuchsform	Strauch, bis 10 m hoch; Grundtriebe straff aufrecht; langtriebig, später breitbuschig; rasch wachsend
Blatt	15–25 cm lang, lineal-lanzettlich, dunkelgrün, unterseits silbriggrau
Blüte	Goldgelbe Kätzchen, bis 5 cm lang; zweihäusig
Standort	Feuchte bis nasse Böden, sauer bis stark alkalisch
Verwendung	In kleinen und großen Gruppen als Uferbefestigung und zur Rekultivierung in der freien Landschaft
Bemerkung	Verwendung der Ruten für Korbflechterei; früher erwerbsmäßiger Anbau

1.17 Viburnum opulus
Gemeiner Schneeball ○–● V–VI ♠ ♧ D ✂

Herkunft	Europa, Asien
Wuchsform	Bis 4 m hoher Strauch; Grundtriebe straff aufrecht; breit ausladend bis überhängend, dicht verzweigt und rasch wachsend
Blatt	8–12 cm lang, rundlich, 3- bis 5lappig, hellgrün, unterseits graugrün, behaart, Herbstfärbung weinrot
Blüte	Cremeweiße, bis zu 10 cm breite, flache Trugdolden, von sterilen Randblüten umgeben; Früchte eirund, bis 1 cm dick und dunkelrot
Standort	Feuchte, nahrhafte Böden, schwach sauer bis alkalisch
Verwendung	Einzeln und in Gruppen an stehenden und fließenden Gewässern, jedoch auch für Rekultivierungen im Freien

Korbweide (Salix viminalis)

Gemeiner Schneeball (Viburnum opulus)

Dekorative Laubgehölze

1.18 Acer japonicum Aconitifolium
Japanahorn ○–◑ V ♠ ♡ ♧

Herkunft	Japan
Wuchsform	Strauch, Höhe 4–5 m; Wuchs locker, breit, ausladend; wenig verzweigt
Blatt	Frischgrün, fiederlappig, 8–15 cm breit, Herbstfärbung leuchtendgelb bis orangerot
Blüte	Purpurrot mit gelben Staubgefäßen in kurzen Trauben
Standort	Geschützt; normaler Gartenboden, durchlässig, kalkarm
Verwendung	Solitärgehölz in Verbindung mit flachen bis mittelhohen Stauden an Gewässern in Gartenhöfen

1.19 Acer palmatum
Fächerahorn ◑–● V–VI ♠ ♡ ✂

Herkunft	Japan, Korea
Wuchsform	Strauch, Höhe 4–6 m; Wuchs aufrecht bis breit und locker; feine, später überhängende Zweige
Blatt	Frischgrün, 5–10 cm breit, 5- bis 11lappig, tief geschlitzt, Herbstfärbung leuchtendkarminrot
Blüte	Purpur; Früchte stumpfwinkelig, braunrot
Standort	Windgeschützt; leicht saurer, feuchter Boden; empfindlich bei Bodenverdichtung und Staunässe
Verwendung	Einzelstellung als Solitärgehölz oder in Gesellschaft mit bodendeckenden und niederen Stauden

1.20 Acer palmatum Atropurpureum
Rotblättriger Fächerahorn ◑–● V–VI ♡ ✂

Herkunft	Japan
Wuchsform	Strauch, Höhe 3–5 m; Wuchs breitbuschig und locker; aufrecht mit fächerartig abstehenden, dünnen Zweigen
Blatt	Dunkelpurpurrot, im Austrieb leuchtendrot, 5- bis 11lappig, 5–10 cm breit
Blüte	Purpur; Früchte stumpfwinkelig, braunrot
Standort	Sonnig, geschützt; guter Oberboden, schwach sauer
Verwendung	Einzelstellung als Solitärgehölz oder in Gesellschaft mit bodendeckenden und niederen Stauden, niederen Koniferen und Rhododendren

Japanahorn (Acer japonicum Aconitifolium) ▷

Fächerahorn (Acer palmatum) ▽

1.21 Acer palmatum Dissectum Atropurpureum
Rotblättriger Schlitzahorn ◑ V–VI ♠ ♡ ✂

Herkunft	Japan
Wuchsform	Strauch, Höhe bis 2 m; schwachwüchsig, dicht gedrungen, halbkugelig; dünne und leicht überhängende Zweige; im Alter mehr breit als hoch
Blatt	Intensiv feurigrot, Blätter tief gesägt, 5- bis 7lappig, 5–10 cm breit, Herbstfärbung leuchtendfeurigrot
Blüte	Unscheinbar
Standort	Geschützte Lage; normaler, schwach saurer Oberboden
Verwendung	Solitärgehölz in Einzelstellung mit bodendeckenden Stauden oder Gehölzen

1.22 Acer palmatum Dissectum Viridis
Grüner Schlitzahorn ◑ V–VI ♠ ♡ ✂

Herkunft	Japan
Wuchsform	Strauch, Höhe bis 2 m; grazile Zweige, dicht, gedrungen, regelmäßig bogenförmig überhängend; im Alter mehr breit als hoch
Blatt	Hellgrün, gefiedert, 5- bis 7lappig, 5–10 cm breit, bis zur Basis geteilt, Herbstfärbung leuchtendgelblichrot
Blüte	Unscheinbar
Standort	Geschützt; guter Gartenboden
Verwendung	In Einzelstellung als Solitärgehölz oder mit bodendeckenden Stauden und Gehölzen

1.23 Acer saccharinum Wieri
Geschlitztblättriger Silberahorn ○ II–III ⦚ ♠ ♡

Herkunft	Nordamerika
Wuchsform	Baum, Höhe bis 20 m, locker und breit ausladende Krone; Hauptäste aufstrebend; überhängende, dünne Zweige; kein Windbruch
Blatt	Hellgrün, unterseits silbrigweiß, glänzend, 8–14 cm breit, 5lappig, tief gespalten, Herbstfärbung gelb
Blüte	Grünlichgelb; vor dem Austrieb
Standort	Feuchter, leichter Boden
Verwendung	In Einzelstellung in Parks und Gärten

Judasblatt (Cercidiphyllum japonicum)

1.24 Amelanchier lamarckii
Kanadische Felsenbirne ○–● IV–V ♠ ☘ ✂

Herkunft	Nordamerika
Wuchsform	Höhe bis 8 m, mehrstämmiger, breiter, aufrechter Strauch mit starken Grundtrieben; Zweige dünn, dicht verzweigt, locker überhängend
Blatt	Oval, im Austrieb bronzefarben, oberseits frischgrün, unterseits graugrün bis weißfilzig, 3–8 cm lang, Herbstfärbung orange bis rot
Blüte	Weiß mit bronzefarbenen Austrieb, große Einzelblüten in kleinen, aufrechten Trauben, sehr reich blühend; kugelige Beeren, purpur bis schwarz und blau bereift, eßbar
Standort	Normaler Gartenboden; sowohl Nässe als auch Trockenheit vertragend
Verwendung	Als Solitärgehölz oder in kleinen Gruppen in Gesellschaft mit bodendeckenden bis mittelhohen Stauden und Kleingehölzen

Geschlitztblättriger Silberahorn
(Acer saccharinum Wieri)

Kanadische Felsenbirne
(Amelanchier lamarckii)

Aralie (Aralia elata)

1.25 Aralia elata
Aralie ○ VII–XI ♡ ♧

Herkunft	Nordostasien, Japan, Korea
Wuchsform	Strauch, Höhe bis 5 m; mehrtriebig; Wurzel- und Stockausschlag; Triebe meist stachlig; tropisch anmutend
Blatt	Dunkelgrün, doppelt gefiedert, Gesamtblatt bis 60 cm lang, Fiederblättchen bis 12 cm lang, zugespitzt, unterseits stachlig, Herbstfärbung leuchtendgelb
Blüte	Weiß, in 50 cm breiten endständigen Trugdolden; Früchte kugelig, bis 3 mm dick und grün
Standort	Warme, geschützte Lage; normaler Oberboden
Verwendung	Einzelstellung in Gesellschaft mit bodendeckenden Stauden und Gehölzen

1.26 Callicarpa bodinieri giraldii
Schönfrucht ○–◑ VII–X ♧ ☓

Herkunft	Asien, Australien, Mittelamerika
Wuchsform	Höhe bis 3 m, Strauch mit straffen, aufrechten und wenig verzweigten Grundtrieben
Blatt	Stumpfgrün, elliptisch, 3–8 cm lang, gegenständig, gezähnt, Herbstfärbung gelb bis orange
Blüte	Lilarosa in kleinen Trugdolden am einjährigen Holz; rötlichviolette, weiß bereifte, erbsengroße und perlenartige Früchte, sehr zahlreich
Standort	Warm, sonnig und geschützt; guter Oberboden, schwach sauer
Verwendung	In Einzelstellung als Solitärgehölz in bodendeckender Strauch- oder Gehölzpflanzung

1.27 Cercidiphyllum japonicum
Judasblatt ○–◑ IV–V ♠

Herkunft	Japan
Wuchsform	Kleiner Baum bis 10 m hoch; oft mehrere Grundtriebe; trichterförmig, aufrecht sparrig, dicht verzweigt; kurze, dünne und dunkle Triebe
Blatt	Herzförmig, bis 8 cm lang, im Austrieb rot, später frischgrün, Herbstfärbung leuchtendgoldgelb bis orangerot
Blüte	Rosarot, sehr zahlreich
Standort	Feuchte, tiefgründige Böden; für trockene Lagen nicht geeignet
Verwendung	Einzelstellung als Solitärgehölz für Garten- und Parkanlagen in Gesellschaft mit niederen bis mittelhohen Stauden- und Gehölzpflanzungen oder vollkommen frei stehend

Pagodenhartriegel (Cornus controversa) △

Korkenzieherhasel (Corylus avellana Contorta) ◁

Blumenhartriegel (Cornus florida) ▽

1.28 Chaenomeles lagenaria
Scheinquitte ○–◑ IV–V

Herkunft	Zentralchina
Wuchsform	Höhe 2–3 m, lockerer, aufrecht wachsender Strauch; Zweige ausladend, schwach dornig
Blatt	Eilänglich, 3–8 cm lang, dunkelgrün, glänzend
Blüte	Scharlachrot, 3–5 cm breit, in Büscheln von 2–6 am mehrjährigen Holz; Früchte langrund, 4–6 cm dick, anfangs grün, später leuchtendgelb, lange anhaftend; gutes Bienen- und Vogelfutter
Standort	Warme, geschützte Lage, auch an Mauern; guter Gartenboden; empfindlich gegen Kalk
Verwendung	Einzeln und in Gruppen in Gesellschaft mit bodendeckenden Stauden- und Strauchpflanzungen oder etwa gleichgroßen Blütensträuchern, farblich abgestimmt
Bemerkung	Eine Auswahl an Zuchtsorten (Hybriden) in unterschiedlichen Farben und Wuchshöhen: *Brilliant, Crimson and Gold, Elly Mossel, Fire Dance, Nicoline, Nivalis, Pink Lady, Vesuvius*

1.29 Cornus controversa
Pagodenhartriegel ○–◑ V–VI

Herkunft	China, Japan
Wuchsform	Höhe bis 8 m, Strauch mit stammartigen, durchgehend straff aufrechten Mitteltrieben; Äste waagrecht abstehend, regelmäßige, pagodenähnliche Etagen bildend, fein verzweigt
Blatt	Breit elliptisch, 7–15 cm lang, glänzend, dunkelgrün, unterseits bläulichweiß, Herbstfärbung leuchtendgelb bis orangerot
Blüte	Weiß, in großen, bis 15 cm breiten, flachen Trugdolden; Früchte kugelig, bis 1 cm dick, schwarz, blau bereift, sehr zahlreich
Standort	Guter, durchlässiger Oberboden, feucht, schwach sauer bis alkalisch
Verwendung	Dekoratives Solitärgehölz für Garten und Park in Gesellschaft mit bodendeckenden Stauden und Gehölzen

1.30 Cornus florida
Blumenhartriegel ○–◑ VI ♠ ♧

Herkunft	Nordamerika
Wuchsform	Höhe bis 7 m, Strauch mit stammartig aufrechten Mitteltrieben; Äste locker ausladend, stark verzweigt
Blatt	Eielliptisch, 10–12 cm lang, am Rand leicht gewellt, dunkelgrün, unterseits weißlich, Herbstfärbung leuchtendrot, teils violett
Blüte	Grünlichgelb, mit weißen bis hellrosa Hochblättern (Brakteen), 4–8 cm groß, sehr zahlreich; Früchte eiförmig, bis 1,5 cm dick und scharlachrot
Standort	Guter Oberboden, feucht, schwach sauer bis neutral, kalkarm
Verwendung	Solitärgehölz, Unterpflanzung mit flachen Stauden, Gehölzen oder bodendeckenden Rhododendren

1.31 Cornus kousa
Japanischer Blumenhartriegel ○ V–VI ♠ ♧

Herkunft	Japan, Korea
Wuchsform	Höhe bis 10 m, Strauch mit mehreren aufrecht stehenden Hauptästen; Zweige locker, aufrecht, zur Etagenbildung neigend
Blatt	Eielliptisch, 5–9 cm lang, leicht gewellt, dunkelgrün, unterseits blaugrün, Herbstfärbung leuchtendgelb bis scharlachrot
Blüte	Grünlichgelb, mit 3–5 cm großen, weißen Hochblättern (Brakteen); Früchte kugelig, bis 2 cm dick, rosa, rot gestielt
Standort	Geschützte Lage; guter Oberboden, feucht, schwach sauer bis neutral, Kalk meidend
Verwendung	Einzelstellung als Solitärgehölz, bodendeckende Unterpflanzung mit Stauden, Gehölzen und niederen Rhododendren

1.32 Corylus avellana Contorta
Korkenzieherhasel ○–◑ II–III ♡ ♧ ✂

Herkunft	England
Wuchsform	Höhe bis 4 m, breiter, aufrechter Strauch; Grundtriebe und Zweige korkenzieherartig gedreht, viel verzweigt, sparrig und dicht
Blatt	Breit rundlich, 4–8 cm lang, stark gerollt, dunkelgrün, Herbstfärbung gelb
Blüte	Gelbgrün, bis 6 cm lange Kätzchen; Früchte vereinzelt, bis 2 cm dick, eßbar
Standort	Guter Oberboden; feuchte und trockene Lagen vertragend
Verwendung	Einzelstellung in bodendeckenden Stauden- oder Gehölzpflanzungen
Bemerkung	Der Korkenzieherhasel ist auf die Waldhasel veredelt. Senkrecht durchgehende Wildtriebe, die aus dem Wurzelstock kommen, müssen beseitigt werden, da sonst die Veredelung degeneriert und abstirbt

Scheinquitte (Chaenomeles lagenaria)

1.33 Fraxinus excelsior Pendula
Traueresche ○–◑ V ⌇ ♡ ♧

Herkunft	England
Wuchsform	Höhe bis 15 m, kleiner Baum mit lockerer, schirmartiger Krone; Zweige weit bis auf den Boden senkrecht durchhängend; Haupttriebe teils aufrecht wachsend
Blatt	Gefiedert, bis 30 cm lang, Blättchen eilänglich zu 7–11, 5–10 cm lang, dunkelgrün, unterseits hellgrün, Herbstfärbung gelb
Standort	Guter Oberboden, sauer bis alkalisch, feucht, jedoch keine stauende Nässe
Verwendung	Solitärbaum, möglichst nur in Einzelstellung

1.34 Hydrangea aspera sargentiana
China-Hortensie ◑–● VII–VIII ♡

Herkunft	China
Wuchsform	Höhe bis 2 m, Strauch mit straff aufrechten, wenig verzweigten, dicken Grundtrieben
Blatt	Breit eiförmig, 25–35 cm lang, dunkelgrün, samtig, unterseits wollig behaart
Blüte	Hellviolett mit weißen Randblüten, in 15 cm breiten Dolden
Standort	Geschützt; guter Oberboden, schwach sauer, kalkarm; empfindlich gegen Oberflächenverdichtung
Verwendung	Einzelstellung oder in kleinen Gruppen, möglichst angelehnt an Mauer oder geschlossene Gehölzpflanzung in Gesellschaft mit bodendeckenden Stauden, Gehölzen oder Rhododendren, gute Kontrastbildung mit Farnen
Bemerkung	Laufende Verjüngung durch Herausnahme der alten Triebe durchführen

1.35 Ilex aquifolium
Stechpalme ◑–● V–VI ♡ ♧ # ✂

Herkunft	Europa, Westasien
Wuchsform	Höhe bis 10 m, mehrstämmiger Strauch mit senkrecht durchgehenden Haupttrieben und regelmäßigen, abstehenden, stark verzweigten Seitenästen; Zweige dunkel- und hellgrün

Traueresche (Fraxinus excelsior Pendula) ▷

Stechpalme (Ilex aquifolium) ▽

Blatt	Immergrün; 3–8 cm lang, eiförmig bis lanzettlich, Rand wellig, dorniggezähnt, derb ledrig, dunkelgrün, glänzend, unterseits hellgrün
Blüte	Weiß; zweihäusig; Früchte kugelig, 7–10 mm dick, leuchtendrot, lange anhaftend
Standort	Geschützt; guter Oberboden, schwach sauer, feucht
Verwendung	Einzelstellung als Solitärgehölz, jedoch auch in Gruppen oder als Unterpflanzung in lichten Baumbeständen, außerdem als lockere oder geschnittene Hecke

Sternmagnolie (Magnolia stellata) ◁

China-Hortensie (Hydrangea aspera sargentiana) ▽

1.36 Liquidambar styraciflua
Amberbaum ○ V ♠ ♡ ♧

Herkunft	Nordamerika
Wuchsform	Höhe bis 20 m, mittelhoher Baum mit straff aufrechten Hauptästen; Seitenäste unregelmäßig abstehend, in der Jugend aufrecht, später schirmartig; Zweige rotbraun mit Korkleisten
Blatt	Handförmig gelappt, 10–15 cm breit, dunkelgrün, glänzend, Herbstfärbung leuchtendkarminrot bis violett
Blüte	Grünlichgelb, in 2 cm breiten Köpfchen; Früchte kugelig, 2–3 cm dick, an langen Stielen, grünbraun, Schale stachlig ähnlich der Platane
Standort	Guter Oberboden, sauer bis neutral, feucht, kalkarm
Verwendung	Einzelstellung als Solitärgehölz, jedoch auch in Gruppen oder als Alleebaum; in Gesellschaft mit niederen bis mittelhohen Stauden und Gehölzpflanzungen

1.37 Magnolia stellata
Sternmagnolie ○–◑ III–IV D ✂

Herkunft	Japan
Wuchsform	Höhe bis 3 m, Strauch mit straff aufrechten Grundästen; Seitenäste bogenförmig, aufrecht und dünn; dicht verzweigt, breitbuschig; Triebe in der Jugend dicht seidig behaart
Blatt	Verkehrt-eiförmig, 6–10 cm lang, hellgrün, glänzend, Herbstfärbung gelb
Blüte	Vor dem Austrieb; weiß, sternförmig, flach ausgebreitet, bis 8 cm breit, mit 12–15 schmalen Blütenblättern, duftend
Standort	Geschützt; guter Oberboden, schwach sauer bis alkalisch, feucht und nahrhaft
Verwendung	Einzelstellung als Solitärgehölz in bodendeckender Stauden- und Gehölzpflanzung

1.38 Mahonia bealii
Chinesische Mahonie ○–◑ IV–V ♠ ♡ ♧ # ✂

Herkunft	China
Wuchsform	Höhe bis 2 m, Strauch mit straff aufrechten, dicken Grundtrieben, wenig verzweigt
Blatt	Immergrün; bis 40 cm lang, gefiedert, Blättchen 5–12 cm lang, 9- bis 17zählig, eirund bis länglich, derb, ledrig, dornig gezähnt, blaugrün, unterseits gelblichgrün, Herbstfärbung teils gelb bis orangerot
Blüte	Hellgelb, in bis zu 15 cm langen, aufrechten Rispen, mit 8–15 Büscheln, duftend; Früchte rund, bis 1 cm dick, schwarz, blau bereift
Standort	Guter Oberboden, sauer bis alkalisch, feucht
Verwendung	Einzelstellung oder in kleinen Gruppen mit bodendeckender Unterpflanzung von Stauden, Gräsern und Gehölzen; dekorativ in Verbindung mit Farnen

Scheinbuche (Nothofagus antarctica) ◁

Zierapfel (Malus Eleyi) ▽

1.39 Malus Eleyi
Zierapfel ○ V ♠ ♡ ♧ ✂

Herkunft	Frankreich
Wuchsform	Strauch, Höhe bis 6 m, aufrecht, breit, dicht verzweigt
Blatt	Eiförmig, 8–10 cm lang, dunkelpurpur, Herbstfärbung braunrot
Blüte	Einfach bis leicht gefüllt, purpur, 4 cm breit; Früchte dunkelpurpur, 1,5 cm dick
Standort	Guter Oberboden, neutral bis alkalisch, tiefgründig
Verwendung	Einzelstellung als Solitärgehölz, jedoch auch in Gruppen oder in Gemeinschaft mit anderen Blüten und Ziersträuchern

1.40 Nothofagus antarctica
Scheinbuche ○ V ♠ ♡

Herkunft	Chile
Wuchsform	Höhe bis 5 m, mehrstämmiger Baum mit fast waagrecht abstehenden Seitenästen, an den Spitzen locker und aufrecht; Äste gewunden, grätenartig fein verzweigt
Blatt	Eiförmig, gekerbt, 1–1,5 cm lang, mit gekraustem Rand, frischgrün, glänzend, Herbstfärbung goldgelb
Blüte	Grünlichgelb; Früchte zu 3 in Kelchbechern
Standort	Guter Oberboden, sauer bis neutral, kalkarm; empfindlich gegen Oberflächenverdichtung
Verwendung	Einzelstellung als Solitär in flachen bis mittelhohen Stauden- und Strauchpflanzungen

1.41 Pieris floribunda
Lavendelheide ◑ IV–V #

Herkunft	Nordamerika
Wuchsform	Höhe bis 2 m, kleiner, breitbuschiger, aufrechter Strauch, vieltriebig, wenig verzweigt
Blatt	Immergrün; elliptisch bis länglich, 6–8 cm lang, glatt, mattgrün
Blüte	Weiß, in aufrechten, dichten, bis 10 cm langen endständigen Rispen; Früchte in braunen Kapseln, sehr zahlreich

Standort	Guter Oberboden, sauer, feucht und nahrhaft, kalkarm; empfindlich gegen Oberflächenverdichtung
Verwendung	Einzelstellung oder Gruppen in bodendeckenden Stauden- und Gehölzpflanzungen, auch in Gruppierung mit Rhododendren

1.42 Pieris japonica
Lavendelheide ◑–● IV–V #

Herkunft	Japan
Wuchsform	Höhe bis 4 m, breiter, aufrechter Strauch; Seitenäste unregelmäßig, leicht überhängend; Rinde braun, später lang abfasernd
Blatt	Immergrün; lanzettlich bis verkehrt-eiförmig, 3–8 cm lang, kerbig gezähnt, an den Triebenden gehäuft, dunkelgrün, unterseits hellgrün, beidseits stark glänzend, im Austrieb bräunlich bis rötlich
Blüte	Weiß, in überhängenden, dichten, bis 15 cm langen Rispen; Früchte in graubraunen Kapseln
Standort	Guter Oberboden, sauer, feucht und nahrhaft, kalkarm; empfindlich gegen Oberflächenverdichtung
Verwendung	Einzelstellung oder Gruppen, auch Unterpflanzung bei lichtem Baumbestand, gut in Verbindung mit Rhododendren

1.43 Prunus sargentii Accolade
Bergkirsche ○ IV ♠ ✂

Herkunft	Japan
Wuchsform	Höhe bis 4 m, kleiner, breiter, aufrechter Baum; Hauptäste straff aufrecht; Zweige breit ausladend, leicht überhängend; dünntriebig, dicht verzweigt
Blatt	Elliptisch, 8–12 cm lang, einfach bis doppelt gesägt, hellgrün, Herbstfärbung leuchtendgelb bis orangerot
Blüte	Rosa, halbgefüllt
Standort	Guter Oberboden; neutral bis stark alkalisch, feucht; empfindlich gegen Oberflächenverdichtung und sauren Boden
Verwendung	Einzelstellung als Solitär, Unterpflanzung mit mittelhohen Stauden und Gehölzen möglich
Bemerkung	Leichter Rückschnitt gleich nach der Blüte empfehlenswert

Hängende Nelkenkirsche (Prunus serrulata Shidare-Sakura) ▷

Lavendelheide (Pieris japonica) ▽

1.44 Prunus serrulata Shidare-Sakura
Hängende Nelkenkirsche ○ IV–V ⦚ ✂

Herkunft	Japan
Wuchsform	Höhe bis 5 m, kleiner Baum mit stark hängenden Ästen und Zweigen, locker verzweigt; muß bis zur gewünschten Höhe gestäbt werden
Blatt	Elliptisch, 8–10 cm lang, hellgrün, im Austrieb bronzefarben
Blüte	Leuchtendrosa, dicht gefüllt, bis 6 cm breit, in dichten Büscheln, sehr zahlreich
Standort	Guter Oberboden, neutral bis stark alkalisch, feucht und nahrhaft; empfindlich gegen Oberflächenverdichtung und saure Böden
Verwendung	Als Solitärbaum in bodendeckenden bis mittelhohen Stauden- und Gehölzpflanzungen

Blutpflaume (Prunus cerasifera Nigra) △

Korkenzieherakazie (Robinia pseudo-acacia Tortuosa) ◁

1.45 Prunus subhirtella Autumnalis
Schneekirsche ○ XI–IV ♠ ✂

Herkunft	Japan
Wuchsform	Höhe bis 5 m, kleiner Baum mit breiter, aufrechter Krone; Zweige und Triebe sehr fein, später überhängend, dicht verzweigt
Blatt	Spitz oval, 6–8 cm lang, frischgrün, Herbstfärbung gelb bis orange
Blüte	Weiß bis weißlichrosa, bis 2,5 cm breit, leicht gefüllt, zu 2–5, reich blühend
Standort	Guter Oberboden, neutral bis stark alkalisch, feucht und nahrhaft; empfindlich gegen Oberflächenverdichtung und saure Böden
Verwendung	Als Solitärbaum in bodendeckenden bis mittelhohen Stauden- und Gehölzpflanzungen

1.46 Prunus subhirtella Pendula
Frühlingskirsche ○ IV ⦚ ♠ ✂

Herkunft	Japan
Wuchsform	Höhe bis 6 m, kleiner Baum mit kräftigen, abstehenden Ästen, Zweige bogig überhängend; locker verzweigt
Blatt	Elliptisch, 8–10 cm lang, dunkelgrün, Herbstfärbung gelb bis rötlich
Blüte	Karminrot, später rosarot, einfach, bis 3 cm breit, zu 2–5, sehr zahlreich
Standort	Guter Oberboden; neutral bis stark alkalisch, feucht und nahrhaft; empfindlich gegen Oberflächenverdichtung und saure Böden
Verwendung	Als Solitärbaum in bodendeckenden bis mittelhohen Gehölz- und Staudenpflanzungen

1.47 Prunus cerasifera Nigra
Blutpflaume ○ III–IV ♡ ♧ ✂

Herkunft	Nordamerika
Wuchsform	Höhe bis 7 m, kleiner Baum mit kurzschäftigem Stamm; Krone rund bis breit ausladend; Äste sehr unregelmäßig, fein verzweigt, bogig überhängend
Blatt	Elliptisch bis eiförmig, 5–7 cm lang, schwarzrot, metallischglänzend, nicht verblassend, lange anhaftend
Blüte	Rosa, einfach, bis 2,5 cm breit, sehr zahlreich; Früchte rot, kugelig, 2–3 cm dick

Standort	Guter Oberboden, neutral bis stark alkalisch, feucht und nahrhaft; empfindlich gegen Oberflächenverdichtung
Verwendung	In Einzelstellung oder dominierend in Strauchpflanzungen, auch als Kontrast zu hellaubigen Gehölzen

1.48 Pterocarya fraxinifolia
Flügelnuß ○–◑ V ♡ ♧

Herkunft	Kaukasus, Nordpersien
Wuchsform	Bis 20 m hoch, mittelgroßer Baum; oft mehrstämmig, Stämme schräg aufrecht; Äste waagrecht abstehend mit aufgebogenen Triebenden, große Etagen bildend, langlebig
Blatt	Gefiedert, bis 40 cm lang, Blättchen zu 11–21, eilänglich, 2–4 cm lang, glänzend, unterseits hellgrün, lange anhaftend, Herbstfärbung gelb
Blüte	Grün, in hängenden Kästchen; Früchte 20–45 cm lang, kreiselförmige Nüßchen mit jeweils 2 Flügeln, die bis zu 2 cm breit sind
Standort	Guter Oberboden; sauer bis alkalisch, feucht
Verwendung	Einzelstellung als Solitärbaum

1.49 Rhus typhina Laciniata
Geschlitztblättriger Essigbaum ○–◑ VI–VII ♠ ♡ ♧

Herkunft	Nordamerika
Wuchsform	Höhe 3–5 m, breiter, aufrechter, oft mehrstämmiger Strauch; Grundtriebe bogig aufrecht, sparrig verzweigt, dicktriebig
Blatt	Gefiedert, bis 60 cm lang, Blättchen bis 10 cm lang, lanzettlich, tief geschlitzt, dunkelgrün, glänzend, unterseits blaugrün, Herbstfärbung gelborange bis scharlachrot
Blüte	Grünlich, in dichten, aufrechten, behaarten, bis 15 cm langen, endständigen Rispen; Früchte kolbenartig, dunkelrot, dicht behaart
Standort	Normaler Oberboden, sauer bis alkalisch, feucht; empfindlich gegen Oberflächenverdichtung
Verwendung	Als Solitärgehölz, auch auf Mauern, leicht überhängend; Unterpflanzung mit bodendeckenden Stauden und Gehölzen

Frühlingskirsche (Prunus subhirtella Pendula)

1.50 Robinia pseudoacacia Tortuosa
Korkenzieherakazie ○ V–VI ♡ ✂

Herkunft	Frankreich
Wuchsform	Höhe bis 15 m, mittelgroßer Baum; Hauptäste bogig und aufrecht, Äste und Zweige gebogen, junge Triebe korkenzieherartig gedreht
Blatt	Gefiedert, bis 20 cm lang, Blättchen 2–3 cm lang, elliptisch, dunkelgrün, unterseits graugrün, Herbstfärbung gelb
Blüte	Weiß, in bis zu 20 cm langen, hängenden Trauben, Einzelblüten bis 2 cm lang, duftend
Standort	Normaler Oberboden, neutral bis stark alkalisch; für trockene Standorte geeignet
Verwendung	Als Solitärbaum mit niederer bis mittelhoher Unterpflanzung mit Stauden und Gehölzen

1.51 Salix Setsuka
Japanische Drachenweide ○ III–IV ✂

Herkunft	Japan
Wuchsform	Höhe bis 4 m, breiter, aufrechter Strauch mit gewundenen Grundtrieben, unregelmäßig verzweigt, Spitzen breit verbändert
Blatt	Lanzettlich, 10–15 cm lang, dunkelgrün, unterseits hellgrün
Blüte	Gelb, Kätzchen bis 5 cm lang
Standort	Normaler Oberboden, sauer bis neutral, feucht, kalkarm
Verwendung	Einzelstellung als Solitärgehölz, Unterpflanzung mittelhoch mit Stauden und Gehölzen
Bemerkung	Verwendung als Vasenschmuck

1.52 Viburnum carlesii
Korea-Schneeball ○–◑ IV–V ♠ D

Herkunft	Korea
Wuchsform	Höhe bis 2 m, kleiner, breitbuschiger bis halbkugeliger Strauch; Zweige dünn, sparrig abstehend
Blatt	Breit oval, 6–10 cm lang, stumpfgrün, unterseits hellgrün, dicht behaart, Herbstfärbung orange
Blüte	Weiß, außen rosa, in dichten, kugeligen Dolden, stark duftend; Früchte kugelig bis länglich, bis 1 cm dick, schwarz, blau bereift
Standort	Guter Oberboden, sauer bis schwach alkalisch, feucht; empfindlich gegen Oberflächenverdichtung
Verwendung	In Einzelstellung oder kleinen Gruppen in bodendeckenden Stauden- und Gehölzpflanzungen

1.53 Viburnum plicatum Mariesii
Japanischer Schneeball ○–◑ V–VI ♡

Herkunft	Japan
Wuchsform	Höhe bis 1,50 m, breit runder Strauch; Zweige waagrecht, dicht verzweigt
Blatt	Elliptisch bis verkehrt-eiförmig, 6–10 cm lang, gesägt, dunkelgrün, unterseits grau, behaart, Herbstfärbung dunkelrot bis violett
Blüte	Weiß, im Verblühen rosa, in bis zu 15 cm breiten, flachen Trugdolden, umgeben von weißen, sterilen Randblüten
Standort	Guter Oberboden, sauer bis alkalisch, feucht
Verwendung	Einzelstellung oder in kleinen Gruppen mit bodendeckender Unterpflanzung

Korea-Schneeball (Viburnum carlesii)

Dekorative Nadelgehölze

1.54 Metasequoia glyptostroboides
Urweltmammutbaum ○ ♠ ♡

Herkunft	China
Wuchsform	Höhe bis 35 m, aufrechte, breite, kegelförmige Konifere; Stamm gerade, durchgehend bis zur Spitze, dickschäftig, sich nach oben kräftig verjüngend; Äste locker ansteigend, leicht gekrümmt, dicht verzweigt; gleichmäßig rasch wachsend
Blatt	Sommergrün; nadelartig, gegenständig, frischgrün, Herbstfärbung gelbbraun bis rotbraun
Standort	Normaler Oberboden, sauer bis alkalisch, tiefgründig, feucht
Verwendung	In kleinen Gruppen oder in geschlossenen Beständen mit Laub- oder Nadelbäumen

1.55 Sciadopitys verticillata
Japanische Schirmtanne ◑–● ♡ ♧ #

Herkunft	Japan
Wuchsform	Höhe bis 30 m, aufrechte, kegelförmige Konifere; Stamm gerade, durchgehend bis zur Spitze, oft auch mehrstämmig; Äste straff aufrecht, dick, wenig verzweigt
Blatt	Immergrün; Nadeln bis 15 cm lang, breit, gerade, in Quirlen schirmartig zu 20–30, dunkelgrün, glänzend
Frucht	Zapfen eiförmig, bis 5 cm lang, aufrecht, graubraun
Standort	Guter Oberboden, sauer bis neutral, kalkarm; empfindlich gegen Oberflächenverdichtung
Verwendung	Einzelstellung als Solitärgehölz mit bodendeckender oder flacher Unterpflanzung

Urweltmammutbaum (Metasequoia glyptostroboides) ▷

Japanische Schirmtanne (Sciadopitys verticillata)

1.56 **Taxodium distichum**
Sumpfzypresse ○–◑ ♠ ♡ ♧

Herkunft	Nordamerika
Wuchsform	Höhe bis 35 m, aufrechte, breite, kegelförmige Konifere; Stamm durchgehend bis zur Spitze, am Fuß dick, sich nach oben gleichmäßig stark verjüngend; Äste in der Jugend leicht ansteigend, später waagrecht, locker verzweigt; gleichmäßig wachsend
Blatt	Sommergrün; Blätter nadelartig, wechselständig gefiedert, an bis zu 10 cm langen Kurztrieben, 2zeilig stehend, hellgrün, Herbstfärbung rotbraun
Frucht	Zapfen eiförmig, bis 2 cm dick, hellbraun, violett bereift
Standort	Normaler Gartenboden, stark sauer bis neutral, feucht bis naß, kalkarm; empfindlich gegen Oberflächenverdichtung
Verwendung	Als Solitärbaum, auch in Gruppen mit Laubbäumen, Unterpflanzung bis mittelhoch mit Gehölzen möglich

1.57 **Taxus baccata Dovastoniana**
Adlerschwingen-Eibe ○–◑ ♡ ♧ # ✂

Herkunft	England
Wuchsform	Höhe bis 6 m, baum- oder strauchartig in malerischer Form. Bei Anzucht aus Seitentrieben: flach wachsend; Äste lang, waagrecht abstehend, Spitzen überhängend; Zweige senkrecht herabhängend, dicht buschig. Bei Anzucht aus Spitzentrieben: breit aufrecht; Grundtriebe straff aufrecht, meist mehrstämmig; Äste weit waagrecht abstehend, Spitzen überhängend; Zweige senkrecht herabhängend, gleichmäßige Etagen bildend
Blatt	Immergrün; Blätter nadelartig, linearisch, kurz zugespitzt, dunkelgrün
Frucht	Rot, sehr zierend, Kern giftig
Standort	Guter Oberboden, sauer bis alkalisch, feucht
Verwendung	Als Solitärgehölz in Einzelstellung oder in kleinen Gruppen mit bodendeckender Unterpflanzung

1.58 **Taxus baccata Nissen's Corona**
Nissen-Eibe Typ I ○–◑ #

Herkunft	Deutschland
Wuchsform	Höhe bis 1 m, breit wachsende Konifere; Äste waagrecht, gleichmäßig flach über den Boden gestreckt; Zweige quirlförmig angeordnet, Spitzen leicht überhängend
Blatt	Immergrün; Blätter nadelartig, linearisch, kurz zugespitzt, dicht stehend, hellgrün
Frucht	Rot, sehr zierend, Kern giftig
Standort	Normaler Oberboden, sauer bis stark alkalisch, feucht
Verwendung	Einzelstellung mit bodendeckender Unterpflanzung, auch in kleineren und größeren Gruppen sowie flächendeckend

Adlerschwingen-Eibe (Taxus △ baccata Dovastoniana)

Hemlocktanne (Tsuga canadensis) ◁

Sumpfzypresse (Taxodium distichum) ▷

1.59 Taxus baccata Repandens
Tafeleibe ○–◑ ♧ # ✂

Herkunft	Nordamerika
Wuchsform	Höhe bis 50 cm, Zwergkonifere; flach, regelmäßig ausgebreitet; Hauptäste waagrecht; Zweige dicht stehend, übergebogen
Blatt	Immergrün; Blätter nadelartig, breit, sichelförmig gebogen, dunkelgrün, glänzend, unterseits hellgrün
Frucht	Rot, sehr zierend, Kern giftig
Standort	Guter Oberboden, sauer bis stark alkalisch, feucht
Verwendung	Einzelstellung in Verbindung mit bodendeckender Bepflanzung, auch in kleinen oder größeren Gruppen sowie flächendeckend

1.60 Tsuga canadensis
Hemlocktanne ◑ ♡ ♧ #

Herkunft	Nordamerika
Wuchsform	Höhe bis 25 m, aufrechte, breite, kegelförmige Konifere; Stamm durchgehend bis zur Spitze, oft auch mehrstämmig; Äste waagrecht mit überhängenden Spitzen, lockere Etagen bildend; Zweige dünn, überhängend
Blatt	Immergrün; Blätter nadelartig, kurz, dicht stehend, 2zeilig angeordnet, dunkelgrün, glänzend, unterseits mit zwei weißen Bändern
Frucht	Zapfen eiförmig, bis 2 cm lang, braun, hängend
Standort	Guter Oberboden, sauer bis neutral, feucht; empfindlich gegen Oberflächenverdichtung und Lufttrockenheit
Verwendung	Als Solitärbaum oder in Gruppen mit flacher oder mittelhoher Unterpflanzung

Rhododendren und Azaleen

1.61 Azalea japonica
Japanische Azalee ○–◑ V–VI #

Herkunft	Japan
Wuchsform	Höhe 0,80–1,20 m, dichter, buschiger Wuchs; Grundtriebe straff aufrecht; dichte Beastung
Blatt	Wintergrün; spitz, elliptisch, klein, glänzend und dunkelgrün
Blüte	Glockenförmig, in dichten Büscheln, endständig, Blütenfarben je nach Zuchtsorte orange, rosa, rot, violett und weiß
Standort	Geschützt vor Wintersonne; leicht bis stark saurer Oberboden; vor Austrocknung und stagnierender Nässe schützen, kalkempfindlich
Verwendung	In kleinen und größeren Gruppen in unterschiedlichen Farben

1.62 Azalea Knaphill
Schmuck-Azalee ○–◑ V–VI ♠

Herkunft	Zuchtsorte
Wuchsform	Höhe 1–2 m, breit, aufrecht, etwas sparrig
Blatt	Sommergrün; spitz elliptisch, gewölbt, frischgrün
Blüte	Glockenförmig, in dichten Büscheln, endständig, Farbe je nach Zuchtsorte weiß, gelb, orange und rot
Standort	Leicht bis stark saurer Oberboden; vor Austrocknung und stagnierender Nässe schützen, kalkempfindlich
Verwendung	In kleineren oder größeren Gruppen mit unterschiedlicher Färbung

1.63 Azalea mollis
Großblumige Strauch-Azalee ◑–● V–VI ♠

Herkunft	Japan
Wuchsform	Höhe 1–2 m, Sträucher mit straff aufrechten Grundtrieben, sparrig verzweigt

Japanische Azalee (Azalea japonica) △

Schmuck-Azalee (Azalee Knaphill) ▽

Großblumige Strauch-Azalee (Azalea mollis) △

Pontische Azalee (Azalea pontica) ▽

Blatt	Sommergrün; spitz elliptisch, gewimpert, Herbstfärbung rot
Blüte	Trichterförmig, 6–8 cm breit, in Büscheln, endständig, Blütenfarbe der Sämlinge rosa, orange und rot
Standort	Leicht bis stark saurer Oberboden; vor Austrocknung und stagnierender Nässe schützen, kalkempfindlich
Verwendung	In kleineren und größeren Gruppen in Verbindung mit immergrünen Rhododendren sowie niedrigen Staudenpflanzungen und Gräsern

1.64 Azalea mollis x sinensis
Strauch-Azalee ◑–● V–VI ♠

Herkunft	Zuchtsorte
Wuchsform	Höhe 1–2 m, strauchartig, aufrecht, dicht verzweigt
Blatt	Sommergrün; gewimpert, Herbstfärbung rot
Blüte	Glockenförmig, in Büscheln, endständig angeordnet, großblumig, Farbe dunkelrot, gelb, orange und rosa
Standort	Leicht bis stark saurer Oberboden; vor Austrocknung und stagnierender Nässe schützen, kalkempfindlich
Verwendung	Einzelstellung oder in kleineren Gruppen in unterschiedlicher Farbzusammenstellung, auch in Verbindung mit Rhododendron williamsianum

1.65 Azalea pontica
Pontische Azalee ○–◑ V–VI ♠ D

Herkunft	Kaukasus, Kleinasien
Wuchsform	Höhe 1–2 m, buschig, aufrecht, kräftig verzweigt
Blatt	Sommergrün; spitz, eiförmig, gewimpert, Herbstfärbung rot
Blüte	Glockenförmig, in dichten Büscheln, endständig, Blütenfarbe der Sämlinge überwiegend gelb; starker, angenehmer Duft
Standort	Leicht bis stark saurer Oberboden; vor Austrocknung und stagnierender Nässe schützen, kalkempfindlich
Verwendung	In Einzelstellung oder Gruppen mit anderen Azaleen

1.66 Diamant-Azalee
Diamant-Azalee ◑ V–VI ♠ #

Herkunft	Deutschland
Wuchsform	Höhe bis 0,70 m, niedriger, gedrungener Wuchs
Blatt	Wintergrün; eiförmig, Oberseite dunkelgrün, leicht behaart, Unterseite hellgrün
Blüte	Jeder Kurztrieb schließt mit einer Blütenknospe ab, dadurch entsteht ein dichter Blütenschirm, Einzelblüten 2–3 cm breit, Farben je nach Sorte weiß bis rot
Standort	Leicht bis stark saurer Oberboden; vor Austrocknung und stagnierender Nässe schützen, kalkempfindlich
Verwendung	In kleineren und größeren Gruppen als Vorpflanzung und in Verbindung mit bodendeckenden Staudenpflanzungen
Bemerkung	Die Diamant-Azaleen gibt es in den Farben Lachs, Purpur, Rosa, Rot und Weiß

1.67 Rhododendron catawbiense
Alpenrose ◑–● V–VI ♡ #

Herkunft	Asien, Balkan, Nordamerika, Alpen
Wuchsform	Höhe bis 4 m, breitbuschige Sträucher mit bogig-aufrechten Trieben, stark verzweigt
Blatt	Immergrün; elliptisch, 10–15 cm lang, gewölbt, oben dunkelgrün, glänzend, unterseits hellgrün
Blüte	Endständig, in dichten Büscheln, Farben je nach Sorte weiß bis violett
Standort	Leicht bis stark saurer Oberboden; vor Austrocknung und stagnierender Nässe schützen
Verwendung	Als Solitärgehölz, auch in kleineren oder größeren Gruppen, als geschlossene Unterpflanzungen in lichten Wäldern
Bemerkung	Bei den großblumigen Rhododendron-Hybriden wurden durch laufende Selektion folgende frostharte Zuchtsorten entwickelt: *Catawbiense Boursault, Catawbiense Grandiflorum, Cunningham's White, Roseum Elegans*

Strauch-Azalee (Azalea mollis x sinensis)

1.68 Rhododendron ferrugineum
Echte Alpenrose ◑ VI #

Herkunft	Europäische Alpen, Pyrenäen, Apennin
Wuchsform	Höhe bis 0,80 m, niederliegender Strauch; Triebe dünn, dicht beschuppt
Blatt	Immergrün; elliptisch, 3–5 cm lang, oben dunkelgrün, unten rotbraun
Blüte	Dunkelpurpurrot, in endständigen Büscheln mit 6–12 Blüten, 2 cm lang, am mehrjährigen Holz
Standort	Humoser, saurer Oberboden; kalkfeindlich
Verwendung	In kleineren und größeren Gruppen oder flächendeckend in Gesellschaft mit alpinen, bodendeckenden Stauden und Gehölzen

1.69 Rhododendron hirsutum
Almenrausch ○–◑ VI

Herkunft	Alpen, Karpaten
Wuchsform	Höhe bis 0,60 m, strauchartig; Triebe kurz, verzweigt
Blatt	Nicht wintergrün; ledrig derb, unterseits hellgrün, behaart, Rand fein gekerbt
Blüte	Hellrosa, in 3–10 Doldentrauben, am mehrjährigen Holz
Standort	Trockene, steinige Böden; kalkvertragend
Verwendung	In kleinen und größeren Gruppen, auch flächendeckend, in Steingärten und Felspartien

1.70 Rhododendron praecox
Vorfrühlings-Alpenrose ◑ III–IV #

Herkunft	England
Wuchsform	Höhe bis 1,50 m, strauchartig, locker und aufrecht
Blatt	Immergrün; oval, 3–5 cm lang, im Austrieb hellgrün, später dunkelgrün und glänzend
Blüte	Leuchtendlilarosa, trichterförmig, 4 cm breit, in Büscheln am mehrjährigen Holz
Standort	Leicht saurer, humoser, feuchter Oberboden; kalktolerant
Verwendung	In Einzelstellung, auch in kleineren oder größeren Gruppen in Verbindung mit niederen Rhododendren sowie bodendeckenden bis mittelhohen Stauden

Alpenrose (Rhododendron catawbiense) △

Vorfrühlings-Alpenrose (Rhododendron praecox) ▽

1.71 Rhododendron repens
Flacher Rhododendron ◑ V–VI ♡ #

Herkunft	Zuchtsorte
Wuchsform	Bis 1 m hoch, niedriger, kompakt wachsender Zwerg-Rhododendron; viel breiter als hoch
Blatt	Immergrün; breit oval, dunkelgrün, glänzend, auffallend gedreht
Blüte	Glockig in Büscheln, scharlachrot
Standort	Leicht saurer bis saurer, feuchter Oberboden; kalkfeindlich
Verwendung	In kleineren oder größeren Gruppen als Vorpflanzung bei großblumigen Rhododendren oder am Gehölzsaum
Bemerkung	Bei den Rhododendron-repens-Hybriden wurden kompakt wachsende Sorten gezüchtet: *Baden-Baden, Elisabeth Hobbie, Scarlet Wonder*

1.72 Rhododendron williamsianum
Glocken-Rhododendron ○–◑ V ♡ #

Herkunft	Zuchtsorte
Wuchsform	Höhe bis 1,50 m, dichte, kugelige Sträucher; Triebe bogig aufrecht, dicht verzweigt
Blatt	Oval bis rundlich, teilweise gewellt, manche Sorten gewölbt, oben dunkelgrün und glänzend, unterseits hellgrün
Blüte	Farbe je nach Zuchtsorte weiß bis rot, glockenartig, endständig in Büscheln
Standort	Leicht bis stark saurer Oberboden; bedingt kalkverträglich
Verwendung	In kleinen und größeren Gruppen als Vorpflanzung von großblumigen Rhododendren
Bemerkung	Bei den Zuchtsorten ergibt sich eine breite Farbskala und unterschiedliche Wuchsformen: *August Lamken, Gartendirektor Glokker, Görlitz, Jackwill, Lissabon, Rothenburg, Vater Böhlje*

Flacher Rhododendron (Rhododendron repens) oben

Glocken-Rhododendron (Rhododendron williamsianum) ▷

1.73 Rhododendron yakusimanum
Ball-Rhododendron ○–◑ V #

Herkunft	Asien
Wuchsform	Höhe bis 1 m, rundlicher, gedrungener Strauch mit dichter Beastung
Blatt	Immergrün; breit oval, stark gewölbt, dunkelgrün, unterseits dicht braunfilzig
Blüte	Endständige, dichte Blütenbüschel, zartrosa, später reinweiß
Standort	Leicht saurer Oberboden, humos, feucht
Verwendung	In kleinen und größeren Gruppen, auch flächendeckend

Ball-Rhododendron (Rhododendron yakusimanum)

II. Krautartige Pflanzen

Stauden

2.01 **Acaena buchananii**
Stachelnüßchen ○ VI–VII 〰 ♡ ☘ # Wi

Herkunft	Australien, Neuseeland
Wuchsform	Höhe 5–10 cm, flach, teppichartig
Blatt	Immergrün; 5- bis 6paarig, gefiedert, beiderseits silber- oder graugrün
Blüte	Grüne bis gelbe, kugelige Blütenköpfe mit Kelchstacheln; stachelige, rote Fruchtstände
Standort	Leichter, durchlässiger Oberboden; anspruchslos
Verwendung	In kleinen und großen Gruppen, auch großflächig als Bodendecker, in vollsonniger Lage bei Kiesflächen und felsigen Uferzonen mit dekorativen Einzelgehölzen

2.02 **Acaena microphylla**
Braungrünes Stachelnüßchen ○ VI–VII 〰 ♡ ☘ # Wi

Herkunft	Neuseeland
Wuchsform	Höhe bis 10 cm, polsterartig; Stengel zum Teil unterirdisch kriechend
Blatt	kreisförmig, 3- bis 5paarig gefiedert, olivgrün, violettblau oder braun
Blüte	Leuchtendrot mit Kelchstacheln; stachelige, leuchtendrote Fruchtstände, sehr zahlreich
Standort	Leichter, durchlässiger Oberboden; anspruchslos, jedoch empfindlich gegen starken Kahlfrost
Verwendung	In kleinen oder großen Gruppen, wertvoll als großflächiger Bodendecker in vollsonniger Lage an flachen, kiesigen oder felsigen Uferzonen; in Verbindung mit dekorativen Gehölzen, Stauden und Gräsern

2.03 **Aconitum wilsonii**
Eisenhut ○–◑ VIII–X Wi ✂

Eisenhut (Aconitum wilsonii) ▷

Stachelnüßchen (Acaena buchananii) ▽

Herkunft	Westchina
Wuchsform	Höhe bis 150 cm, kräftig, aufrecht
Blatt	Glänzend, grün, lederartig
Blüte	Amethystblau, in endständigen Blütenrispen
Standort	Kühler, feuchter Humusboden
Verwendung	In Einzelstellung oder kleinen Gruppen in halbschattiger bis schattiger Lage unter hohen Bäumen oder an Gehölzrändern
Bemerkung	Wertvolle Schnittstaude, nach der Blüte auf ca. 10 cm zurückschneiden

Günsel (Ajuga △
reptans

Frauenmantel
(Alchemilla
mollis)
◁

Waldgeißbart
(Aruncus
sylvester) ▽

2.04 Ajuga reptans
Günsel ◑ V–VI ⁓ ♡ # Wi

Herkunft	Europa
Wuchsform	Höhe bis 15 cm, flach wachsend; Ausläufer bildend
Blatt	Rundlich bis eiförmig, kräftig grün; bei Ajuga reptans atropurpurea bräunlichrot; metallischglänzend
Blüte	Lilablau, an senkrechten Blütenrispen
Standort	Feuchter, humoser Oberboden
Verwendung	In kleinen und größeren Gruppen, auch großflächig als Bodendecker und Unterpflanzung von Gehölzen, in halbschattiger Lage
Bemerkung	Stark wuchernd

2.05 Alchemilla mollis
Frauenmantel ○–◑ VI–VII ♡ Wi ✂

Herkunft	Osteuropa, Karpaten
Wuchsform	Höhe 40–50 cm, dicht, buschig, horstartig
Blatt	Graugrün, rundlich, eingebuchtet, am Rand gewellt, ornamentale Blattzeichnung
Blüte	Hellgelb, kleine Einzelblüten in lockeren Sträußen
Standort	Normaler, lockerer Oberboden
Verwendung	In kleinen oder größeren Gruppen in sonniger bis halbschattiger Lage an Uferzonen

2.06 Anemone hupehensis
Herbstanemone ◑–● VIII–X ✂

Herkunft	Mittel- und Westchina
Wuchsform	80–100 cm, buschig, locker; durch Wurzelausläufer Gruppen bildend
Blatt	Hellgrün, 3teilig, behaart
Blüte	Rosa, in lockeren Büscheln
Standort	Geschützte Lage; humoser Oberboden
Verwendung	In kleineren Gruppen in halbschattiger bis schattiger Lage, Uferzonen unter hohen Bäumen oder an Gehölzrändern

Herbstanemone (Anemone hupehensis) ◁

Buschwindröschen (Anemone nemerosa) ▽

2.07 Anemone japonica
Japanische Herbstanemone ◑–● VIII–X ✂

Herkunft	Ostasien
Wuchsform	Höhe 80–120 cm, locker, buschig, aufrecht
Blatt	3teilig gezähnt, gelappt, leicht behaart
Blüte	Schneeweiß, in lockeren Büscheln, interessante, grauwollige Samenstände
Standort	Lehmiger, humoser Oberboden
Verwendung	Einzeln oder in kleinen Gruppen in halbschattiger bis schattiger Lage wie Anemone hupehensis
Bemerkung	Empfehlenswerte Sorten sind: *Honorine Jobert, Königin Charlotte, Prinz Heinrich*

2.08 Anemone nemerosa
Buschwindröschen ◑–● IV–V ⟿ ♡ Wi

Herkunft	Europa, Asien
Wuchsform	Höhe 10–15 cm; großflächige Ausbreitung durch Rhizome
Blatt	Metallischhellgrün, handförmig geteilt, grundständig
Blüte	Weiß, außen oft rötlich, Einzelblüten am Hochblattquirl
Standort	Geschützt; Waldhumusboden
Verwendung	Großflächig in halbschattiger Lage, unter hohen Gehölz- und Baumbeständen als Bodendecker

2.09 Aruncus sylvester
Waldgeißbart ◑–● VI–VII ♡ Wi ✂

Herkunft	Europa
Wuchsform	Höhe bis 150 cm, buschig, kräftig, aufrecht
Blatt	Groß, bis 1 m lang, 5fach gefiedert, Blättchen eiförmig, spitz, doppelt gesägt
Blüte	Gelblichweiße, 50 cm lange, lockere Rispen; männliche sind reinweiß
Standort	Feuchter, humoser Boden
Verwendung	Einzelstellung als Solitärstaude oder in kleinen Gruppen in halbschattiger bis schattiger Lage an Uferzonen, vor Gehölzbeständen oder unter hohen Bäumen
Bemerkung	Sehr langlebige Staude

Prachtspiere (Astilbe x arendsii)

Bergenie (Bergenia cordifolia)

2.10 Asarum europaeum
Haselwurz ◑–● ⇝ ♡ # Wi

Herkunft	Europa, Asien
Wuchsform	Höhe bis 10 cm, flach kriechend; in Horsten oder geschlossenen Beständen
Blatt	Frischgrün, glänzend, glatt, nierenförmig mit deutlichen Blattnerven
Blüte	Braun, glockenförmig unter den Blättern, kaum in Erscheinung tretend
Standort	Lockerer, kalkhaltiger Laubhumusboden, auch normaler Gartenboden
Verwendung	In kleinen und großen Gruppen, auch wertvoller großflächiger Bodendecker in halbschattiger bis schattiger Lage an Uferzonen, unter großen Bäumen und an Gehölzrändern

2.11 Asperula odorata
Waldmeister ◑–● V ⇝ D Wi

Herkunft	Europa, Asien, Nordafrika
Wuchsform	Höhe bis 15 cm, flach, kriechend
Blatt	Hellgrün, spitz lanzettlich, zu sechst an einem Quirl, am Rand rauh, aromatisch
Blüte	Weiß, in lockeren Trugdolden
Standort	Lockerer Humusboden; nicht zu trocken
Verwendung	Großflächiger Bodendecker unter lichtem Baumbestand und Großgehölzen in halbschattiger bis schattiger Lage, für Gewässerränder in schattigen Parkzonen
Bemerkung	Verwendung als Geschmackzusatz für Bowle oder Brause, Heilpflanze

2.12 Astilbe x arendsii
Prachtspiere ◑ VII–IX ✂

Herkunft	Asien
Wuchsform	Höhe 60–100 cm, locker, horstartig
Blatt	Hellgrün, glänzend, gefiedert, Teilblätter gesägt
Blüte	Weiß, rosa und rot je nach Zuchtsorte, in aufrechten, lockeren Blütenrispen
Standort	Feuchter, nahrhafter, humoser Oberboden
Verwendung	In kleinen und größeren Gruppen in halbschattiger Lage in Staudenrabatten oder an Gehölzrändern
Bemerkung	Empfehlenswerte Zuchtsorten: *Brautschleier, Cattleya, Feuer, Glut*

2.13 Astilbe chinensis
Chinesische Prachtspiere ○–◑ VIII–IX ⇝ ✂

Herkunft	China, Korea
Wuchsform	Höhe 20–40 cm, Wurzelstock kriechend
Blatt	Dunkelgrün, glänzend, 2- bis 3fach gefiedert, lanzettlich, doppelt gesägt
Blüte	Rosa bis rot je nach Sorte, in aufrechten, lockeren, federigen Blütenrispen

Standort	Feuchter, humoser Oberboden; Astilbe chinensis Pumila verträgt auch trockene Standorte
Verwendung	In kleinen und größeren Gruppen in sonniger bis halbschattiger Lage an Teichrändern und als Vorpflanzung von Gehölzbeständen
Bemerkung	Empfehlenswerte Zuchtsorten: *Finale, Pumila, Serenade*

2.14 Astilbe japonica
Japanische Prachtspiere ◑ VII ✂

Herkunft	Japan
Wuchsform	Höhe 40–50 cm, Wurzelstock kriechend
Blatt	Dunkelgrün, glänzend, 2- bis 3fach gefiedert, lanzettlich, Blattränder gesägt
Blüte	Weiß bis rot je nach Zuchtsorte, in lockeren bis dichten Blütenrispen
Standort	Feuchter Humusboden; empfindlich gegen Trockenheit
Verwendung	In kleinen und großen Gruppen in halbschattiger Lage für Uferzonen unter hohem Baumbestand oder an Gehölzrändern

Waldmeister (Asperula odorata) ▷

Kaukasusvergißmeinnicht (Brunnera macrophylla) ◁

2.15 Bergenia cordifolia
Bergenie ○–◑ IV–V ♡ #

Herkunft	Altai
Wuchsform	Höhe 30–40 cm, dicht, buschig, mit kriechendem Wurzelstock
Blatt	Rundlich, am Grunde herzförmig, ledrig braungrün, Rand wellig
Blüte	Rosa bis rot in Trugdolden
Standort	Normaler Oberboden; trocken bis feucht
Verwendung	In kleinen und größeren Gruppen an Uferrändern in Verbindung mit Kieseln und Steinen in sonniger bis halbschattiger Lage
Bemerkung	Sehr anspruchslose und ausdauernde Gartenstaude Empfehlenswerte Zuchtsorten: *Abendglut, Morgenröte, Silberlicht*

2.16 Brunnera macrophylla
Kaukasusvergißmeinnicht ○–◑ IV–V Wi

Herkunft	Kaukasus
Wuchsform	Höhe 50 cm, buschig; Ausbreitung durch Rhizome
Blatt	Herzförmig, langgestielt, grau
Blüte	Tiefblau, reichverzweigter Blütenstand ähnlich wie Vergißmeinnicht
Standort	Normaler Gartenboden, trocken; anspruchslos
Verwendung	In kleinen und größeren Gruppen in sonniger bis halbschattiger Lage an trockenen Gewässerrändern, auch in Verbindung mit Felspartien
Bemerkung	Kann durch Selbstaussaat lästig werden

2.17 Campanula glomerata
Knäuelglockenblume ○–◑ VII–VIII Wi ✂

Herkunft	Europa
Wuchsform	Höhe 40–50 cm, buschig, aufrecht
Blatt	Herzförmig, rauh behaart, Stengel kantig, rötlich angelaufen
Blüte	Dunkelviolett, endständig in Blütenschöpfen
Standort	Normaler Oberboden, trocken bis feucht, keine stauende Nässe
Verwendung	In kleineren und größeren Gruppen in sonniger bis halbschattiger Lage an Uferbereichen und Gehölzsäumen

2.18 Convallaria majalis
Maiglöckchen ◑ V ⇝ D Wi ✂

Herkunft	Europa
Wuchsform	Höhe 20 cm, durch Rhizome wuchernd, bodendeckend

Knäuelglockenblume (Campanula glomerata)

Blatt	Dunkelgrün, elliptisch, aufrecht
Blüte	Weiß, rispenartig angeordnete Blütchenglöckchen; duftend; Frucht erbsengroß, rot, giftig
Standort	Liebt humosen Waldboden, wächst jedoch auch in normalem Oberboden
Verwendung	Großflächig unter großen Gehölz- oder Baumbeständen

2.19 Corydalis cava
Lerchensporn ◑–● IV–V Wi

Herkunft	Sibirien
Wuchsform	Höhe 20 cm, bodendeckend, aufrecht; Stengel zweiblättrig, unverzweigt; Vermehrung durch Aussaat
Blatt	zartblaugrün, kahl, doppelt 3zählig, eingeschnitten
Blüte	Violett oder weiß, im Bestand gemischt, je Stengel 10–20 Einzelblüten mit ganzrandigen Hochblättern
Standort	Lockerer, nährstoffreicher Lehmboden, feucht
Verwendung	In kleinen und größeren Beständen unter Gehölzen und Bäumen in halbschattiger bis schattiger Lage
Bemerkung	Die Stengel vergilben nach dem Abblühen, und die Pflanze zieht ein, deshalb nur in Gesellschaft mit bodendeckenden Stauden oder Gehölzen verwenden, jedoch sehr schön als großflächiger Frühjahrsflor

2.20 Corydalis lutea
Lerchensporn ○–● V–X

Herkunft	Südfrankreich, Ober- und Mittelitalien
Wuchsform	Höhe 20 cm, halbkugelig, dicht, buschig; knollige Wurzeln; durch Aussaat im Garten wandernd
Blatt	Blaugrün, stark gefiedert
Blüte	Gelb, in endständigen Trauben
Standort	Normaler Gartenboden; gedeiht auch gut an Plattenrändern und in Mauerritzen
Verwendung	In kleinen und größeren Gruppen in sonniger bis vollschattiger Lage an Gewässerrändern in Verbindung mit Steinpartien oder Mauern

2.21 Epimedium perraldianum Frohnleiten
Elfenblume ◑ IV–V ⁓› ♡ # Wi

Herkunft	Japan, Asien
Wuchsform	Höhe 25 cm, buschig, dicht; Wurzelstock rhizomartig, dadurch flächige Verbreitung
Blatt	Wintergrün; länglich bis herzförmig, Austrieb bronzefarben, später dunkelgrün
Blüte	Bräunlichgelb, in traubenartigen Blütenständen
Standort	Humoser Oberboden, feucht
Verwendung	In kleineren und größeren Gruppen, auch großflächig, in halbschattiger Lage als Bodendecker in lichtem Baumbestand oder an Gehölzrändern

2.22 Epimedium pinnatum Elegans
Elfenblume ◑ IV–V ⁓› ♡ # Wi

Herkunft	Kaukasus, Persien
Wuchsform	Höhe 30 cm; Wurzelstock rhizomartig, deshalb flächenhafte Ausbreitung
Blatt	Wintergrün; 3- bis 5teilig, ei- und herzförmig, dornig gezähnt
Blüte	Reingelb, in lockeren Blütentrauben mit 4–6 Einzelblüten, Blütenstengel im unteren Teil behaart
Standort	Humoser Oberboden, feucht
Verwendung	In kleinen und größeren Gruppen, auch großflächig als Bodendecker, in halbschattiger Lage

2.23 Eupatorium purpureum
Wasserdost ○–◑ VII–IX Wi ✂

Herkunft	Nordamerika
Wuchsform	Höhe bis 180 cm, kompakter, aufrechter Wuchs; Stengel rotbraun
Blatt	Lanzettlich, quirlständig angeordnet
Blüte	Purpur mit rosa Schimmer, kräftige Blütendolden
Standort	Normaler Oberboden mit genügender Bodenfeuchte
Verwendung	In kleinen und größeren Gruppen an Teich- und Bachrändern in sonniger bis halbschattiger Lage

Wasserdost △ (Eupatorium purpureum)

Elfenblume (Epimedium perraldianum Frohnleiten) ▷

Lerchensporn (Corydalis lutea) ▽

2.24 Filipendula hexapetala
Spierstaude ○ VII–VIII Wi ✂

Herkunft	Europa, Kleinasien, Sibirien
Wuchsform	Höhe 1 m, horstartig aus knolliger Wurzel
Blatt	Einfach gefiedert, in 8–30 Paaren, Teilblättchen etwa 2 cm lang, gesägt
Blüte	Weiß, in ästigen Trugdolden, Einzelblüten teils nur mit 5 Blütenblättern
Standort	Normaler Oberboden mit wechselnder Bodenfeuchte
Verwendung	In kleinen und größeren Gruppen an Teichufern und Bachläufen in sonniger Lage

2.25 Filipendula purpurea Elegans
Spierstaude ○–◑ VII–VIII Wi ✂

Herkunft	Japan
Wuchsform	Höhe 1 m, locker, aufrecht, horstartig
Blatt	Gefingert, 5- bis 7teilig, Endblättchen herzförmig
Blüte	Dunkelrosa bis karminrot, in ästigen Trugdolden
Standort	Normaler Gartenboden
Verwendung	In kleinen und größeren Gruppen an Teich- und Bachufern in sonniger bis halbschattiger Lage

2.26 Geranium endressii
Storchschnabel ○–◑ VII–VIII ♡ Wi

Herkunft	Westpyrenäen
Wuchsform	Höhe 30 cm, Triebe niederliegend, aufstrebend verzweigt, dicht und buschig
Blatt	Hellgrün, glänzend, langgestielt, 5lappig
Blüte	Leuchtendrosa, als endständige Einzelblüten
Standort	Normaler Gartenboden, trocken
Verwendung	In kleineren und größeren Gruppen an trockenen Gewässerrändern in sonniger bis halbschattiger Lage

2.27 Geranium platypetalum
Storchschnabel ○–◑ V–VI ♡ Wi

Herkunft	Kaukasus, Persien
Wuchsform	Höhe 50 cm, buschig, locker
Blatt	5- bis 7teilig, unregelmäßig eingeschnitten, weichzottig behaart, schöne Herbstfärbung
Blüte	Leuchtendblauviolett, groß, reichblühend
Standort	Normaler Gartenboden
Verwendung	In kleinen und größeren Gruppen, auch großflächig als Wildstaude, in sonniger bis halbschattiger Lage vor Gehölzbeständen

Storchschnabel (Geranium endressii) ▷

Weidenblättrige Sonnenblume (Helianthus salicifolius) ▽

2.28 Gunnera chilensis
Mammutblatt ○–◑ VIII ♡ ❀

Herkunft	Chile, Equador
Wuchsform	Höhe 150–200 cm; kräftiger Wurzelstock
Blatt	Dunkelgrün mit leicht rötlichem Schein, gelappt, riesig, bis 2 m Durchmesser

Mammutblatt (Gunnera chilensis) ◁

Taglilie (Hemerocallis citrina) ▽

Blüte	Rötlicher Blütenkolben an senkrechtem Stengel, bis 150 cm hoch
Standort	Normaler Gartenboden
Verwendung	Einzelstellung als sehr dekorative Solitärstaude an Gewässerrändern in sonniger bis halbschattiger Lage
Bemerkung	Verlangt guten Winterschutz!

2.29 Helianthus salicifolius
Weidenblättrige Sonnenblume ○ IX–X ♡ ✂

Herkunft	Nordamerika
Wuchsform	Höhe bis 2 m, locker, bogenartig, aufrecht; Stengel glatt, grün, etwas grau bereift
Blatt	Linealisch zugespitzt, überhängend, wechselnd gegenständig
Blüte	Gelbe Blütenköpfe, in lockeren, endständigen Rispen
Standort	Normaler Oberboden, trocken
Verwendung	Solitärstaude an Wasserbecken und Teichen mit exotischer Wirkung in sonniger Lage

2.30 Hemerocallis citrina
Taglilie ○–◑ VII–VIII D Wi ✂

Herkunft	China, Japan
Wuchsform	Höhe 90 cm, dicht und buschig; Stengel steif und aufrecht; Wurzeln fleischig verdickt
Blatt	Dunkelgrün, linealisch, 2zeilig angeordnet
Blüte	Hellzitronengelb, schmal trichterförmig, sehr lang, duftend
Standort	Normaler Oberboden, keine Staunässe
Verwendung	In kleinen und größeren Gruppen in sonniger bis halbschattiger Lage an Gewässerrändern

2.31 Hemerocallis x Atlas
Taglilie ○–◑ VI–VIII Wi ✂

Herkunft	Nordamerika; Zuchtsorte
Wuchsform	Höhe 1 m, dicht büschelig; Stengel steif und aufrecht
Blatt	Dunkelgrün, linealisch, fest, 2zeilig angeordnet
Blüte	Hellgelb, riesig, mit gewelltem Rand
Standort	Normaler Gartenboden, keine Staunässe
Verwendung	wie Hemerocallis citrina

2.32 Hemerocallis x Crimson Pirate
Taglilie ○–◑ VI–VIII D Wi ✂

Herkunft	Nordamerika; Zuchtsorte
Wuchsform	Höhe 70 cm, locker, aufrecht
Blatt	Dunkelgrün, linealisch, 2zeilig angeordnet
Blüte	Rot
Standort	Normaler Oberboden, keine Staunässe
Verwendung	In kleinen und größeren Gruppen in Uferbereichen von Teichen und Wasserläufen in sonniger bis halbschattiger Lage

Herkulesstaude
(Heracleum mantegazzianum)

Weißrandfunkie
(Hosta albomarginata)

Blaublattfunkie
(Hosta sieboldiana Elegans)

2.33 Heracleum mantegazzianum
Herkulesstaude ○ VII–VIII ♡

Herkunft	Kaukasus
Wuchsform	Höhe 250 cm mit dickem Wurzelstock und aufrechtem Wuchs; Stengel rotbraun, behaart; zweijährig
Blatt	Fiederschnittig, bis 1 m lang
Blüte	Weiß, mit bis 1 m breiten Blütendolden aus Tausenden kleinen Einzelblüten
Standort	Normaler Oberboden; völlig anspruchslos
Verwendung	Sehr dekorative Solitärstaude in Einzelstellung an Gewässern und vor geschlossenen Gehölzpflanzungen
Bemerkung	Vor der Samenreife Blütenstand abschneiden, wenn Selbstaussaat nicht gewünscht wird. Bei auftretendem Samenflug keimt die Pflanze binnen kurzer Zeit im gesamten Garten und kann dann zur Plage werden

2.34 Hosta albomarginata
Weißrandfunkie ◑–● VII–VIII ♡

Herkunft	China, Japan, Korea
Wuchsform	Höhe 30–60 cm, horstartig; Ausläufer bilden
Blatt	Breit lanzettlich, beidseitig grün, mit schmalem, weißem, leicht gewelltem Rand, 3–4 Nerven beidseitig
Blüte	Violett mit weißem Saum, trichterförmig
Standort	Normaler Oberboden; anspruchslos
Verwendung	In kleinen und größeren Gruppen als dekorative Blattpflanze in halbschattiger bis schattiger Lage unter Großgehölzen, Bäumen und an Ufern

2.35 Hosta sieboldiana Elegans
Blaublattfunkie ◑–● VII–VIII ♡ Wi

Herkunft	Japan, China, Korea
Wuchsform	Höhe 60 cm, horstartig; Verbreitung durch Vermehrung der Grundtriebe
Blatt	Graugrün bereift, herzförmig zugespitzt, groß mit deutlichen Blattnerven
Blüte	Weiß bis zartviolett, trichterförmig, mit dichter Blütentraube
Standort	Normaler Gartenboden; anspruchslos
Verwendung	In kleinen und großen Gruppen als dekorative Blattstaude in halbschattiger bis schattiger Lage vor Gehölzen, unter Bäumen und an Uferzonen, auch in Einzelstellung attraktiv

2.36 Hosta undulata Univittata
Schneefederfunkie ◑–● VII–VIII ♡ Wi

Herkunft	Japan
Wuchsform	Höhe 30 cm, dichte Horste bildend; Vermehrung durch Grundtriebe; Stengel weiß gestreift
Blatt	Oval lanzettlich, weiß gestreift, 40 cm lang, 5–9 cm breit, zugespitzt, leicht gewellt bis gedreht

Blüte	Hellviolett, trichterförmig, etwas gestreift in lockeren Blütentrauben
Standort	Normaler Gartenboden; anspruchslos
Verwendung	In kleinen Gruppen in halbschattiger bis schattiger Lage, besonders wirksam vor dunklem Hintergrund wie Koniferen oder Rhododendron

2.37 Hypericum calycinum
Johanniskraut ○–● VI–IX ⇝ # Wi

Herkunft	Europa, Kleinasien
Wuchsform	Höhe 30 cm, halbstrauchig mit einzelnen senkrechten Trieben; Ausläufer treibend
Blatt	Wintergrün (bei ausreichender Schneedeckung); bläulichgrün, ledrig, gegenständig, an aufrechten, leicht gebogenen Stengeln
Blüte	Goldgelb, schalenförmig, 7–8 cm groß mit langgestielten Staubgefäßen, Blüten einzeln und endständig
Standort	Normaler Gartenboden; verträgt viel Trockenheit
Verwendung	Als Bodendecker für große Flächen in sonniger bis schattiger Lage unter Gehölzen und an Gewässerrändern; wegen starker Verbreitung und Ausläuferbildung Begrenzung zu anderen Staudenpflanzungen notwendig

2.38 Iris barbata-elatior
Hohe Bartiris ○ V–VI ✂

Herkunft	Zuchtsorte; überwiegend aus Nordamerika
Wuchsform	Höhe 60–100 cm je nach Sorte; zwiebelige Knollen oder Rhizome mit flächiger Ausbreitung
Blatt	Bläulichgrün, schmal und schwertförmig, gerippt
Blüte	Domblätter aufwärts gerichtet, Hängeblätter abwärts gerichtet, Blütenränder leicht gewellt, Blütenfarbe je nach Sorte weiß bis blau
Standort	Normaler bis sandig-humoser Oberboden; trocken
Verwendung	In kleinen und größeren Gruppen in sonniger Lage an Gewässerrändern
Bemerkung	Geeignete Zuchtsorten: *Amethyst Flame, Arctic Snow, Bang, Blue Sapphire, Goldfackel, Lady Ilse*

Johanniskraut (Hypericum calycinum) ▷

Hohe Bartiris (Iris barbata-elatior) ▽

2.39 Iris barbata-media
Mittelhohe Bartiris ○ V ✂

Herkunft	Zuchtsorte; überwiegend aus Nordamerika
Wuchsform	Höhe 40 cm; zwiebelige Knollen; Stengel aufrecht, verzweigt
Blatt	Graugrün, schmal, schwertförmig
Blüte	Domblätter aufwärts gerichtet, Hängeblätter abwärts gerichtet, Farbe je nach Zuchtsorte von Weiß über Rot bis Blau
Standort	Normaler Gartenboden, trocken
Verwendung	In kleinen oder größeren Gruppen in Uferzonen in vollsonniger bis halbschattiger Lage
Bemerkung	Geeignete Zuchtsorten sind: *Findelkind, Glycilla, Lichtelfe, Nachtmahr, Schwanensee*

Sibirische Iris (Iris sibirica)

2.40 Iris barbata-nana
Niedrige Bartiris ○ IV–V

Herkunft	Zuchtsorte
Wuchsform	Höhe 15–30 cm; Wurzelknollen, unverzweigt
Blatt	Kurz, schwertförmig, zugespitzt
Blüte	Domblätter aufwärts gerichtet, Hängeblätter abwärts gerichtet, 1–2 Endknospen, Farbe je nach Zuchtsorte weiß bis blau
Standort	Normaler, leichter Oberboden, trocken
Verwendung	In kleinen und größeren Gruppen als Vorpflanzung in sonniger Lage; besonders in Verbindung mit Kieseln oder Steinpartien
Bemerkung	Geeignete Zuchtsorten sind: *Coerulea, Cyanea, Excelsa, Schneekuppe*

2.41 Iris sibirica
Sibirische Iris ○ VI ✂

Herkunft	Sibirien, Europa
Wuchsform	Höhe 80 cm, horstartig, dicht; Stengel ungleich lang, hohl, oft verzweigt
Blatt	Schilfartig, leicht bläulichgrün, schwertförmig, schmal, am Grunde oft rot
Blüte	Domblätter aufwärts gerichtet, Hängeblätter abwärts gerichtet, Blütenfarbe überwiegend blau je nach Zuchtsorte
Standort	Normaler Gartenboden; bevorzugt feuchte Plätze, verträgt jedoch auch trockene Standorte
Verwendung	In kleinen und größeren Gruppen an Teichufern und Wasserläufen in sonniger Lage
Bemerkung	Geeignete Zuchtsorten sind: *Blue Cape, Caesar's Brother, Mountain Lake, Mrs. Rowe, Perry's Blue, White Swirl*

2.42 Liatris spicata
Prachtscharte ○ VII–X ✂

Herkunft	Nordamerika
Wuchsform	Höhe 1 m, aufrecht; knollige Wurzel
Blatt	Linealisch, grasartige Blattschöpfe
Blüte	Violettlila, Blütenähren, blühen von oben nach unten auf

Mittelhohe Bartiris △
(Iris barbata-media)

Prachtscharte
(Liatris spicata) ▷

Greiskraut (Ligularia x hessei)
links oben

Greiskraut (Ligularia przewalskii)
links unten

Standort	Normaler Oberboden, feucht bis trokken
Verwendung	Als Einzelstaude, in kleineren oder größeren Gruppen, an Gewässerrändern in sonniger Lage

2.43 Ligularia clivorum Desdemona
Greiskraut ○–◑ VII–IX ♡

Herkunft	China, Japan
Wuchsform	Höhe 1 m, locker, buschig
Blatt	Rundlich bis herzförmig, purpurrot, ledrig
Blüte	Orangegelb, in flachen Trugdolden; frei über dem ornamentalen Laub
Standort	Lehmig, feucht, humos
Verwendung	Als Solitärstaude, in kleineren oder größeren Gruppen, an Gewässerrändern in sonniger bis halbschattiger Lage

2.44 Ligularia x hessei
Greiskraut ○–◑ VII–IX ♡

Herkunft	Zuchtsorte
Wuchsform	Höhe 180 cm, locker, aufrecht
Blatt	Herzförmig, groß
Blüte	Gelb, in kolbenartigen Blütenständen
Standort	Lehmiger oder humoser Oberboden
Verwendung	Als Solitärstaude, auch in kleinen und größeren Gruppen, an Gewässerrändern in sonniger bis halbschattiger Lage

2.45 Ligularia przewalskii
Greiskraut ○–◑ VII–IX ♡

Herkunft	Nordchina
Wuchsform	Höhe 100–150 cm, buschig, aufrecht; Wurzelstock kriechend; in sehr guten Böden wuchernd
Blatt	Tief eingebuchtet, fingerförmig geteilt, dunkelgrün
Blüte	Goldgelb, in schmalen, streng aufrechten Blütenähren
Standort	Feuchter, humoser Oberboden
Verwendung	In Einzelstellung als Solitärstaude, auch in kleinen und größeren Gruppen, in sonniger bis halbschattiger Lage an Gewässerrändern

2.46 Lysimachia clethroides
Schneefelberich ○ VII–IX Wi

Herkunft	Österreich, Kaukasus
Wuchsform	Höhe 80 cm, aufrecht
Blatt	Eiförmig, etwas behaart
Blüte	Weiße Ähren, überhängend
Standort	Frischer, feuchter Oberboden
Verwendung	In kleineren und großen Gruppen an Wasserläufen in sonniger bis halbschattiger Lage

2.47 Lysimachia punctata
Goldfelberich ◑–● VI–VIII ⇝ Wi

Herkunft	Österreich, Kaukasus
Wuchsform	Höhe 80 cm, locker, aufrecht; Stengel wenig verzweigt, kantig; Pflanze behaart; Ausläufer treibend
Blatt	Eiförmig, spitz, quirlständig zu 3–4
Blüte	Goldgelb, sternförmig in den Blattwinkeln etagenartig in Rispen angeordnet; wertvoller Dauerblüher
Standort	Normaler Oberboden, feucht
Verwendung	In kleinen oder größeren Gruppen an Gewässerrändern und vor Gehölzbeständen in halbschattiger bis schattiger Lage
Bemerkung	Stark Ausläufer treibend, in kleineren Flächen Begrenzung notwendig

2.48 Macleaya cordata
Federmohn ○–◑ VII–VIII ⇝ ♡

Herkunft	China, Japan
Wuchsform	Höhe 2–3 m, aufrecht, buschig; unterirdisch Ausläufer treibend; Stengel kräftig, blaugrau bereift mit bräunlichem Milchsaft
Blatt	Groß, rundlich, herzförmig, blaugrün, Unterseite hellgrün, tief und unregelmäßig gelappt
Blüte	Weißlich bis korallenrosa, große, lockere Blütenrispen
Standort	Normaler Gartenboden
Verwendung	Solitärstaude in Einzelstellung oder in größeren Staudenpflanzungen in sonniger bis halbschattiger Lage

2.49 Mimulus cardinalis
Gauklerblume ○ VI–IX

Herkunft	Nordamerika
Wuchsform	Höhe 50 cm, buschig ausgebreitet oder niederliegend
Blatt	Eirund angespitzt, klebrig, scharf gezähnt, silbrig behaart
Blüte	Scharlachrot, langgestielt
Standort	Normaler Oberboden
Verwendung	In kleinen und größeren Gruppen in vollsonniger Lage
Bemerkung	Bei starken Kahlfrösten ist Bodenschutz notwendig

Schneefelberich (Lysimachia clethroides)

2.50 Mimulus tigrinus

Gauklerblume ○ VI–IX

Herkunft	Nordamerika
Wuchsform	Höhe 30 cm, buschig ausgebreitet oder niederliegend
Blatt	Eirund angespitzt, scharf gesägt, silbrig behaart
Blüte	Gelb, rotgefleckt in verschiedenen Schattierungen
Standort	Normaler Oberboden
Verwendung	In kleinen und größeren Gruppen in vollsonniger Lage

2.51 Oenothera missouriensis

Nachtkerze ○ VII–IX Wi

Herkunft	Nordamerika
Wuchsform	Höhe 15 cm, Triebe auf dem Boden aufliegend; kräftiger, tiefgehender Wurzelstock
Blatt	Schmal, lanzettlich, hellgrün
Blüte	Hellgelb, glockenartig, rot; Nachtblüher
Standort	Normaler Oberboden
Verwendung	In kleinen und größeren Gruppen auf Kiesflächen und in Felspartien in vollsonniger Lage an Gewässerrändern und auf Mauern

2.52 Oenothera tetragona

Nachtkerze ○ VI–VIII Wi

Herkunft	Nordamerika
Wuchsform	Höhe 40–60 cm, locker, aufrecht; Stengel kahl, blaugrün
Blatt	Lanzettlich bis eirund, Blattrosetten bronzefarben
Blüte	Kobaltgelb, in lockeren Blütendolden; Knospen dunkelrot
Standort	Normaler Oberboden; warm, Trockenheit vertragend
Verwendung	In kleinen und größeren Gruppen, auch großflächig, an vollsonnigen, steinigen oder felsigen Uferpartien

2.53 Omphalodes verna

Waldvergißmeinnicht ◑–● IV–V ⇝ ♡ # Wi

Herkunft	Europa und Asien
Wuchsform	Höhe 10–15 cm; Ausläufer treibend; bodendeckend
Blatt	Grün, rauh, eiförmig, spitz, gestielt
Blüte	Himmelblau mit weißer Mitte, in lockeren Trauben
Standort	Normaler Oberboden
Verwendung	In kleinen und größeren Gruppen, auch großflächig als Bodendecker, in halbschattiger bis schattiger Lage an Gehölzsäumen und bei großen Bäumen

Gauklerblume (Mimulus tigrinus)

Nachtkerze (Oenothera missouriensis)

Knöterich (Polygonum affine Darjeeling Red)

Kugelprimel (Primula denticulata)

2.54 Peltiphyllum peltatum
Schildblatt ◑–● V ♡

Herkunft	Japan
Wuchsform	Höhe 80 cm; Wurzelstock fleischig
Blatt	Grundblätter haben einen Durchmesser von 30 cm, lang gestielt, schildförmig
Blüte	Weiß bis rötlich, vor dem Blattaustrieb, in traubenartigen Blütendolden auf behaartem Stiel
Standort	Normaler Oberboden
Verwendung	Als dekorative Uferpflanze für Teiche und Bäche in kleinen und größeren Gruppen in halbschattiger bis schattiger Lage

2.55 Polygonum affine
Knöterich ○–◑ VII–IX ⇝ Wi

Herkunft	Himalaja
Wuchsform	Höhe 20 cm; Ausläufer treibend, Polster bildend
Blatt	Schmal, lanzettlich, hellgrün, Belaubung dicht
Blüte	Rosa Blütenähren, die weißlich verblühen
Standort	Normaler Oberboden
Verwendung	In größeren Gruppen und großflächig als Bodendecker an Ufersäumen in sonniger bis halbschattiger Lage

2.56 Polygonum compactum Roseum
Knöterich ○–◑ VIII–IX ⇝ ♧ Wi

Herkunft	Himalaja
Wuchsform	Höhe 40–60 cm; Ausläufer treibend
Blatt	Derb, spitz, braunrot schattiert
Blüte	Weißlichrote Blütenrispen; Früchte korallenrot
Standort	Normaler Gartenboden
Verwendung	In kleineren und größeren Gruppen, auch flächig als Bodendecker an Uferzonen in sonniger bis halbschattiger Lage

2.57 Primula x bullesiana
Etagenprimel ◑–● VI–VIII

Herkunft	Zuchtsorte
Wuchsform	Höhe 40 cm, Rosetten bildend; oberer Stengel bemehlt
Blatt	Breit lanzettlich, stumpf, mit dunkelroter Rippe, unregelmäßig fein gezähnt, Oberseite glatt, Unterseite leicht behaart
Blüte	Gelb über Orange bis Rot, Pastelltöne, 5–8 Quirle, etagenartig angeordnet
Standort	Lehmiger, humoser Boden, feucht
Verwendung	In kleineren und größeren Gruppen in Verbindung mit bodendeckenden Stauden an Gehölz- und Gewässerrändern in halbschattiger bis schattiger Lage

Sumpfprimel △
(Primula florindae)

Schildblatt
(Peltiphyllum peltatum)
◁

Orchideenprimel
(Primula vialii) ▽

2.58 Primula denticulata
Kugelprimel ◑–● III–V

Herkunft	Afghanistan
Wuchsform	Höhe 30 cm, Rosetten bildend
Blatt	Stumpf, eilanzettlich, Oberseite glatt, unregelmäßig gezähnt, Blattränder gewölbt
Blüte	Weiß bis violett, in kugeligen Blütenständen auf geraden, starken Stielen
Standort	Frischer, feuchter Oberboden
Verwendung	In kleinen und größeren Gruppen an Gewässerrändern in halbschattiger bis vollschattiger Lage
Bemerkung	Empfehlenswerte Zuchtsorten: *Alba, Cachemiriana Rubin, Grandiflora*

2.59 Primula florindae
Sumpfprimel ◑–● VI–VII

Herkunft	Südwesttibet
Wuchsform	Höhe 80 cm, horstartig
Blatt	Groß, herz-eiförmig, langgestielt, stumpf gezähnt
Blüte	Schwefelgelb, überhängende, duftende Blütendolden, rötliche Blütenstiele
Standort	Durchlässiger, feuchter Oberboden
Verwendung	In kleinen und größeren Gruppen in Sumpfbereichen und an Ufern stehender und fließender Gewässer in halbschattiger bis schattiger Lage

2.60 Primula vialii
Orchideenprimel ◑–● VI–VIII

Herkunft	Asien
Wuchsform	Höhe 50 cm, in dichten Rosetten, flächig wachsend
Blatt	Breit lanzettlich, gezähnt, behaart
Blüte	Scharlach bis purpurviolett, in dichten, kompakten Blütenähren
Standort	Humoser, feuchter Oberboden
Verwendung	In kleinen und größeren Gruppen, auch flächig, an Uferzonen in halbschattiger bis schattiger Lage; besonders auch in Verbindung mit Steinpartien
Bemerkung	Liebhaberpflanze; Winterschutz erforderlich

Lungenkraut (Pulmonaria angustifolia) ◁

Braunelle (Prunella grandiflora Loveliness) ▽

2.61 Prunella grandiflora Loveliness
Braunelle ○–◑ VII–IX Wi

Herkunft	Europa, Nordafrika
Wuchsform	Höhe 15–25 cm; kriechender Wurzelstock
Blatt	Ganzrandig, tief gezähnt, spitz, eiförmig
Blüte	Hellila in dichten Ähren
Standort	Normaler Oberboden, feucht
Verwendung	In kleinen und großen Gruppen, auch großflächig als Bodendecker, in Feuchtzonen und an Ufern in sonniger bis halbschattiger Lage

2.62 Pulmonaria angustifolia
Lungenkraut ◑ IV–V Wi

Herkunft	Europa, Kaukasus
Wuchsform	Höhe 30–40 cm, dicht, buschig; kriechende Wurzeln; flächige Verbreitung
Blatt	Grundblätter rosettig, ungefleckt, rauh behaart
Blüte	Leuchtendenzianblau, trichterförmig, in dichten Blütenbüscheln
Standort	Normaler bis humoser Oberboden; nicht zu trocken
Verwendung	In kleinen und größeren Gruppen, auch flächig als Bodendecker, in halbschattiger Lage an Gehölzsäumen und Gewässerrändern

2.63 Pulmonaria saccharata Mrs. Moon
Lungenkraut ● IV–V ♡ Wi

Herkunft	Südeuropa
Wuchsform	Höhe 30 cm, dicht, buschig, neigt zu Horstbildung
Blatt	Breit lanzettlich, zugespitzt, grün mit unregelmäßigen, ineinanderlaufenden, weißen Flecken, marmoriert
Blüte	Leuchtendrot, bläulich verblühend, trichterförmig, in dichten Blütenbüscheln
Standort	Feuchter, humoser Oberboden
Verwendung	In kleinen und größeren Gruppen, auch sehr gut als Bodendecker, in schattiger Lage unter Gehölzen, Baumbeständen und an Gewässerrändern

2.64 Rheum palmatum Tanguticum
Russischer Rhabarber ○–◑ V–VII ♡ Wi

Herkunft	Kleinasien, Sibirien, China
Wuchsform	Höhe 2 m; Stengel kräftig verzweigt, aufrecht, weich behaart; kräftiger Wurzelstock
Blatt	Im Austrieb rötlich, später dunkelgrün, länglich, tief und spitzlappig eingeschnitten, 3- bis 5rippig, unterseits rötlich und flaumig
Blüte	Rote, hohe Blütenrispen; rotbraune Frucht
Standort	Kräftiger, tiefgründiger Oberboden
Verwendung	In sonniger bis halbschattiger Lage; besonders dekorativ in Gewässernähe

2.65 Rodgersia podophylla
Schaublatt ◑–● VI–VII ♡ Wi

Herkunft	Japan, Korea
Wuchsform	Höhe 150 cm, lockerer, aufrechter Wuchs; flache, kriechende Rhizomwurzel
Blatt	Im Austrieb bronzefarbig, braun behaart, später glänzend und dunkelgrün, Durchmesser über 50 cm, handförmig mit tief gesägten Rändern
Blüte	Gelblichweiß, in überhängenden Blütenrispen
Standort	Durchlässiger, humoser Oberboden, feucht
Verwendung	Als Solitärstaude oder in kleineren Gruppen an Gewässer- und Gehölzrändern, besonders auch in Verbindung mit Rhododendron, in halbschattiger bis schattiger Lage

2.66 Rodgersia tabularis
Schildschaublatt ◑–● VI–VII ♡ Wi

Herkunft	Nordchina, Mandschurei
Wuchsform	Höhe 100–150 cm, lockerer, aufrechter Wuchs; knollige Erdstämme
Blatt	Hellgrün, schildförmig, langgestielt, am Rand unregelmäßig eingebuchtet
Blüte	Weiß, in leicht überhängenden Blütenrispen
Standort	Durchlässiger, humoser Oberboden, feucht
Verwendung	Als Solitärstaude oder in kleinen Gruppen an Gewässerrändern in halbschattiger bis schattiger Lage

2.67 Stachys grandiflora Superba
Ziest ○–◑ VII–VIII ♡ Wi

Herkunft	Kaukasus, Persien
Wuchsform	Höhe 40 cm, dichte Horste bildend, aufrecht
Blatt	Eirund, langgestielt, gekerbt
Blüte	Purpurrosa, in dichten Quirlen
Standort	Normaler Gartenboden; Kalk liebend
Verwendung	In kleinen und größeren Gruppen, auch großflächig als Bodendecker, in sonniger bis halbschattiger Lage an Gewässer- und Gehölzrändern

Wiesenraute (Thalictrum aquilegifolium) ▷

Ziest (Stachys grandiflora Superba) ▽

2.68 Thalictrum aquilegifolium
Wiesenraute ◑ VI–VII ✂

Herkunft	Europa, Sibirien, Japan
Wuchsform	Höhe 1 m, grundständige Blattrosette mit lockeren, aufrechten Blütenstielen, ähnlich der Akelei
Blatt	Graugrün, leicht bereift, großlappig, 2- bis 3teilig
Blüte	Lila bis purpur, federig, in lockeren Blütenrispen
Standort	Frischer, leicht saurer Oberboden
Verwendung	In kleinen und größeren Gruppen in bodendeckenden Stauden- und Gehölzpflanzungen in halbschattiger Lage

2.69 Tiarella cordifolia
Schaumblüte ◑–● IV–V ⇝ Wi

Herkunft	Asien, Nordamerika
Wuchsform	Höhe 20 cm; Flachwurzler mit Ausläufern; bodendeckend
Blatt	Frischgrün, glänzend, breit eiförmig, Rand gesägt
Blüte	Weiß, in aufrechten Blütentrauben
Standort	Lockerer, humoser Boden, feucht
Verwendung	In kleinen und größeren Gruppen, auch großflächig als Bodendecker, in halbschattiger bis schattiger Lage an Gehölz- und Gewässerrändern

2.70 Tradescantia x andersoniana
Dreimasterblume ○–◑ VI–VIII Wi

Herkunft	Nordamerika
Wuchsform	Höhe 50 cm, locker, aufrecht
Blatt	Schmal, grasartig, in der Mitte gefaltet, spitz
Blüte	3zählig, in Trugdolden, blau bis violett je nach Zuchtsorte
Standort	Normaler Oberboden
Verwendung	In kleinen und großen Gruppen an Teichufern und Wasserläufen in sonniger bis halbschattiger Lage
Bemerkung	Geeignete Zuchtsorten: *I. C. Weguelin, Innocence, Karminglut, Zwanenburg Blue*

2.71 Waldsteinia ternata
Waldsteinie ◑–● IV–VII ⇝ # Wi

Herkunft	Ungarn, Balkan
Wuchsform	Höhe 10 cm; kriechende, oberirdische Ausläufer, Teppichbildung
Blatt	Wintergrün; 3teilig, ledrig, glänzend, dicht behaart
Blüte	Gelb, in lockeren Blütenständen
Standort	Normaler Oberboden; verträgt auch trockene Humusböden
Verwendung	In kleinen und größeren Gruppen sowie großflächig als Bodendecker in halbschattiger bis schattiger Lage an Gehölzrändern, unter großen Baumbeständen und an Gewässern

Dreimasterblume (Tradescantia x andersoniana) △

Waldsteinie (Waldsteinia ternata) ▽

Farne

2.72 **Adiantum pedatum**
Pfauenradfarn ◑–● ✂

Herkunft	Ostasien, Nordamerika
Wuchsform	Höhe 60 cm, zierlich, locker und aufrecht wachsend
Blatt	Handförmige Wedel, 7–8fach gefiedert, glänzend, hufeisenförmig gebogen
Standort	Humoser Boden mit hoher Luft- und Bodenfeuchtigkeit
Verwendung	Einzeln oder in kleineren oder größeren Gruppen in schattigen Lagen unter Gehölzen

2.73 **Athyrium filix-femina**
Frauenfarn ◑–● Wi

Herkunft	Nördliche Hemisphäre
Wuchsform	Höhe 70 cm, mit starken Wedelstielen, steif aufrecht wachsend
Blatt	Feingefiederte, hellgrüne Wedel, Fiederblätter engstehend
Standort	Humoser Boden mit hoher Luft- und Bodenfeuchtigkeit
Verwendung	Einzelstellung, auch in kleinen oder größeren Gruppen, in halbschattigen bis schattigen Lagen unter Gehölzpflanzungen

2.74 **Blechnum spicant**
Rippenfarn ◑–● # Wi

Herkunft	Nordamerika, Europa, Kleinasien, Japan
Wuchsform	Höhe 20–40 cm, flach ausgebreitet, dichte Horste bildend
Blatt	Wedel grazil, einfach gefiedert, glänzendgrün; auffallende Fruchtwedel im Sommer
Standort	Feuchte bis nasse, saure Böden
Verwendung	In kleineren und größeren Gruppen, auch als Bodendecker, in halbschattigen bis schattigen Teichrandlagen mit Anschluß an Gehölzpflanzungen

Pfauenradfarn (Adiantum pedatum) ▷

Rippenfarn (Blechnum spicant) ▽

Königsfarn (Osmunda regalis)

Filigranfarn
(Polystichum setiferum Proliferum)

Hirschzungenfarn
(Phyllitis scolopendrium)

2.75 Dryopteris borreri
Goldschuppenfarn ◑–● Wi

Herkunft	Westeuropa, Mittelmeerraum
Wuchsform	Höhe 80 cm, trichterförmig; Stiele dicht, zottelig und goldbraun geschuppt
Blatt	Ledrig, tiefgrün, glänzend; fast wintergrün
Standort	Humoser Boden mit hoher Luft- und Bodenfeuchtigkeit
Verwendung	Einzeln oder in kleinen und größeren Gruppen in halbschattiger bis schattiger Lage an Gehölzrändern oder zur Unterpflanzung von Gehölzen

2.76 Dryopteris filix-mas
Wurmfarn ◑–● Wi

Herkunft	Kosmopolit
Wuchsform	Höhe 1 m; Wedel aufrecht, trichterförmig
Blatt	Wedel einfach gefiedert, weich, dunkelgrün
Standort	Humoser Boden, feucht, jedoch keine stauende Nässe vertragend
Verwendung	Als Solitärpflanze oder in kleinen Gruppen am Gewässer- oder Gehölzrand in halbschattiger bis schattiger Lage

2.77 Matteuccia struthiopteris
Straußfarn ◑–● ⇝ Wi

Herkunft	Ost- und Mitteleuropa, Asien, Nordamerika
Wuchsform	Höhe 80 cm, auffallend trichterförmig; Wurzelstock mit unterirdischen Ausläufern; wuchernd
Blatt	Wedel gefiedert, hellgrün; Fruchtwedel aus der Mitte des Trichters wachsend
Standort	Humoser, feuchter Boden
Verwendung	Als Solitärpflanze, jedoch auch in kleinen oder größeren Gruppen und zur Flächenbegrünung unter Bäumen, in halbschattiger bis schattiger Lage

2.78 Osmunda regalis
Königsfarn ◑–● Wi

Herkunft	Nördliche und südliche gemäßigte Zonen
Wuchsform	Höhe 120 cm, locker und aufrecht
Blatt	Wedel breit, doppelt gefiedert, gelbgrün, an den inneren Wedeln braune Fruchtfiedern
Standort	Feuchte bis anmoorige Böden
Verwendung	Als Solitärpflanze oder in kleinen Gruppen, in Waldbereichen auch flächendeckend, in halbschattiger bis schattiger Lage
Bemerkung	Wertvoller, seltener Farn; steht unter Naturschutz

2.79 Phyllitis scolopendrium
Hirschzungenfarn ◑–● # Wi

Herkunft	Europa
Wuchsform	Höhe 40 cm, locker, aufrecht, buschig
Blatt	Wedel ungefiedert, breit, lanzettlich, lederartig, glänzend, dunkelgrün, am Rand unregelmäßig gebuchtet, teils gewellt
Standort	Kalkhaltiger, humoser Boden
Verwendung	In kleineren oder größeren Gruppen in halbschattiger bis schattiger Lage

2.80 Polystichum aculeatum
Schildfarn ◑–● # Wi

Herkunft	Gemäßigte Zonen Europas und Asiens
Wuchsform	Höhe 80 cm, aufrecht wachsend; Blattstiele bis 20 cm, kahl mit kupferfarbigen Spreuhaaren
Blatt	Wedel doppelt gefiedert, derb ledrig, glänzendgrün, Fiederblättchen wechselständig
Standort	Humoser, feuchter Waldboden
Verwendung	Als Einzelpflanze oder in kleineren Gruppen in halbschattiger bis schattiger Lage unter Baumbestand oder am Gehölzrand

2.81 Polystichum setiferum Proliferum
Filigranfarn ◑–● #

Herkunft	Zuchtsorte
Wuchsform	Höhe 60 cm, locker wachsend
Blatt	Wedel sehr fein zerteilt, bräunlich behaart, 3fach gefiedert
Standort	Humoser, feuchter Boden
Verwendung	In kleineren und größeren Gruppen unter Großgehölzen oder Gehölzrändern in halbschattiger bis schattiger Lage

Goldschuppenfarn △
(Dryopteris borreri)

Straußfarn
(Matteuccia struthiopteris)
◁

Schildfarn (Polystichum aculeatum) ▷

Riesensegge (Carex pendula)

Gräser

2.82 Carex buchananii
Fuchsrote Segge ○ VIII ♡ Wi ✂

Herkunft	Neuseeland
Wuchsform	Höhe 40 cm, aufrecht, lockere Horste bildend
Blatt	Lange, dünne, rotbraune Halme, Spitzen leicht überhängend
Blüte	Rotbraune, überhängende Büschel
Standort	Normaler Gartenboden
Verwendung	In kleineren und mittleren Gruppen, auch flächendeckend, in sonniger Lage

2.83 Carex pendula
Riesensegge ◑–● VI–VII # ♡ Wi

Herkunft	Europa, Asien, Südafrika
Wuchsform	Höhe 80–100 cm, locker, aufrecht, in Horsten
Blatt	Breit, saftig grün, überhängend, buschig
Blüte	Herabhängende, pendelnde, braune Ähren
Standort	Feuchter Waldboden oder Sumpfboden
Verwendung	Als Einzelstaude oder in kleinen Gruppen in halbschattiger bis schattiger Lage unter Bäumen oder an Gehölzrändern sowie Gewässerrändern

2.84 Deschampsia caespitosa
Waldschmiele ○–◑ VI–VII

Herkunft	Europa, Asien
Wuchsform	Höhe 80–100 cm, dichte, dunkelgrüne Horste bildend
Blatt	Dunkelgrün, stark überhängend, 7nervig, Oberseite rauh
Blüte	Lockere, gelblichbraune, überhängende Rispen
Standort	Normaler Gartenboden
Verwendung	Als Einzelstaude oder in kleinen Gruppen in sonniger oder halbschattiger Lage am Gehölzrand und in Staudenbeeten, auch am Gewässerrand

Fuchsrote Segge (Carex buchananii) △

Süßgras (Glyceria maxima Variegata) rechts △

Waldschmiele (Deschampsia caespitosa) ▷

Silberährengras (Lasiagrostis calamagrostis) ◁

2.85 Glyceria maxima Variegata
Süßgras ○ VII–VIII ⇝ ♡

Herkunft	Europa, Asien, Nordamerika
Wuchsform	Höhe 70 cm, locker, aufrecht
Blatt	Schilfartig, gelblichweiß gestreift, im Herbst rosa schimmernd
Blüte	Gelbgrüne Rispen
Standort	Trocken bis Sumpfboden, bis 10 cm Wasserstand
Verwendung	Einzelpflanze, in großen Anlagen auch als Bodendecker, in sonniger Lage

2.86 Lasiagrostis calamagrostis
Silberährengras ○ VI–IX Wi ✂

Herkunft	Südeuropa
Wuchsform	Höhe 80 cm, locker, in breiten Horsten
Blatt	Schmal, gelblich, überhängend
Blüte	Weiß, schweifartig, überhängende Ähren
Standort	Normaler Gartenboden
Verwendung	Als Einzelpflanze in Staudenflächen und an Ufern in sonniger Lage
Bemerkung	Die Blütenähren sind bis zum Winter sehr attraktiv

2.87 Luzula nivea
Schneemarbel ○–● VI–VII # Wi ✂

Herkunft	Südeuropa
Wuchsform	Höhe 40 cm, locker, grasartig
Blatt	Linealisch, schmal, Rand silbrig behaart
Blüte	Weißlich, doldiger Blütenstand, überhängend
Standort	Normaler oder humoser Gartenboden
Verwendung	In kleinen und großen Gruppen, auch als Flächenpflanzung vor und unter Gehölzbeständen oder in Staudenrabatten, in halbschattiger Lage
Bemerkung	Schnittstaude für Bindereien und Trockensträuße

2.88 Luzula sylvatica
Waldmarbel ◑ V–VI # Wi

Herkunft	Europa, Kleinasien
Wuchsform	Höhe 30 cm, lockere Horste bildend
Blatt	Dunkelgrün, breit linealisch, am Rand silbrig behaart
Blüte	Große, bräunliche, überhängende Blütendolden
Standort	Normaler oder humoser Gartenboden
Verwendung	In kleinen oder großen Gruppen als Unterpflanzung oder Vorpflanzung von Gehölzen und an Wasserflächen in halbschattiger Lage

2.89 Miscanthus sinensis Gracillimus
Chinaschilf ○ IX–X # ✂

Herkunft	China, Japan
Wuchsform	Höhe 150 cm, aufrecht, dichte Horste bildend
Blatt	Dekorativ, sehr schmal, überhängend
Blüte	Silbrige, federartige Blütenähren
Standort	Normaler Gartenboden
Verwendung	Als Einzelpflanze an exponiertem Standort an Wasserflächen und an gut einzusehender Stelle in sonniger Lage
Bemerkung	Sehr dekoratives Gras auch im Winter bei Reifbildung; sehr gut für Schnitt als dekorativer Zusatz zu Blumengestekken; an kleinen Gewässern Ersatz für Phragmites communis

2.90 Miscanthus sinensis Strictus
Stachelschweingras ○ IX–X ✂

Herkunft	China
Wuchsform	Höhe 150 cm, steil, straff aufrecht
Blatt	Blaugrün mit gelben Querstreifen, überhängend
Blüte	Silbrige, fächerförmige Ähren
Standort	Normaler, durchlässiger Gartenboden
Verwendung	In Einzelstellung in Staudenbeeten oder an Gewässerrändern in sonniger Lage

Stachelschweingras (Miscanthus sinensis Strictus) ▷

Blaues Pfeifengras (Molinia caerulea) ▷

Lampenputzergras (Pennisetum compressum) ◁

2.91 Molinia altissima
Riesenpfeifengras

○–◑ VIII–IX ✂

Herkunft	Europa
Wuchsform	Höhe 150–200 cm, aufrecht, horstartig
Blatt	Schmal, aufrecht, goldbraune Herbstfärbung
Blüte	Zahlreiche, riesige, überhängende, dunkelbraune Blütenähren
Standort	Normaler bis feuchter Gartenboden
Verwendung	Solitärgras an Gewässern oder in Staudenbeeten in sonniger bis halbschattiger Lage
Bemerkung	Für Schnitt geeignet

2.92 Molinia caerulea
Blaues Pfeifengras

○–◑ VIII–X ✂

Herkunft	Europa
Wuchsform	Höhe 80 cm, dichte Horste bildend
Blatt	Bläulichgrün
Blüte	Ähren in schmalen Rispen auf drahtigen Stielen
Standort	Humoser, feuchter Gartenboden
Verwendung	In kleinen Gruppen an Teichanlagen und Bachläufen in sonniger bis halbschattiger Lage

2.93 Pennisetum compressum
Lampenputzergras

○ VIII–IX ✂

Herkunft	Australien
Wuchsform	Höhe 80 cm, aufrecht, lockere Horste
Blatt	Schmal, graugrün, zierlich, anfangs aufrecht, später überhängend
Blüte	Walzenförmige, rotbraune Ähren
Standort	Normaler, durchlässiger Gartenboden, keine Staunässe; geschützte Lage
Verwendung	Als Solitärpflanze oder in kleinen Gruppen an Wasserbecken und in Staudenbeeten in sonniger Lage
Bemerkung	Blütenähren gut für Schnitt geeignet

Zwergbambus (Sasa pumila) △

Gartenbambus (Sinarundinaria murielae) ▽

2.94 Phalaris arundinacea
Rohrglanzgras ○ VI–VII ⟿ ✂

Herkunft	Südeuropa
Wuchsform	Höhe 1 m, locker; aufrecht wachsend
Blatt	Schilfartig, rötlich bis violett und weiß gestreift
Blüte	Silbrigweiße Blütenähren, kompakt
Standort	Normaler Gartenboden bis sumpfige Uferzonen
Verwendung	Als Solitärgras oder in kleinen Gruppen an Teichrändern und Wasserläufen zur Ufersicherung in sonniger Lage

2.95 Sasa pumila
Zwergbambus ○–◑ ⟿ ♡ #

Herkunft	Japan
Wuchsform	Höhe 60 cm, aufrecht, mit starkem Ausbreitungsdrang; dünne Halme, Halmscheiden rötlich
Blatt	Bis 15 cm lang, 1–2 cm breit, hellgrün, beidseitig behaart; immergrün
Standort	Frischer Gartenboden
Verwendung	Bodendecker; auch großflächig an Wasserläufen und Teichen in halbschattiger Lage
Bemerkung	Sehr guter, halbhoher, immergrüner Bodendecker

2.96 Sinarundinaria murielae
Gartenbambus ○–◑ ♡ # ✂

Herkunft	Mittelchina
Wuchsform	Höhe 2 m, kompakt, aufrecht, erst im 2. Jahr verzweigend; dünne Halme, Halmscheiden rötlich angelaufen, überhängend und locker
Blatt	Spitz elliptisch, glänzend, dunkelgrün, unterseits bläulich; immergrün
Standort	Durchlässiger, normaler Gartenboden, auch humos bis frisch
Verwendung	Als Solitärgras an Gewässerrändern oder in Staudenbeeten in sonniger bis halbschattiger Lage
Bemerkung	Sehr wertvolles, winterhartes, immergrünes Ziergras, auch für Schnitt geeignet

Gartenbambus (Sinarundinaria nitida)

Reiherfedergras (Stipa barbata)

2.97 Sinarundinaria nitida
Gartenbambus ○–◑ ♡ #

Herkunft	Mittel- und Westchina
Wuchsform	Höhe 3 m, aufrecht, rohrartige Stengel, Halmscheide fein behaart
Blatt	Zierlich, glänzendpurpurn, 5–8 cm lang; immergrün
Standort	Durchlässiger Gartenboden, auch humos bis frisch
Verwendung	Nur als Solitärgras an Wasserläufen und in Staudenbeeten in sonniger bis halbschattiger Lage

2.98 Stipa barbata
Reiherfedergras ○ VII–VIII Wi ✂

Herkunft	Mittelmeerraum
Wuchsform	Höhe 80 cm, locker, aufrecht, Horste bildend
Blatt	Sehr schmal und lang, am Rand oft eingerollt
Blüte	Gelbe Ähren auf langen Stielen, in lockeren Blütenrispen, Grannen sehr lang, bogig überhängend, silberseidig
Standort	Sandiger, trockener Gartenboden
Verwendung	Solitärgras an Wasserflächen oder in Staudenbeeten in sonniger Lage
Bemerkung	Blütenähren mit hohem Schnittwert

2.99 Stipa gigantea
Pyrenäenfedergras ○ VI–VIII # Wi ✂

Herkunft	Spanien
Wuchsform	Höhe 180 cm, locker, aufrecht, Horste bildend
Blatt	Schmal, blaugrün, eingerollt
Blüte	Gelbe Ähren auf langen Stielen, in lockeren bis mannshohen Blütenrispen
Standort	Sandiger, trockener Gartenboden
Verwendung	Nur als Solitärpflanze an Wasserflächen und in Staudenbeeten in sonniger, geschützter Lage
Bemerkung	Blütenstände für Schnitt sehr wertvoll; Winterschutz erforderlich

III. Sumpf- und Wasserstauden

3.01 Acorus calamus
Kalmus ○–◑ VI–VII ⇝ Wi

Herkunft	Europa, Ostasien
Wuchsform	Höhe 60 cm, kriechend; Rhizombildung
Blatt	Schwertförmig, lineal zugespitzt
Blüte	Walzenförmige Blütenkolben, zuerst gelblich, später bräunlich
Standort	Sumpfboden, bis 20 cm Wasserstand
Verwendung	In kleinen und großen Gruppen an Teichrändern und Wasserläufen; zur Rekultivierung in der freien Landschaft
Bemerkung	Verwendung als Parfüm- und Likörzusatz

3.02 Acorus calamus Variegatus
Weißbunter Kalmus ○–◑ VI–VII ⇝ ♡

Herkunft	Europa und Ostasien
Wuchsform	Höhe 60 cm; Rhizombildung; kriechend
Blatt	Weißbunt
Blüte	Walzenförmige Kolben auf langem Stiel, anfangs gelblich, später hellbraun
Standort	Sumpfboden, bis 20 cm Wasserstand
Verwendung	In kleinen Gruppen an Teichrändern und Wasserläufen

3.03 Alisma plantago-aquatica
Froschlöffel ○–◑ VI–IX Wi ✂

Herkunft	Europa und Asien
Wuchsform	Höhe 70 cm, buschig; knollige Grundachse
Blatt	Langgestielt, elliptisch bis eiförmig, spitz
Blüte	Weißlich bis rosa, Blütenrispen in mehreren Quirlen, aufrecht
Standort	Sumpfboden, bis 20 cm Wasserstand
Verwendung	Als Solitärstaude und in kleinen Gruppen an Ufern von Teichen und Wasserläufen
Bemerkung	Starke Vermehrung durch Selbstaussaat

Blumenbinse (Butomus umbellatus) ▷

Froschlöffel (Alisma plantago-aquatica) ▽

3.04 Butomus umbellatus
Blumenbinse ○ VI–VIII Wi ✂

Herkunft	Europa und Asien
Wuchsform	Höhe 80–100 cm; kriechender Wurzelstock, nicht wuchernd
Blatt	Lineal, unten 3kantig
Blüte	Rosa bis hellrot, als Scheindolden bis 1 m hoch
Standort	Sumpfboden, bis 20 cm Wasserstand; anspruchslos
Verwendung	Gruppenpflanzung an großen Wasserbecken, Uferbepflanzung an Teichen, Verwendung in der freien Landschaft
Bemerkung	Wertvolle Blütenstaude

3.05 Calla palustris
Sumpfcalla ○–◑ VI–VII ♧ Wi

Herkunft	Nord- und Mitteleuropa
Wuchsform	Höhe 20 cm; kriechende Rhizome
Blatt	Glänzend, grün, herzförmig
Blüte	Grünlicher Blütenkolben mit weißer Blütenscheide
Standort	Saure bis sumpfige Böden, bis 10 cm Wasserstand
Verwendung	In kleinen Gruppen in Sumpfflächen und an Teichrändern
Bemerkung	Korallenrote Beerenfrüchte im Spätsommer; Pflanze giftig, Bestäubung durch Schnecken

3.06 Caltha palustris
Sumpfdotterblume ○–◑ III–V Wi

Herkunft	Europa, Gebirge bis 2 500 m Höhe
Wuchsform	Höhe 30 cm, buschig
Blatt	Herzförmig, glänzend, frisch auf langen, hohlen Stielen
Blüte	Gelb
Standort	Normale Gartenböden oder Sumpfböden, bis 10 cm Wasserstand
Verwendung	In kleinen und großen Gruppen in Sumpfbereichen, an Bach- und Teichufern
Bemerkung	Samen giftig; schwimmt zur Verbreitung auf dem Wasser

3.07 Caltha palustris Multiplex
Gefüllte Sumpfdotterblume ○–◑ IV–VI ♡ ♧ ✂

Herkunft	Europa
Wuchsform	Höhe 30 cm, buschig
Blatt	Herzförmig, glänzend
Blüte	Gelb, gefüllt
Standort	Normaler Gartenboden bis Sumpfboden, jedoch ohne Wasserstand
Verwendung	In kleinen Gruppen in Sumpfbereichen, an Bach- und Teichrändern

3.08 Carex grayi
Morgensternsegge ○–◑ VII–VIII ♡ ♧ ✂

Herkunft	Östliches Nordamerika
Wuchsform	Höhe 30 cm, buschig
Blatt	3kantig, lineal lanzettlich

Zypergras (Cyperus longus) ▷

Sumpfdotterblume (Caltha palustris) ▽

Blutauge (Comarum ◁ palustris)

Sumpfcalla (Calla palustris) ▽

Herbstzeitlose (Colchicum autumnale) ◁

Frucht	Morgensternartige Früchte, sehr dekorativ
Standort	Feucht- bis Sumpfboden
Verwendung	Im Vordergrund in kleinen Gruppen am Ufer von Wasserbecken und Teichen

3.09 Carex pseudocyperus
Zypergrassegge ○–◑ VI–VII ꕥ Wi ✂

Herkunft	Nördliche Halbkugel
Wuchsform	Höhe 80 cm, lockere Horste bildend
Blatt	Lineal lanzettlich, 3kantig, hellgrün
Blüte	Blütenstände in Ähren, überhängend, grün
Standort	Sumpfboden, bis 30 cm Wassertiefe
Verwendung	In kleinen Gruppen an Teichen und Wasserläufen

3.10 Comarum palustris
Blutauge ○–◑ VI–VII Wi

Herkunft	Europa
Wuchsform	Höhe 40 cm, Stengel liegend; Grundachse verholzend
Blatt	Handförmig, 7teilig wie Fünffingerkraut
Blüte	Trugdolde, blutrot
Standort	Sumpfige bis moorige Böden
Verwendung	In kleinen Gruppen als Bodendecker
Bemerkung	Einheimische, sehr seltene Staude

3.11 Colchicum autumnale
Herbstzeitlose ○ IX–X Wi

Herkunft	Nordeuropa
Wuchsform	Höhe 15 cm; Zwiebelgewächs
Blatt	Breit lanzettlich, zugespitzt, tulpenähnlich, aufrecht
Blüte	Rosa bis violett im Herbst; Frucht im Frühjahr
Standort	Feuchte Wiesen und Auenwälder; nährstoffreiche Lehmböden
Verwendung	In großen Gruppen oder großflächig auf nassen Wiesen und Rasenflächen im Teichrandbereich
Bemerkung	Verwendung in der Zellforschung; Colchicum als Zellgift verhindert Zellteilung, aber nicht die Teilung der Chromosomen

Winterschachtelhalm (Equisetum hyemale var. robustum)

3.12 Cyperus longus
Zypergras ○–◑ VI–VII ⟿ ஃ ✂

Herkunft	Südliches Europa
Wuchsform	Höhe 1 m, 3kantige Stengel, horstbildend; Ausläufer treibend
Blatt	Quirlständige, schmale, überhängende Blätter auf hohen Stengeln
Blüte	Rotbraun, in lockeren Büscheln auf langen Stielen aus den Blattquirlen
Standort	Sumpfböden, bis 20 cm Wassertiefe
Verwendung	In kleineren und größeren Gruppen an Teichrändern
Bemerkung	Sehr dekorative Pflanze mit starkem Ausbreitungsdrang, in kleineren Wasserflächen ist eine Begrenzung notwendig

3.13 Eleocharis palustris
Sumpfsimse ○–◑ VI–VIII ⟿ Wi

Herkunft	Nordeuropa
Wuchsform	Höhe 30 cm; Ausläufer treibend, starker Ausbreitungsdrang
Blatt	Binsenartig
Blüte	Braune Blütenähren an den Stengelspitzen
Standort	Sumpfboden, bis 30 cm Wasserstand
Verwendung	Großflächig in Sumpfgebieten; zur Rekultivierung in der freien Landschaft oder an großen Wasserflächen
Bemerkung	Bei Verwendung an kleinen Wasserflächen Eingrenzung notwendig

Schmalblättriges Wollgras (Eriophorum angustifolium)

3.14 Equisetum hyemale var. robustum
Winterschachtelhalm ○ ⟿ #

Herkunft	Nordeuropa
Wuchsform	Höhe 1 m; wintergrün; Ausläufer treibend, starker Ausbreitungsdrang
Blatt	Aufrechte Halme, verschachtelt, hellgrün bis bräunlich beringt; wintergrün
Standort	Kiesige, dauerfeuchte Böden, bis 20 cm Wasserstand
Verwendung	Begleitpflanzung in kleinen Gruppen
Bemerkung	Bei kleinen Flächen ist eine Begrenzung notwendig

3.15 Eriophorum angustifolium
Schmalblättriges Wollgras ○ IV–VI ⟿ ஃ Wi ✂

Herkunft	Europa
Wuchsform	Höhe 30 cm, grasartig
Blatt	Gefaltet, graugrün
Blüte	Aufrechte Ähren; im August erscheinen die weißen Wollschöpfe
Standort	Sumpfböden, bis 10 cm Wasserstand

Sumpfsimse △
(Eleocharis palustris)

Mädesüß
(Filipendula ulmaria) rechts △

Sumpfwolfsmilch
(Euphorbia palustris) ▷

Verwendung	In kleineren Gruppen in Sumpfbereichen und an Teichrändern
Bemerkung	Pflege erforderlich; wird leicht verdrängt

3.16 Eriophorum vaginatum
Scheidenwollgras ○ IV–VI ♣ Wi ✂

Herkunft	Gemäßigte, nördliche Zone
Wuchsform	Höhe 30 cm, horst- und grasartig
Blatt	Schmal lanzettlich
Blüte	Weiße Wollschöpfe im August
Standort	Saure Sumpfböden, bis 10 cm Wasserstand
Verwendung	In kleineren Gruppen auf anmoorigen Böden im Sumpfbereich
Bemerkung	Pflege erforderlich; wird leicht verdrängt

3.17 Euphorbia palustris
Sumpfwolfsmilch ○ V–VI ⇝ Wi

Herkunft	Europa
Wuchsform	Höhe 80 cm, breitbuschig; Ausläufer bildend
Blatt	Lanzettlich, weidenähnlich
Blüte	Gelb
Standort	Sumpfboden, bis 10 cm Wasserstand
Verwendung	Großflächig zur Unterpflanzung an Teichrändern; durch Ausläuferbildung für große Anlagen geeignet

3.18 Filipendula ulmaria
Mädesüß ○–◑ VI–VIII Wi ✂

Herkunft	Europa
Wuchsform	Höhe 1 m, locker, aufrecht
Blatt	Gefiedert
Blüte	Weiß, rispenartige Blütenstände
Standort	Normaler Gartenboden bis Sumpfboden, bis 5 cm Wasserstand
Verwendung	In Gruppen an Bach- und Teichufern, großflächig in Sumpfgebieten

3.19 Hippuris vulgaris
Tannenwedel ○–◑ VI–VIII ⇝ Wi

Herkunft	Europa, Westasien und Nordamerika
Wuchsform	Höhe bis 40 cm; Wurzelstock unter Wasser kriechend bis wuchernd
Blatt	Linealisch, 6- bis 12zählige Quirle um den Stengel
Blüte	Grün, unscheinbar
Standort	Kalkhaltige, lehmige Sumpfböden, bis 40 cm Wasserstand
Verwendung	In Gruppen für flache Randbereiche an Teichen und Seen
Bemerkung	Durch Ausläufer den Standort wechselnd, wandernd

3.20 Iris kaempferi
Japanische Sumpfiris ○ V–VII ✂

Herkunft	Ostasien
Wuchsform	Höhe 80 cm, Stengel mit einem Seitenzweig
Blatt	Schmal, schwertförmig, deutliche Mittelrippe, hellgrün
Blüte	Dom- und Hängeblätter waagrecht ausgebreitet, Blütenfarbe je nach Sorte weiß, rot, blau oder violett
Standort	Anmoorige oder lehmige Böden mit hohem Humusanteil; in sumpfigen Bereichen bis 10 cm Wasserstand, nach der Blüte trockenerer Standort gewünscht
Verwendung	In Randbereichen von Teichen

3.21 Iris laevigata
Japanische Sumpfiris ○ VII–VIII ✂

Herkunft	Östliches Asien
Wuchsform	Höhe 70 cm, aufrecht; kriechender Wurzelstock
Blatt	Glatt, ohne Mittelrippe
Blüte	Blau, Domblätter schmal, Hängeblätter mit gelbem Mittelstreifen
Standort	Kalkarmer Sumpfboden, bis 10 cm Wasserstand; ganzjährig
Verwendung	In kleinen Gruppen an Teichen und Bachrändern

Japanische Sumpfiris (Iris laevigata) ◁

Sumpfiris (Iris versicolor) ▽ links

Wasserschwertlilie (Iris pseudacorus) ▷

Tannenwedel (Hippuris vulgaris) ▽

Japanische Sumpfiris (Iris kaempferi)

Zwergbinse (Juncus ensifolius)

3.22 Iris pseudacorus
Wasserschwertlilie ○–◑ V–VII Wi ☠

Herkunft	Europa und Westasien
Wuchsform	Höhe 80 cm, aufrecht; Wurzelstock kriechend
Blatt	Schwertförmig, glatt
Blüte	Gelb, in der Mitte dunkelbraun gezeichnet
Standort	Sumpfbereiche, bis 20 cm Wasserstand
Verwendung	In kleinen und großen Gruppen an Teichrändern und Wasserläufen sowie großflächig zur Rekultivierung in der freien Landschaft

3.23 Iris versicolor
Sumpfiris ○–◑ VI–VII

Herkunft	Nordamerika
Wuchsform	Höhe 80 cm, Stengel aufrecht, verzweigt

Blatt	Rot getönt, ohne Mittelrippe
Blüte	Rotviolett
Standort	Sumpfboden, bis 10 cm Wasserstand
Verwendung	In kleinen Gruppen im Randbereich von Teichen und Bachläufen

3.24 Juncus ensifolius
Zwergbinse ○–◑ VII–VIII

Herkunft	Westasien und Nordafrika
Wuchsform	Höhe 20 cm, horstartig, buschig
Blatt	Schmal, grasartig
Blüte	Braun
Standort	Sumpfboden, bis 10 cm Wasserstand
Verwendung	Großflächig für Sumpfgebiete sowie Teichufer

Scheincalla △
(Lysichitum
americanum)

Blutweiderich
(Lythrum
salicaria)
◁

Pfennigkraut
(Lysimachia
nummularia) ▽

3.25 Lysichitum americanum
Scheincalla ○–◑ IV–V ♣

Herkunft	Nordamerika
Wuchsform	Höhe 50 cm; kriechendes Rhizom, im Boden wurzelnd
Blatt	Grundständig, breit, glänzend
Blüte	Gelb, Blütenkolben umgeben von gelber Blütenscheide
Standort	Anmoorige bis sumpfige Böden, bis 10 cm Wasserstand
Verwendung	In kleinen Gruppen an Teichrändern
Bemerkung	Winterschutz erforderlich

3.26 Lysimachia nummularia
Pfennigkraut ◑ V–IX ⇝ Wi

Herkunft	Europa bis Kaukasus
Wuchsform	Höhe 5 cm, flacher Bodendecker; Ausläufer treibend
Blatt	Rundlich, glänzend, hellgrün
Blüte	Einzelne, pfenniggroße, gelbe Blüten, blattachselständig
Standort	Wiesen, feuchte Lehmböden, Teichränder
Verwendung	Bodendecker und Unterpflanzung an Teich- und Gehölzrändern sowie an Bachläufen
Bemerkung	Guter Bodendecker und als Unterpflanzung besonders bei Stauden; durch Ausläuferbildung starke Verbreitung, jedoch keine Verdrängung anderer Pflanzen

3.27 Lysimachia thyrsiflora
Straußfelberich ○–◑ VI–VIII ⇝ Wi

Herkunft	Nördliche gemäßigte Zone
Wuchsform	Höhe 30 cm, aufrechte Staude mit unterirdischen Ausläufern
Blatt	Schmal, lanzettlich spitz, kreuzweise gegenständig
Blüte	Gelbe Blütentrauben in den Blattachseln, Einzelblüten 3–5 mm lang
Standort	In Röhrichtzonen an stehenden oder langsam fließenden Gewässern; Sumpfboden, bis 10 cm Wasserstand
Verwendung	In kleineren oder größeren Gruppen an Teichrändern und Bachläufen

3.28 Lythrum salicaria
Blutweiderich ○–◑ VII–IX Wi

Herkunft	In allen Erdteilen verbreitet
Wuchsform	Höhe bis 150 cm, aufrecht, buschig, 4kantige behaarte Stengel
Blatt	Am Blattgrund herzförmig, lanzettlich zugespitzt, gekreuzt gegenständig
Blüte	Dichte, violettrote, schlanke Blütenrispen
Standort	Normaler Gartenboden bis Sumpfboden
Verwendung	In kleinen und großen Gruppen an Teichufern und Wasserläufen; großflächig in der freien Landschaft oder an großen Seen in Parkanlagen
Bemerkung	Blutstillende Heilpflanze; starke Vermehrung durch Selbstaussaat bei günstigen Standortverhältnissen

3.29 Mentha aquatica
Bachminze ○ VI–VIII ⇝ Wi

Herkunft	Europa
Wuchsform	Höhe 40 cm, buschig
Blatt	Eiförmig, rötlich angelaufen
Blüte	Rot, kleine Blüten in den Blattachseln
Standort	Anmoorige und lehmige Sumpfböden, bis 10 cm Wasserstand
Verwendung	In kleinen und größeren Gruppen an Uferbereichen von Teichen und Bachläufen
Bemerkung	Alte Gewürz- und Teepflanze

3.30 Menyanthes trifoliata
Fieberklee ○–◑ V–VI ⇝ Wi

Herkunft	Europa, Asien und Nordamerika
Wuchsform	Höhe 30 cm; kriechender Wurzelstock
Blatt	Dreigeteilt, lederartig und dunkelgrün
Blüte	Weiß, gefranste, auffällige Blütentrauben
Standort	Sumpfboden, bis 30 cm Wasserstand
Verwendung	In kleineren und größeren Gruppen in Uferbereichen von natürlichen oder naturnahen Teichen
Bemerkung	Alte Heilpflanze zur Fiebersenkung

3.31 Mimulus luteus
Gelbe Gauklerblume ○–◑ VI–VIII

Herkunft	Nord- und Südamerika
Wuchsform	Höhe bis 50 cm, buschig, ausgebreitete oder niederliegende Pflanze; an den Internodien Wurzeln bildend
Blatt	Hellgrün, länglich bis rund, gezähnt
Blüte	Gelb
Standort	Sumpfige oder feuchte Böden, bis 5 cm Wasserstand
Verwendung	In kleinen und größeren Gruppen an Teich- und Bachrändern
Bemerkung	Rasche Vermehrung durch Selbstaussaat

Bachminze (Mentha aquatica) ▷

Fieberklee (Menyanthes trifoliata) ▽

Sumpfvergißmeinnicht
(Myosotis palustris)

Hechtkraut (Pontederia cordata)

Mehlprimel (Primula rosea Gigas)

3.32 Mimulus ringens
Blaue Gauklerblume ○–◑ VI–VIII

Herkunft	Westliches Nordamerika
Wuchsform	Höhe bis 80 cm, starkwüchsig, aufrecht
Blatt	Lanzettlich
Blüte	Blau bis violett
Standort	Sumpfboden, bis 10 cm Wasserstand
Verwendung	In Gruppen an Teichrändern und Bachläufen

3.33 Myosotis palustris
Sumpfvergißmeinnicht ○ V–IX Wi ✂

Herkunft	Europa und Asien
Wuchsform	Höhe 30 cm, buschig, an der Basis kriechend
Blatt	Länglich bis lanzettlich, weich behaart
Blüte	Hellblau
Standort	Feucht- oder Sumpfboden, bis 5 cm Wasserstand
Verwendung	Bodendecker an Teichrändern und Bachläufen

3.34 Orontium aquaticum
Goldkolben ○ V–VI

Herkunft	Nordamerika
Wuchsform	Höhe 30 cm, Blätter teils auf dem Wasser aufliegend; Rhizombildung
Blatt	Länglich bis elliptisch, stumpf blaugrün
Blüte	Schmale, gelbe Keulen an verdickten Stielen
Standort	Sumpfboden, bis 30 cm Wasserstand
Verwendung	In kleineren oder größeren Gruppen an Teichufern

3.35 Phragmites communis
Schilf ○ VI–VIII ⇝ Wi ✂

Herkunft	Europa
Wuchsform	Höhe bis 250 cm, grasartig aufrecht; stark Ausläufer treibend
Blatt	Lanzettlich, überhängend
Blüte	Braune, lockere, fächerförmige Ähren
Standort	Trocken bis dauernaß, Sumpfboden, bis 20 cm Wasserstand
Verwendung	Großflächig zur Rekultivierung in der freien Landschaft an Seeufern und Wasserläufen sowie großen Teichanlagen
Bemerkung	Für Haus- und Wohngartenteiche durch zu starken Verbreitungsdrang nicht geeignet, möglich in Kübeln gepflanzt mit totaler Eingrenzung

3.36 Pontederia cordata
Hechtkraut ○ VII–VIII ♡

Herkunft	Amerika
Wuchsform	Höhe 60 cm; im Boden kriechende Rhizome
Blatt	Glänzend, grün, breit, herzförmig
Blüte	Blaue Blütenähren
Standort	Tiefgründige Sumpfböden, bis 30 cm Wasserstand
Verwendung	Solitärstaude oder kleine Gruppen im Uferbereich von Teichanlagen

3.37 Primula rosea Gigas
Mehlprimel ○–◑ V–VI Wi

Herkunft	Westhimalaja
Wuchsform	Höhe 20 cm, hochstengelig, Rosetten in dichten Beständen
Blatt	Länglich bis eiförmig, gekerbt und gezähnt, bemehlt
Blüte	Rosa bis rot, in großblumigen, dichten Blütendolden
Standort	Humoser Oberboden, feucht bis moorig
Verwendung	In kleinen und größeren Gruppen an Ufern von Teichen und Wasserläufen, dekorativ in Verbindung mit Felspartien in sonniger bis halbschattiger Lage

3.38 Primula sieboldii
Wiesenprimel ◑–● V–VI

Herkunft	Japan
Wuchsform	Höhe 20 cm, Rosetten bildend
Blatt	Herzförmig, behaart; im Sommer einziehend
Blüte	Rosa Blütendolden, Blütenränder oftmals stark gefranst
Standort	Feuchte, humusreiche Böden im Gehölzschatten
Verwendung	In kleinen und größeren Gruppen, auch flächig in halbschattiger bis schattiger Lage an Ufern; besonders in Verbindung mit Kieseln und Steinpartien
Bemerkung	Da die Blätter sehr früh einziehen, ist eine nachfolgende Deckpflanzung, z. B. mit Farnen oder Gräsern, erforderlich

Schilf (Phragmites communis) ▷

Blaue Gauklerblume (Mimulus ringens) ▽

3.39 Primula sikkimensis
Sumpfprimel ◑–● VI–VII Wi

Herkunft	Asien
Wuchsform	Höhe 50 cm, Rosetten bildend
Blatt	Schmal, 35 cm lang, verkehrt-eiförmig
Blüte	Schwefelgelbe Blütenglocken an dünnen Stielen
Standort	Frische, humose Böden, auch Sumpfboden
Verwendung	Teichrandbereiche, Gehölzvorpflanzungen und Unterpflanzungen in kleinen Gruppen

3.40 Ranunculus lingua
Sumpfhahnenfuß ○ VI–VIII ⇝ Wi

Herkunft	Europa bis Sibirien
Wuchsform	Höhe 1 m, aufrecht, starke hohle Stengel; Ausläufer bildend
Blatt	Graugrün, lanzettlich
Blüte	Gelb, groß, schalenförmig
Standort	Dauernasse Böden oder Sumpfboden, bis 50 cm Wasserstand
Verwendung	In großen Gruppen oder großflächig zur Rekultivierung in der freien Landschaft, an großen Teichen und in Parkanlagen
Bemerkung	Durch starke Ausläuferbildung nur für große Flächen geeignet

3.41 Sagittaria latifolia
Pfeilkraut ○–◑ VI–VIII ♡ Wi

Herkunft	Europa und Asien
Wuchsform	Höhe 50 cm, aufrecht; Wurzelstock knollig; Ausläufer treibend
Blatt	Untere Blätter nierenförmig, die aus dem Wasser ragenden Blätter pfeilförmig
Blüte	Weiß, in lockeren Quirlen
Standort	Sumpfboden, bis 40 cm Wasserstand
Verwendung	An Teichrändern und Bachläufen in kleinen Gruppen; in kleinen Wasserbecken als Solitärstaude

Sumpfprimel (Primula sikkimensis)

Sumpfhahnenfuß (Ranunculus lingua)

Pfeilkraut (Sagittaria latifolia) △

Zebrasimse (Scirpus tabernaemontani Zebrinus) ◁

Igelkolben (Sparganium erectum) ▷

3.42 Sagittaria sagittifolia
Pfeilkraut ○–◑ VI–VIII ♡ Wi

Herkunft	Europa und Asien
Wuchsform	Höhe 50 cm, aufrecht; Wurzelstock knollig; Ausläufer treibend
Blatt	Pfeilförmig, langgestielt, unterschiedliche Blattbreiten
Blüte	Weiß mit rotem Grundfleck, in lockeren Quirlen
Standort	Sumpfböden, bis 40 cm Wasserstand
Verwendung	In kleinen Gruppen an Teichrändern und Bachläufen; in kleinen Becken als Solitärstaude

3.43 Scirpus lacustris
Seesimse ○–◑ VI–VIII ⇝ Wi

Herkunft	Europa
Wuchsform	Höhe 1 m, lockerer, aufrechter Wuchs; stark wuchernd
Blatt	Runde Halme, Spitzen leicht überhängend
Blüte	Braun, aus den Stengeln entwickelt, unscheinbar
Standort	Sumpfboden, bis 30 cm Wasserstand
Verwendung	Sumpfzonen und Teichränder; flächige Bepflanzung zur Rekultivierung
Bemerkung	Begrenzung in kleineren Flächen oder an kleinen Teichen notwendig

3.44 Scirpus tabernaemontani Zebrinus
Zebrasimse ○–◑ VI–VIII ⇝ Wi

Herkunft	Japan
Wuchsform	Höhe 120 cm, locker aufrecht wachsend, Spitzen leicht überhängend
Blatt	Gelblichgrün bis weiß, quer weiß gestreift
Blüte	Unscheinbar
Standort	Sumpfboden, bis 20 cm Wasserstand
Verwendung	Solitärstaude oder kleine Gruppen an Zierteichen und Wasserbecken

3.45 Sparganium erectum
Igelkolben ○–◑ VI–VIII ⇝ ♧ Wi

Herkunft	Europa und Asien
Wuchsform	Höhe 50 cm, aufrecht und locker wachsend; stark Ausläufer treibend
Blatt	Bandförmig, an der Basis 3kantig
Blüte	Grünlichweiß
Standort	Sumpfboden, bis 30 cm Wasserstand, an Teichen, Seen und Bächen
Verwendung	In Gruppen oder großflächig an Teichen, Seen, Bächen, in Naturgärten und Parkanlagen
Bemerkung	Durch Ausläufer starke Vermehrung, in kleineren Teichen ist daher eine Begrenzung notwendig

Rohrkolben (Typha angustifolia) ◁

Rohrkolben (Typha latifolia) ▽

3.46 **Typha angustifolia**
Rohrkolben

○ VII–VIII ⇝ ✿ Wi ✂

Herkunft	Europa und Nordamerika
Wuchsform	Höhe 2 m, aufrechte Sumpf- und Wasserpflanze; Ausläufer treibend
Blatt	Lang, 1 cm breit, leicht überhängend
Blüte	Schwarzbraun, in schmalen Blüten- und Fruchtkolben
Standort	Sumpfige, dauernasse Böden, bis 30 cm Wasserstand
Verwendung	In kleinen Wasserflächen als Solitärpflanze, in großen Wasserflächen großflächig für Randzonen und zur Rekultivierung in der freien Landschaft
Bemerkung	Bei Verwendung als Solitärstaude Begrenzung notwendig

3.47 **Typha latifolia**
Rohrkolben

○ VII–VIII ⇝ ✿ Wi ✂

Herkunft	Europa, Afrika, Asien
Wuchsform	Höhe 250 cm, aufrechte Sumpf- und Wasserpflanze; Ausläufer treibend
Blatt	Lang, flach, breit linealisch; leicht überhängend, bis 4 cm breit
Blüte	Männliche und weibliche Blütenkolben, der männliche nach der Blüte verschwindend, der weibliche Kolben verfärbt sich schwarzbraun
Standort	Sumpfige, dauernasse Böden, bis 30 cm Wasserstand
Verwendung	In großen Wasserflächen, Teichen und Seen und zur Rekultivierung in der freien Landschaft
Bemerkung	Bei Verwendung als Solitärstaude in kleineren Wasserflächen ist eine Begrenzung notwendig

3.48 **Typha laxmannii**
Rohrkolben

○ VII–VIII ⇝ ✿ ✂

Herkunft	Osteuropa und Asien
Wuchsform	Höhe 150 cm, aufrecht; Ausläufer bildend
Blatt	Schmal, rückseitig stark gewölbt
Blüte	Schwarzbraun, schlanke Blütenkolben, männliche Kolben 15 cm, weibliche Kolben 5 cm lang

Standort	Dauernasse Böden, auch Sumpfböden, bis 30 cm Wasserstand
Verwendung	Großflächig an großen Teichanlagen
Bemerkung	Nur für große Teiche verwenden, starker Ausbreitungsdrang durch Ausläuferbildung

3.49 Typha minima
Kleiner Rohrkolben ○ VI–VII ⇝ ♧ ✂

Herkunft	Südliches Mitteleuropa und Kaukasus
Wuchsform	Höhe 40 cm, aufrecht; Ausläufer bildend
Blatt	Sehr schmal und zierlich
Blüte	Schwarzbraun, Fruchtkolben zierlich und rund
Standort	Kiesiger Lehmboden, bis 10 cm Wasserstand
Verwendung	In kleinen Wasserflächen als Solitär, sonst großflächig als Randpflanzung
Bemerkung	Starker Ausbreitungsdrang durch Ausläuferbildung, in kleineren Wasserflächen Begrenzung notwendig

3.50 Veronica beccabunga
Bachehrenpreis ○–◑ V–X Wi

Herkunft	Europa, Asien und Afrika
Wuchsform	Höhe 50 cm, aufrechte, dickliche Stiele
Blatt	Elliptisch und fleischig
Blüte	Blau, in lockeren Blütentrauben
Standort	Sumpfböden, bis 10 cm Wasserstand
Verwendung	Gruppenpflanze für Sumpfbereiche, Naturgärten und Bachläufe

3.51 Zizania latifolia
Kanadischer Reis ○ ♠

Herkunft	Nördliches Amerika
Wuchsform	Höhe 1 m, horstbildendes Gras
Blatt	Schwertförmig, leicht überhängend
Standort	Lehmig; Sumpfböden, bis 40 cm Wasserstand
Verwendung	In kleinen Gruppen an Teichufern und Bächen
Bemerkung	Kommt bei uns nicht zur Blüte; hübsche Herbstfärbung; auch im Winter in abgestorbenem Zustand dekorativ

Bachehrenpreis (Veronica beccabunga) ▷

Kleiner Rohrkolben (Typha minima) ▽

IV. Wasserpflanzen

Schwimm- und Schwimmblattpflanzen

4.01 Aponogeton distachyos
Wasserähre ○ VI–X ♡ D

Herkunft	Südafrika
Wuchsform	Schwimmpflanze mit Wurzelknolle
Blatt	Breit linealisch, bis 20 cm lang
Blüte	Weiße, 2teilige Blütenähre, die sich leicht über das Wasser erhebt; starker Vanilleduft
Standort	Wasserflächen mit 40–80 cm Wasserstand
Verwendung	In kleineren und größeren Gruppen, auch großflächig, je nach Größe der Wasserfläche
Bemerkung	Wertvolle Schwimmpflanze mit nicht zu starkem Ausbreitungsdrang; blüht bis in den Oktober hinein

4.02 Callitriche palustris
Frühlingswasserstern ○ Wi

Herkunft	Kosmopolit
Wuchsform	Schwimm- und Unterwasserpflanze; mit schwimmenden Blattrosetten Polster bildend
Blatt	Linealisch, 1–2 cm lange Blättchen an stark verzweigten Stengeln
Standort	Randzone von stehenden Gewässern im Bereich von 20–60 cm Wassertiefe
Verwendung	In kleinen oder größeren Gruppen für Teichränder und zur Wasserreinhaltung
Bemerkung	Trägt durch starke Sauerstoffanreicherung zur Reinhaltung des Wassers bei

4.03 Hydrocharis morsus-ranae
Froschbiß ○–◑ VII–VIII ♡ Wi

Herkunft	Europa, Sibirien
Wuchsform	Schwimmpflanze mit Ausläufern; Überwinterung durch Winterknospen, die auf den Grund der Wasserfläche absinken
Blatt	Kreisrundes Blatt mit herzförmigem Einschnitt
Blüte	Weiß mit gelber Mitte
Standort	Stehende Gewässer mit kalkarmem Wasser; sumpfiger Schlamm- oder Moorboden; Wassertiefe 20–40 cm
Verwendung	In kleinen oder großen Gruppen, auch großflächig, in Teichrandbereichen
Bemerkung	Sehr gut für Wasserreinhaltung; wird oft als Mini-Seerose bezeichnet

Wasserähre (Aponogeton distachyos)

4.04 Lemna trisulca
Wasserlinse ○ ♡ Wi

Herkunft	Kosmopolit
Wuchsform	Während der Blütezeit Schwimmpflanze, sonst untergetaucht in zusammenhängenden Kolonien; starker Ausbreitungsdrang
Blatt	Zusammenhängende, linsengroße, hellgrüne Blätter
Blüte	Unscheinbar
Standort	In stehenden Gewässern in kleineren oder größeren Flächen unabhängig von der Wassertiefe
Verwendung	Als Schwimmpflanze in mittleren und großen, naturnahen Teichflächen; auch in der freien Landschaft zur Wasserreinhaltung und als Sauerstofflieferant
Bemerkung	Bei kleineren Wasserflächen Reduzierung des Bestandes durch Abfischen notwendig, da sonst in kurzer Zeit die gesamte Wasserfläche bedeckt wird

Mummel (Nuphar lutea)

Krebsschere (Stratiotes aloides)

Wassernuß (Trapa natans)

4.05 Nuphar lutea
Mummel ○–◑ V–VIII ⇝ ♡ Wi

Herkunft	Gemäßigte Zone der nördlichen Halbkugel
Wuchsform	Kriechender Wurzelstock; Schwimmpflanze
Blatt	Herzförmig, auf dem Wasser schwimmend
Blüte	Halbkugelig, gelb, auf emporgestrecktem Stiel über der Wasserfläche
Standort	Auf allen Bodenarten mit 40–200 cm Wassertiefe
Verwendung	Einzeln, in kleinen und großen Gruppen oder großflächig in kleineren und größeren Teichanlagen, auch in Seen in der freien Landschaft

4.06 Nymphoides peltata
Seekanne ○–◑ VII–VIII ⇝ ♡ Wi

Herkunft	Süd- und Mitteleuropa, Asien
Wuchsform	Schwimmpflanze; Rhizome im Schlamm kriechend; starke Ausbreitung
Blatt	Seerosenartig auf dem Wasser schwimmend; herzförmig bis kreisrund, teilweise bräunlich angelaufen
Blüte	Gelb, auf hochgestelltem Stiel über dem Wasser
Standort	Sumpfboden mit 30–50 cm Wasserstand, stehende Gewässer
Verwendung	In Einzelstellung, kleinen oder großen Gruppen in größeren Teichen und Seen

4.07 Polygonum var. aquaticum
Wasserknöterich ○–◑ VI–VIII ⇝ Wi

Herkunft	Europa, Asien
Wuchsform	Schwimmpflanze; Ausläufer treibend
Blatt	Elliptisch, ledrig, langgestielt
Blüte	Rosa Blütenähren, über dem Wasser stehend
Standort	Sumpfboden mit 20–80 cm Wasserstand, stehende Gewässer
Verwendung	In kleinen und großen Gruppen in Teichanlagen, Seen und Wasserbecken

4.08 Potamogeton natans
Laichkraut ○–◑ VI–VIII ♡ Wi

Herkunft	Amerika, Europa
Wuchsform	Schwimmpflanze; Ausläufer treibend
Blatt	Lederartig, oval länglich, Oberseite hellgrün, Unterseite violett angelaufen
Blüte	Weißliche Blütenähren, über dem Wasser stehend
Standort	Sumpfboden mit 30–100 cm Wasserstand
Verwendung	In größeren Gruppen oder großflächig in Fischteichen, Naturgärten und Seen
Bemerkung	Sehr wertvoll für die Aufzucht von Jungfischen und als Sauerstofflieferant

4.09 Ranunculus aquatilis
Wasserhahnenfuß ○ VI–VIII Wi

Herkunft	Kosmopolit
Wuchsform	Schwimmpflanze mit untergetauchten Stielen, bis über 1 m lang; wuchernd
Blatt	Nierenförmige Schwimmblätter, Unterwasserblätter fein zerteilt, fadenförmig
Blüte	Weiß mit gelbem Schlund, über dem Wasser stehend, langgestielt
Standort	Stehende und fließende Gewässer mit 20–40 cm Wasserstand
Verwendung	In kleineren und größeren Gruppen in Teichen und Bächen

4.10 Stratiotes aloides
Krebsschere ○ VII–VIII ♡ Wi

Herkunft	Mitteleuropa, Kaukasus
Wuchsform	Schwebende Rosettenpflanze; im Winter untergetaucht, im Sommer aus dem Wasser ragend; Vermehrung durch Ausläufer
Blatt	Schwertförmig, bis 40 cm lang, bräunlichgrün, stachelig gezähnt, trichterförmige Blattrosetten
Blüte	Weiße Einzelblüten, die sich aus dem Wasser heben
Standort	Schlammboden mit 30–100 cm Wassertiefe; kalkfreies stehendes Wasser
Verwendung	In kleinen und großen Gruppen in Sumpf- und Wasserbecken sowie Naturteichen

4.11 Trapa natans
Wassernuß ○–◑ VI–VIII ♡ ♠ Wi

Herkunft	Mitteleuropa, Orient, Indien
Wuchsform	Buschige Schwimmpflanze
Blatt	Rautenförmig, buchtig gesägt; als schwimmende Rosette mit aufgeblasenen Schwimmkörpern an den Blattstielen
Blüte	Unscheinbar in den Blattwinkeln; Früchte groß mit 2 spitzen Hörnchen; Samen eßbar
Standort	Schlammboden mit 30–120 cm Wasserstand
Verwendung	In kleinen und großen Gruppen in Gartenteichen und Naturgärten
Bemerkung	Einjährige Pflanze, die sich durch Aussaat oder durch auf den Boden gesunkene Blätter im schlammigen Grund vermehrt

Laichkraut (Potamogeton natans)

Seekanne (Nymphoides peltata)

Seerosen

4.12 Nymphea alba
Seerose ○ VI–IX ⇝ ♡ Wi ✂

Herkunft	Kosmopolit
Wuchsform	Schwimmpflanze; kriechende Wurzelrhizome; lange, schlauchartige Stiele
Blatt	Durchmesser von 10–30 cm, rundlich, ganzrandig, auf dem Wasser schwimmend
Blüte	Weiß mit gelben Staubgefäßen; sie öffnen sich mit dem Sonnenaufgang und schließen sich mit dem Sonnenuntergang
Standort	Stehende, ruhige Wasserflächen mit mindestens 6 Stunden voller Besonnung; Wassertiefe 1–2 m
Verwendung	Einzeln, in kleinen oder großen Gruppen, auch großflächig, je nach Größe der Wasserfläche
Bemerkung	Blüten und Blätter gut für Dekorationen geeignet

4.13 Nymphaea pygmaea Alba
Zwergseerose ○ VI–IX ♡ D

Herkunft	Asien, Amerika
Wuchsform	Schwimmpflanze; kriechende Wurzelrhizome; lange, schlauchartige Stiele
Blatt	Durchmesser 2–5 cm, rundlich, oberseits dunkelgrün, unterseits dunkelrot
Blüte	Reinweiß; duftend; sie öffnet sich mit dem Sonnenaufgang und schließt sich mit dem Sonnenuntergang
Standort	Stehende, ruhige Wasserflächen mit mindestens 6 Stunden voller Besonnung; Wassertiefe 5–20 cm
Verwendung	Einzeln oder in kleinen Gruppen in Flachwasserzonen im Ufernahbereich
Bemerkung	Sehr schöne Liebhabersorte für kleine Becken und Steingartentümpel

Seerose (Nymphea alba)

4.14 Nymphea x hybrida
Seerosen-Hybriden i. S. ○ VI–IX ♡ ✂

Herkunft	Zuchtsorten
Wuchsform	Schwimmpflanzen mit kriechenden oder knolligen Wurzelrhizomen; lange, schlauchartige Stiele
Blatt	Ganzrandig, rundlich, Durchmesser von 10–30 cm; auf dem Wasser aufliegend
Blüte	Farbe weiß, rosa, rot oder gelb je nach Sorte, Durchmesser bis 15 cm; auf dem Wasser aufliegend
Standort	Nahrhafte Böden mit 20–150 cm Wasserstand; 6–8 Stunden volle Besonnung notwendig
Verwendung	In Einzelstellung oder in kleinen Gruppen in Wasserbecken, Teichen und Seen
	Die Zuchtsorten lassen sich in Gruppen mit niedrigem, mittlerem und hohem Wasserstand einordnen. Je nach Wassertiefe ergibt sich auch ein unterschiedlicher Platzbedarf je Pflanze von ungefähr 1–5 m²

Verschiedene Seerosenhybriden; rechte Seite

Seerosen-Hybriden (Nymphea x hybrida)

Gruppe 1:
Sorten mit niedrigem Wasserstand (20–40 cm)
Platzbedarf ungefähr 1 m^2

Froebeli:	Dunkelkarmine Blüte
Laydekeri Lilacea:	Rosa/karmesinrote Blüte
Maurice Laydeker:	Purpurrote Blüte
Atropurpurea:	Granatrote Blüte
Marliacea Albida:	Weiße Blüte

Gruppe 2:
Sorten mit mittlerem Wasserstand (40–80 cm)
Platzbedarf ungefähr 2 m^2

Gloriosa:	Rosa/weißliche Blüte
James Brydon:	Rosa Blüte
Pöstlingberg:	Weiße Blüte
Sunrise:	Gelbe Blüte
Sioux:	Gelbe Blüte
Formosa:	Rote Blüte

Gruppe 3:
Sorten mit tiefem Wasserstand (80–150 cm)
Platzbedarf ungefähr 4 m^2

Gladstonina:	Weiße Blüte
Mariacea chromatella:	Gelbe Blüte
Tuberosa richardsonii:	Weiße Blüte
Charles de neureville:	Weinrot/weißliche Blüte

Exotische Liebhaberpflanzen

4.15 Azolla mexicana
Feenmoos ○ ⇝ ♠

Herkunft	Amerika
Wuchsform	Schwimmpflanze; dichte Bestände bildend
Blatt	Schuppige Sprosse, smaragdgrün, rotbraune Herbstfärbung
Standort	Teichrand oder freie stehende Wasserflächen
Verwendung	In kleinen und größeren Gruppen in Gartenteichen und Wasserbecken
Bemerkung	Zu dichte und große Bestände verhindern das Gedeihen von Unterwasserpflanzen; Überwinterung im Kalthaus oder in Wasserbecken in hellen Zimmern

Muschelblume △
(Pistia stratiotes)

Wasserhyazinthe
(Eichhornia crassipes)
◁

4.16 Canna flaccida
Blumenrohr ○ VII–IX

Herkunft	Nordamerika
Wuchsform	Staude mit knolligen Wurzeln
Blatt	Dunkelgrün, 40 cm lang, lanzettlich
Standort	Feuchte Uferregionen
Verwendung	Solitärstaude mit exotischem Aussehen für Wasserbecken und Gartenteiche
Bemerkung	Überwinterung bei ungefähr + 10° C in feuchtem Sand; Stengel wie bei Gladiolen auf 10 cm zurückschneiden

4.17 Eichhornia crassipes
Wasserhyazinthe ○ VI–IX D

Herkunft	Afrika, Sudan, Ägypten
Wuchsform	Schwimmpflanze mit exotischem Aussehen; bis 4 m lange Wurzelbärte
Blatt	Rundliche, glatte, hellgrüne und glänzende Blätter; Blattstiele zu Schwimmblasen ausgebildet
Blüte	Bis 20 cm hohe, blauviolette Blütenähren, starker Hyazinthenduft
Standort	Warme, sonnige Plätze in seichtem bis tiefem Wasser
Verwendung	In kleineren Gruppen in Wasserbecken und Gartenteichen
Bemerkung	Im Bereich des Assuanstaudammes eine Massenpflanze, die bei den Wasserkraftwerken Verstopfungen verursachte; Überwinterung sehr problematisch, in hellen Räumen, Temperatur nicht unter + 15° C

4.18 Pistia stratiotes
Muschelblume ○ ♡

Herkunft	Tropen
Wuchsform	Schwimmpflanze; untere Blätter liegen auf dem Wasser auf
Blatt	Blattrosetten mit stumpf abgerundeten, fein behaarten Blättern, bläulich bis hellgrün
Standort	Flaches Wasser, bis 15 cm tief; Erdberührung der Wurzeln ist für Entwicklung der Pflanze günstig
Verwendung	In kleinen Gruppen in Gartenteichen und Wasserbecken
Bemerkung	Überwinterung an hellem Standort, Temperatur nicht unter + 15° C, Lehmschicht für Wurzeln in das Überwinterungsgefäß einbringen

Unterwasserpflanzen

5.01 Ceratophyllum demersum
Hornblatt ○–◑ ♡ Wi

Herkunft	Europa
Wuchsform	Unterwasserpflanze; an der Wasseroberfläche schwimmend, mit Sproßteilen im Schlamm verankert
Blatt	Vielgliedrige Quirle
Blüte	Unscheinbar in den Blattachseln
Standort	Stehende oder langsam fließende Gewässer mit 30–100 cm Wasserstand
Verwendung	In kleineren und größeren Gruppen in Teichen und an langsam fließenden Bachläufen
Bemerkung	Überwinterung durch Winterblätter, ältere Pflanzenteile sterben ab

5.02 Eleocharis acicularis
Nadelsimse ○–◑ ⇝ Wi

Herkunft	Europa
Wuchsform	Breitet sich rasenartig auf dem Grund des Gewässers aus
Blatt	Grasartige Halme
Standort	Am Teichrand bis 1 m Wasserstand
Verwendung	In größeren Gruppen zur Bodensicherung und Wasserreinigung

5.03 Eleocharis palustris
Nadelsimse ○–◑ ⇝ Wi

Herkunft	Europa
Wuchsform	Rasenartig, dicht auf dem Grund der Gewässer
Blatt	Binsenartige Blatthalme
Blüte	Braune Ähren an den Stengelspitzen
Standort	Sumpfbereiche bis 20 cm Wasserstand
Verwendung	In großen Gruppen an Teichrändern

Wasserpest ▷
(Elodea canadensis)

Wasserfeder
(Hottonia palustris) ▽

Nadelsimse (Eleocharis palustris)

Tausendblatt
(Myriophyllum verticillatum)

Wasserschlauch (Utricularia vulgaris)

5.04 Elodea canadensis
Wasserpest ○ ⇝

Herkunft	Nordamerika
Wuchsform	Unterwasserpflanze mit großem Ausbreitungsdrang; quirlige Triebe dicht mit Blättchen besetzt
Blatt	Schmal, linealisch, quirlartig angeordnet
Standort	Sumpfboden mit 20–100 cm Wasserstand
Verwendung	In kleinen und großen Gruppen an großen Teichen und in Fischbecken

5.05 Hottonia palustris
Wasserfeder ○ ⇝ Wi

Herkunft	Europa, Sibirien und Kleinasien
Wuchsform	Lange Triebe bildend, die im Wasser liegen oder sich bis 30 cm über das Wasser erheben; Wurzelbildung im Schlammboden
Blatt	Einfach, fiederteilig
Blüte	Weiß- bis rötlich mit gelbem Schlund, traubiger Blütenstand, bis 30 cm über dem Wasser stehend
Standort	Schlammboden mit 10–20 cm Wasserstand
Verwendung	In kleineren oder größeren Gruppen in Naturteichen und in Wasserbecken, auch an langsam fließenden Gewässern

5.06 Myriophyllum verticillatum
Tausendblatt ○–◑ ⇝ Wi

Herkunft	Europa
Wuchsform	Unterwasserpflanze mit langen Trieben und aufrecht stehenden Kurztrieben, die fedrige Wasserrasenflächen bilden; wuchernd
Blatt	Kammartig gefiedert, quirlig, zartgrün
Blüte	Rosa Ähren, klein, unscheinbar über dem Wasser stehend
Standort	Sumpfboden mit 20–40 cm Wasserstand
Verwendung	In kleineren und größeren Gruppen in Sumpfbecken und Naturgärten

5.07 Utricularia vulgaris
Wasserschlauch ○–◑ Wi

Herkunft	Europa, Afrika, Asien
Wuchsform	Wurzellose Unterwasserpflanze mit Fangbläschen, fleischfressend
Blatt	Fein zerteilt an dünnen Trieben; die Blätter sind mit kleinen Bläschen zum Fang der Wassertiere besetzt
Blüte	Goldgelb, erscheint über dem Wasser, ähnlich dem Löwenmäulchen
Standort	Schlammboden mit 30–40 cm Wasserstand, auch in Flachwasserzonen
Verwendung	In kleinen und größeren Gruppen in Teichen und Wasserbecken

Welt der Tiere

Libellen stellen sich an einem Gartengewässer von selbst ein.

Ein typischer Vertreter der Feucht- und Wassergebiete ist der Wasserfrosch.

Tiere im und am Gewässer

Lebensgemeinschaften

Zu einer funktionierenden Lebensgemeinschaft im und am Wasser gehören unzählige kleine und große Tiergesellschaften. Die Tiere benötigen diese bestimmten Lebensräume und sind von diesen abhängig. So wird man in einem Tümpel andere Tiere antreffen als in einem Teich oder See mit breiten Uferbereichen oder in einem Fließgewässer.
Ganz wesentlich ist die Erkenntnis, daß sich die Natur in dieser Beziehung nur schwerlich ins Handwerk pfuschen läßt. Es ist unsinnig und in der Regel verboten, in der freien Natur Tiere zu fangen und in einen Gartenteich zu setzen. Wenn die Lebensbedingungen, wie Uferausbildung und Wasserfläche den Tieren zusagen und ihren Lebensbedingungen entsprechen, so werden sie sich im Laufe der Zeit von allein ansiedeln, beziehungsweise zuwandern. Werden die Tiere zwangsweise umgesiedelt, so gehen sie sicherlich nach einiger Zeit ein oder wandern ab. Zu bedenken ist auch, daß einige Tiere, wie zum Beispiel Unken und Wasserfrösche in verschiedenen Lebensbereichen heimisch sind. Unken benötigen kleinere Teichflächen und werden vertrieben, wenn Wasserfrösche, die große Wasserflächen bevorzugen, eingesetzt werden.
Es sollten daher nur Fische in den Teich gesetzt werden, die im Handel erhältlich sind.
Betrachtet man unter einem Mikroskop einen Tropfen Wasser, so findet man dort unzählige Lebewesen, wie Amöben, Geißeltiere und andere.
Diese Kleinstlebewesen gehören auch in den Naturkreislauf und dienen anderen Tieren als Futter. Sie erfüllen bestimmte Funktionen bei der Wasserreinhaltung und dem Nährstoffabbau. Mit bloßem Auge ist der Wasserfloh zu erkennen. Er ist für unsere Teiche von besonderer Bedeutung, da er sich einerseits von Schwebealgen ernährt, andererseits als Lebendfutter für die Fische dient ist. Aus der Familie der Krebse, also der Verwandten des Wasserflohs, sind der Flohkrebs, der Hüpferling und die Wasserassel zu erwähnen. Ebenso wie der Wasserfloh ernähren sie sich von Algen. Die Wasserassel, die der bekannten Kellerassel sehr ähnlich ist, lebt von abgestorbenen Pflanzenteilen.

Schnecken, Muscheln und Wanzen

In allen unseren Gewässern sind die als Algenfresser bekannten Wasserschnecken heimisch. Die vier häufigsten Schneckenarten sind Posthornschnecke, Ohrschnecke, Spitzhornschnecke und Tellerschnecke. Sie können in Fachgeschäften erworben werden. Sie ernähren sich von Algen und verwesenden Pflanzenteilen und erfüllen damit eine wichtige Funktion bei der Reinhaltung des Wassers.

Wasserläufer

Rückenschwimmer

Posthornschnecke

Teichmuscheln

Gelbrandkäfer frißt Molchlarve.

Am bekanntesten ist wohl die Spitzhornschnecke, die man in der Regel als kostenlose Zugabe beim Kauf von Wasserpflanzen erhält, da sich die gallertartige Eiablage an den Stengeln oder Blättern der Pflanzen befindet. Wenn sie sich allerdings zu stark vermehrt, kann sie durch Fraß an den Pflanzen auch zum Schädling werden.

Die Fluß- und die Teichmuschel, zwei heimische Muschelarten, können sich in künstlichen Gewässern ansiedeln. Sie sitzen versteckt auf dem Boden und ernähren sich von Schwebealgen, die sie bei der Atmung aus dem Wasser ausfiltern.

Sehr zahlreich vertreten ist die Familie der Wanzen. Besonders bekannt sind die Wasserläufer, Teichläufer und der Rückenschwimmer, aber auch die Strohhalmwanze, die Ruderwanze, der Wasserskorpion und die Schwimmwanze. Sie siedeln sich an kleinen Gewässern an. Ihre Ernährung besteht überwiegend aus Insekten. Ruderwanzen sind Algenfresser und tragen ebenfalls wie die anderen Kleintiere zur Wasserreinhaltung und damit zum ökologischen Gleichgewicht bei.

Käfer, Libellen und Mücken

Die in den Gewässern vertretenen Käferarten leben räuberisch. Das bedeutet, sie vertilgen Jungtiere von Fischen, Fröschen, Molchen und anderen größeren Tieren. Damit tragen sie dazu bei, daß keine Überbevölkerung eintreten kann. Die bekanntesten Arten sind der Taumelkäfer, der Kolbenwasserkäfer und der Gelbrandkäfer. Daß die Larve der Libelle ebenso räuberisch ist wie die verschiedenen Käferarten, ist nur wenig bekannt. Wer aber möchte auf den schönen Anblick

Stechmückenlarven werden gerne von Fischen gefressen.

Ein quakender Frosch

Die Rotbauchunke ist in ihrem Bestand gefährdet.

der Wasserjungfern und der vielen anderen Libellenarten verzichten? Immer, wenn von Gartenteichen gesprochen wird, diskutiert man auch über die Stechmücke als üble Begleiterscheinung. Hierbei ist zu bedenken, daß Stechmücken ihre Eier nur im stehenden Wasser ablegen. Außerdem werden die Larven von Fischen gefressen. Es kann folglich zu keiner Mückenplage kommen, wenn auch nur annähernd das biologische Gleichgewicht des Gewässers hergestellt und erhalten wird. Es gibt aber noch sehr viele andere, meist ungefährliche Insekten, die zu dieser Lebensgemeinschaft gehören. Dazu zählen zum Beispiel die Büschelmükke und die Zuckmücke.

Erdkrötenpaarung; das Männchen sitzt huckepack auf dem Weibchen.

Frösche, Kröten, Molche und Unken

Typische Vertreter der Feucht- und Wassergebiete sind Frösche, Molche, Unken und Kröten. Im Frühjahr zur Laichzeit werden die gallertartigen Eiablagen in die Gewässer gelegt. Kröten legen ihre Eier, wie Perlen an Schnüren aufgereiht, ins Wasser. Frösche hingegen hinterlassen klumpenartige Eiablagen am stehenden Wasser. Nach etwa 6 Wochen schlüpfen die Kaulquappen und verbringen etwa 3 Monate im Wasser, bis die Beine gewachsen sind und der Schwanz abgefallen ist.

Dann begeben sich die Jungtiere der Kröten und Molche für ungefähr 2–3 Jahre, je nach Art, bis zur Geschlechtsreife auf Wanderschaft und kehren erst dann zu ihrem Gewässer zurück. Dann allerdings bleiben sie in ihrer Heimat und stehen als erfolgreiche Ungeziefervertilger für den Garten zur Verfügung. Ihre Nahrung besteht aus Schnecken, Larven, Raupen und Insekten.

Die bekanntesten und fast überall anzutreffenden Tiere dieser Gattung sind: der Grasfrosch, der Wasserfrosch, die Erdkröte, der Teichmolch und die Gelb- oder Rotbauchunke. Sie sind alle in ihrem Bestand gefährdet und stehen daher unter Naturschutz. Dies bedeutet, daß sie nicht in freier Natur gefangen werden dürfen.

Männlicher Teichmolch

Die Vögel

An allen Wasserstellen werden sich nach kurzer Zeit Vertreter der Vogelwelt einstellen. Die unterschiedlichsten Vogelarten werden zum Trinken, Baden oder gar zum Fischen eintreffen. Es ist daher notwendig, flache Wasserstellen für die gefiederten Tiere anzulegen. Auch in dichtbesiedelten Gebieten werden sich Schwalben und andere seltene Vogelarten als lebhafte Besucher einstellen.
Nur in großen Teichen und Weihern ist es möglich, Enten, Gänse und Schwäne zu halten. Diese Wasservögel haben die unangenehme Eigenschaft, jegliche Pflanzung auf der Suche nach Nahrung zu zerstören. Selbst kleine Zierenten, wie die Bahama-Ente oder die Baikal-Ente, sind für einen Gartenteich deshalb nicht geeignet.

An allen Wasserstellen finden sich nach kurzer Zeit Vertreter der Vogelwelt ein.

Heimische Fische, Zuchtfische und Exoten

Als Teichbesitzer wird man kaum die Zeit abwarten wollen, die ein derartiges Gewässer benötigt, um einen natürlichen Besatz an Fischen zu erhalten. Es ist deshalb verständlich, wenn sich jeder Gartenteichbesitzer nach Fertigstellung der Anlage bemüht, Fische für sein neues Refugium zu erwerben.
Für einen Naturteich sollten einheimische Fische, wie Bitterling, dreistacheliger Stichling, Moderlieschen oder Elleritze ausgewählt werden. Von diesen Fischen wird man allerdings, wie es aus den folgenden Beschreibungen ersichtlich ist, nicht allzuviel sehen.
Wenn man die Fische beobachten will, müssen Goldorfen oder Goldfische in die Teichanlage eingesetzt werden.
Der reine Fischliebhaber sollte sich für eine Beckenkonstruktion ohne Bodenschicht entscheiden, da er bei diesem Zierbecken in der Auswahl der Fischarten vollkommen frei ist und durch helle Farben der Bodenwände auch die Fische besser beobachten kann. Für geschützte Ecken und Laichplätze werden Wasserpflanzen mit Gittertöpfchen eingesetzt.

Heimische Fischarten

Alburnus alburnus

Ukelei oder Laube
Dieser kleine, schlanke Fisch hält sich gerne an der Wasseroberfläche auf, um nach Insekten zu jagen. Er wird bis zu 25 cm lang und gewöhnt sich schnell an die Gegenwart von Menschen.
Zarte Wasserpflanzen werden allerdings von der Ukelei nicht verschont. Aus diesem Grunde sollten sie nur in einem stark bepflanzten Teich gehalten werden. Ein Schwarm dieser silberglänzenden Fische kann viel Freu-

de bereiten, zumal sie mit sicheren Sprüngen fliegenden Mücken nachstellen.
Trotz der geringen Größe hat die Ukelei ein großes Schwimmbedürfnis und darf nicht in einem zu kleinen Gartenteich gehalten werden.

Carassius carassius und Tinca tinca

Karausche und Schleie
Diese beiden Fischarten sind ausgesprochene Grundbewohner. Sie sind empfehlenswert als Futterverwerter für die Pflanzenreste, die auf den Grund absinken. Allerdings wird man diese Fische nicht oft zu sehen bekommen und sich fragen, ob sie überhaupt noch leben.
Die Karausche wird bis zu 50 cm lang, die Schleie dagegen kann eine Länge von 40 cm erreichen.

Gastirostius aculereus

Dreistacheliger Stichling
Ein Teichbewohner, der sich jedoch mit anderen Fischarten nicht gut versteht. Er ist während der Paarungszeit äußerst aggressiv und greift selbst größere Fische an.
Das zur Ruhezeit unauffällig gefärbte Männchen bekommt zur Laichzeit eine rote Brust, einen grün leuchtenden Rüssel und smaragdgrüne Augen. Es baut aus Pflanzenteilen am Boden ein Nest, in das das Weibchen die Eier ablegt. Das Männchen besamt die Eier und vertreibt dann das Weibchen.
Die Eier und die Jungfische werden bis zu ihrer Selbständigkeit nur vom Männchen bewacht. Stichlinge werden etwa 2–3 Jahre alt.

Leucaspius delinatus

Moderlieschen
Das Moderlieschen ist ein munterer Wasserbewohner und erreicht eine Länge von 5–6 cm, manchmal auch bis zu 12 cm. Silbrig glänzend und wenig auffallend, hält es sich meist in den tieferen Teichregionen auf, so daß wir es nicht oft zu sehen bekommen.

Leucaspius delinatus (Moderlieschen)

Gastirosteus aculeatus; Stichlingsmännchen im Hochzeitskleid

Phoxinus phoxinus (Ellritze)

Moderlieschen sind Schwarmfische und es sollten nicht weniger als 10 Exemplare gehalten werden. Die Jungfische sind schon nach einem Jahr vermehrungsfähig.
Interessant ist die Brutpflege. Nachdem das Weibchen die Eier an freistehenden Wasserpflanzen abgelegt hat, werden diese von dem Männchen bewacht. Hin und wieder stößt das Männchen die Pflanzen an, damit durch diese Bewegung frisches, sauerstoffreiches Wasser an die Eier gelangt. Sobald die Jungen geschlüpft sind, ist das Brutgeschäft beendet.
Moderlieschen lieben Teiche mit dichtem Wasserpflanzenbewuchs und Steinzonen. Ihre Nahrung besteht hauptsächlich aus Algen, Mücken, Larven, Kleinkrebsen und anderen Kleinlebewesen des Wassers.

Phoxinus phoxinus

Ellritze
Der kleine Karpfenfisch hält sich gerne im Schwarm an der Wasseroberfläche auf. Er ernährt sich von Lebendfutter, das er im Teich vorfindet. Ellritzen werden schnell zahm und haben eine schöne hell/dunkelbraune Rückenzeichnung. Die Männchen zeigen während der Paarungszeit seitlich eine herrliche grünrote Färbung. Warmes und sauerstoffarmes Wasser im Sommer ist von Nachteil für diese Fische und man muß für gute Durchlüftung des Teiches sorgen. Ellritzen erreichen eine Länge von bis zu 15 cm und werden etwa 3–4 Jahre alt.

Rutilus rutilus und
Scardinius erythrophthalmus

Rotauge und Rotfeder
Rotfeder und Rotauge sind Karpfenfischarten, die in unseren Gewässern heimisch sind und nur in Schwärmen gehalten werden sollten. An das Wasser stellen sie keine besonderen Ansprüche. Sie sind daher in unseren Teichen leicht zu halten. Ihre Nahrung besteht aus Mücken und Larven, aber ebenso aus frischen Blättern der Wasserpflanzen, ohne jedoch großen Schaden anzurichten.
Im ausgewachsenen Zustand erreichen sie eine Länge von etwa 25 cm. Insbesondere in der Laichzeit sind sie in unseren Teichen gut zu beobachten. Bauch- und Schwanzflossen sind graurosa.

Zuchtfische und Exoten

Carassius auratus auratus

Goldfisch
Wir kennen ihn alle. Er nimmt so leicht nichts übel, und man kann ihn als pflegeleicht bezeichnen. Natürlich beansprucht der Goldfisch einen ausreichenden Lebensraum und möchte nicht gern in einer flachen, unbepflanzten Betonschale sein Leben fristen. Bei guten Lebensbedingungen ist er sehr vermehrungsfreudig. Man sollte also nicht zu viele Tiere einsetzen, damit nicht binnen kurzer Zeit eine Überbevölkerung mit entsprechender Wasserbelastung eintritt.
Bei Jungfischen erscheint die rote Färbung erst im 2. Lebensjahr. Goldfische werden in vielen Farben angeboten. Rote, goldrote, schwarzrote und auch dreifarbige Tiere sind in der Auswahl.
Vielleicht wird Ihnen der aus dem Goldfisch gezüchtete Schleierschwanz gut gefallen. Diesen kann man aber nur in den Sommermonaten im Freien pflegen. Schleierschwänze sind empfindlich gegen Kälte und müssen im Winter hereingenommen werden. Durch ihre plumpe Schwimmweise werden sie schnell eine Beute von Katzen, die möglicherweise Ihren Gartenteich hin und wieder aufsuchen.
Das Wachstum der Goldfische richtet sich nach der Größe des Beckens. So ist es durchaus möglich, den munteren Goldfisch auch in kleineren Teichen zu pflegen.
Im Frühjahr, wenn die ersten wärmenden Sonnenstrahlen hervorkommen, hält sich der Goldfisch gerne an der Wasseroberfläche auf, um mit Hilfe des Sonnenlichtes Vitamine aufzubauen. Im Hochsommer jedoch möchte er in tieferes, kühleres Wasser ausweichen können. Sein ruhiges Temperament und seine Verträglichkeit machen ihn zu einem idealen Wasserbewohner, der sich mit anderen Fischarten gut versteht.

Carassius auratus (Goldfische)

Koi (einige Farbkarpfen)

Koi

Farbkarpfen
Dieser Fisch ist eine farbenprächtige Kostbarkeit, aber nicht für alle Teiche geeignet. Ebenso wie Karpfen sind Kois nur für eine Haltung in größeren Teichen mit einer Mindesttiefe von etwa 1,50 m empfehlenswert.
Kois werden in Japan gezüchtet und ihre Färbung macht den besonderen Reiz dieser Tiere aus. Rot, schwarz, gold, silber und gelbfarben gefleckt, gehören sie zu den schönsten Teichfischen.
Kleinere Fische in ihrer Gesellschaft haben aber kaum Überlebenschancen, denn die Gefräßigkeit der Kois ist sprichwörtlich. Selbst vor Wasserschnecken machen sie nicht halt. Pflanzliche Nahrung steht auch mit auf dem Speiseplan und es muß im Gartenteich für einen kräftigen Bewuchs gesorgt werden. Das Resultat dieses immerwährenden Appetits ist die enorme Wuchskraft der Kois.
Wer klares Wasser liebt, wird auf Kois verzichten müssen, denn sie wühlen, wie alle Karpfenfische, gerne im Boden. Daher ist es vor der Anschaffung abzuwägen, ob man diesen schönen Fischen einen ausreichenden Lebensraum bieten kann und man die oben aufgeführten Nachteile in Kauf nimmt.

Leucistus idus

Goldorfe
Nach dem Beliebtheitsgrad aller Teichfische rangiert die Goldorfe hinter dem Goldfisch wohl an zweiter Stelle. Dieser schlanke, goldschimmernde Fisch hält sich bei warmem Wetter gern an der Wasseroberfläche auf und jagt nach Fluginsekten.
Goldorfen können in großen Gewässern eine Länge von 50 cm erreichen. Bei guter Bepflanzung ist die Aufzucht der Jungfische problemlos, denn junge Orfen nehmen auch pflanzliche Nahrung zu sich.
Die geselligen Goldorfen sind immer in Bewegung. Sie gründeln nicht und diese Eigenschaft macht sie zu einem der wertvollsten Gartenteichfische.

Pflegearbeiten rund um den Teich

Die Gauklerblume (Mimulus cardinalis) blüht von Juni bis September.

Ein kleinerer Gartenteich benötigt mehr Pflege als eine große naturnahe Teichanlage.

Die Pflege der Wassergärten

Pflegearbeiten rund ums Jahr

Ist das Wasser sehr nährstoffreich und fehlt eine ausreichende Wasserzirkulation, bilden sich nach kurzer Zeit Fadenalgen, die abgefischt werden müssen. Ein kompletter oder teilweiser Wasseraustausch hilft nicht, da mit dem neuen Wasser viele Nährstoffe zugeführt und damit die Algenbildung nur noch verstärkt wird.
Ist der Nährstoffgehalt im Gewässer zu hoch, muß mit viel Geduld der Algenwuchs laufend entfernt und damit die Düngerkonzentration vermindert werden. Nur auf diese Art ist es möglich, mit der Zeit ein natürliches Gleichgewicht herzustellen.
In einer naturnahen großen Teichanlage wird die Bepflanzung weitgehend sich selbst überlassen und dem Verdrängungswettbewerb ausgesetzt, damit sich die Vegetation bilden kann, die dem Standort am besten entspricht.
Ein kleiner Gartenteich benötigt mehr Pflege, da sonst die stark wuchernden oder sich aussamenden Arten die anderen Pflanzen verdrängen und damit die gewünschte Pflanzenzusammenstellung verändern würden. Es ist also erforderlich, regulierend einzugreifen. Nicht erwünschte Gewächse müssen kontinuierlich entfernt werden, damit der Aufwand gering bleibt und starke Eingriffe vermieden werden.
Phargmites communis (Schilf), *Ranunculus lingua* (Sumpfhahnenfuß), *Sparganium erectum* (Igelkolben) und *Typha-Arten* (Rohrkolben) verbreiten sich sehr stark durch Ausläufer. Sie müssen besonders kontrolliert werden, damit sie nicht innerhalb kurzer Zeit die übrige Vegetation überwachsen. Dies ist am besten dadurch möglich, daß man diese Pflanzen in Töpfe pflanzt und damit ihren Entwicklungsraum begrenzt.
Alisma plantago aquatica (Froschlöffel), *Lythrum salicaria* (Blutweiderich)

Fadenalgen können dicke Teppiche bilden. Sie müssen abgefischt werden.

und *Mimulus luteus* (Gelbe Gauklerblume) samen sich sehr stark aus. Ihre Sämlinge müssen entfernt werden.
In kleineren Teichen ist es nötig, die Schwimmpflanzen so zu reduzieren, daß nur ein Drittel bis maximal die Hälfte der Wasseroberfläche bedeckt ist. Dies erfolgt einfach durch das Abfischen der Pflanzen. Beispiele dafür sind *Azolla mexicana* (Feenmoos) und *Lemna trisulca* (Wasserlinse).
Bei stark wachsenden Schwimmblattpflanzen, wie *Nuphar lutea* (Mummel), *Nymphaea alba* (Seerose) und *Potamogeton natans* (Laichkraut) ist bereits bei der Bepflanzung darauf zu achten, daß diese nur in ganz beschränkter Stückzahl in ein Gewässer eingesetzt werden, da sonst binnen kurzer Zeit die gesamte Wasseroberfläche mit Blättern bedeckt ist.
Sind die Teichrosen zu stark geworden, hilft nur eine Reduzierung ihrer Rhizome. Dazu muß das Gewässer entleert werden, was einen erheblichen Verlust an Kleintieren bedeutet. Deshalb sollte man sich bei der Pflanzung auf jeden Fall auf wenige Exemplare beschränken. Die Rhizomreduzierung erfolgt im Herbst nach Abschluß der Vegetationsperiode. Bis dahin kann man sich durch das Entfernen der Blätter behelfen. Das Rhizom selbst wird hinter einer Knospe glatt abgeschnitten. Zum Schutz vor Fäulniserregern muß die Schnittstelle mit einem desinfizierenden Mittel, zum Beispiel gemahlener Holzkohle, behandelt werden.
Befinden sich in der Nähe der Teichanlage größere Laubbäume, so muß das schwimmende Herbstlaub abgefischt werden, um eine zu starke Nährstoffanreicherung zu vermeiden. Es ist jedoch nicht erforderlich, jedes Blatt oder bereits abgesunkene Pflanzenreste zu entfernen.
Die abgestorbenen Pflanzenteile der Sumpf- und Wasserstauden sollten bis zum Frühjahr stehen bleiben, da sie im Winter bei Rauhreif einen Zierwert haben. Außerdem kann im Bereich dieser Blätter und Stiele bei einer geschlossenen Eisdecke eventuell entstehendes Faulgas abziehen und Frischluft zugeführt werden.
Vor dem ersten Frost werden frostempfindliche Pflanzen, wie die Wasserhyazinthe abgefischt und in einem geeigneten Behälter in einem hellen Raum überwintert.
In stark frostgefährdeten Lagen ist es notwendig, die etwas empfindlicheren Pflanzen, wie *Orontium aquaticum* (Goldkeule), *Pontederia cordata* (Hechtkraut) oder *Primula vialii* (Orchideenprimel) durch eine Laubabdeckung zu schützen.
Falls die Wasserfläche keine ausreichende, frostfreie Tiefe hat, also weniger als 1 m tief ist, müssen die Fische herausgenommen und im Haus überwintert werden. Wer das einmal versucht hat, weiß jedoch, wie schwierig der Fischfang ist. Es ist allerdings auch möglich, durch einen ständig laufenden Quellsprudel das komplette Zufrieren des Gewässers zu vermeiden und den Fischen im Winter einen Lebensraum und eine ausreichende Sauerstoffversorgung zu sichern.
Ist ein Gewässer vollkommen zugefroren und besteht die Gefahr, daß der Fischbesatz Schaden leidet, so

Gartenteich im Sommer

Gartenteich im Winter

dürfen keine Löcher in das Eis geschlagen werden, da sonst die Schwimmblasen der Fische durch die Übertragung der Druckwellen beschädigt werden können. Besser ist es, durch heißes Wasser Löcher herzustellen und dann den Wasserspiegel um ungefähr 10 cm abzusenken. Das verbleibende Wasser wird dann nicht mehr so stark und so schnell zufrieren, da die obere Eisschicht und die darunter befindliche Luftschicht als Wärmedämmung wirken.
Wasserbecken mit senkrechten Bekkenwänden sind im Winter zu entleeren, damit sie nicht durch den Frost gesprengt werden. Dies gilt auch für nicht frostsicher verlegte Wasserleitungen.

Krankheiten und Schädlinge

Auch in einem intakten Feucht- oder Wasserbiotop kann es zum Befall durch tierische Schädlinge kommen. Ist der Befall nur schwach, sollte auf keinen Fall ein Insektizid eingesetzt werden. Es ist besser, wenn die Natur selbstregulierend reagieren und die Schädlinge abwehren kann.
Bei dem Befall durch Blattläuse, auch der Seerosenblattlaus, reicht es aus, die Blätter mit einem Gartenschlauch abzuspritzen. Für die restliche Vernichtung sorgen dann die Fische.
Der Seerosenblattkäfer schädigt Knospen, Blüten und Blätter sowohl bei der Seerose, als auch bei *Aponogeton distachyos* (Wasserähre) und *Hydrocharis morsus-ranae* (Froschbiß). Die nur wenige Millimeter große, bräunliche Larve scharrt furchenartig gebogene Rillen in die Blätter. An diesem Schadbild ist der Befall erkennbar. Die einfachste Art der Bekämpfung ist das Ablesen der Larven.
Im Juli/August kann der Seerosenzünsler auftreten. Sein Erscheinen ist am Fehlen von Teilstücken am Rand der Seerosenblätter erkennbar. Auch hier ist es am einfachsten, die Raupen abzulesen.
Bei starkem Schädlingsbefall in großen Teichanlagen kann es notwendig sein, Insektizide einzusetzen. Dabei ist jedoch zu beachten, daß nur fischverträgliche Gifte verwendet werden.
Pilzkrankheiten sind im Bereich von Sumpfgebieten und in Gewässern selten anzutreffen. In der Regel ist der Befall auf mangelhafte Standortbedingungen zurückzuführen, die zu einer Schwächung der Pflanze geführt haben.
In der Regel ist die beste Maßnahme zur Schädlings- und Krankheitsbekämpfung die richtige Pflanzenauswahl und optimale Standortbedingungen.
Bei fleischigen Pflanzentrieben ist beim Pflanzen bereits auf Faul- oder Weichstellen zu achten und diese soweit vorhanden, auszuschneiden. Die Wundstellen sind mit geriebener Holzkohle einzureiben. Sind bereits Schäden durch Pilzbefall erkennbar, so ist es besser, diese Pflanzen gar nicht erst einzusetzen.
Die größten Schädlinge in und an einem Gewässer sind jedoch nicht die Insekten oder Pilze, sondern Enten, Gänse, Schwäne oder Blesshühner. Die jungen Triebe der Sumpf- und Wasserpflanzen sind für diese Vögel Delikatessen. Dementsprechend wird der Bestand dieser Pflanzen binnen kurzer Zeit vollkommen vernichtet. Weiterhin ist zu beachten, daß die Wasservögel die Uferbereiche durch das Belaufen vollkommen verdichten und damit ebenfalls jegliches Pflanzenwachstum verdrängen. Es ist deshalb nicht möglich, gleichzeitig einen Naturteich mit entsprechender Bepflanzung und Wasservögel zu halten. Dies ist nur in der freien Natur bei entsprechend großen Flächen möglich.
Der Gartenbesitzer muß sich deshalb entscheiden, ob er Wasservögel oder Wasserpflanzen an seinem Gewässer haben will, beides geht nicht.

Bezugsquellenverzeichnis

Eine Auswahl an Staudenbetrieben mit Wasserpflanzen im Sortiment

Keßeler, Gartenservice GmbH
Hauptstr. 16 a
6222 Geisenheim

Firma Georg Arends
Monschau Str. 76
5600 Wuppertal 21

Firma Reinhard Behrens
Soerser Weg 27
5100 Aachen

Firma Wolfgang Gericke
Schönefelder Str. 123
1000 Berlin 47

Firma Hans Götz
Schramberger Str. 65
7622 Schiltach

Firma Heinrich Hagemann
Walsroder Str. 324
3012 Langenhagen 6

Firma H. Junge
Seeanger Weg 1
3250 Hameln 15

Firma Kayser und Seibert
Wilhelm-Leuschner-Str. 85
6101 Roßdorf 1

Firma Hermann Näpfel
Nürnberger Str. 99
8820 Gunzenhausen

Firma Karl Wachter
2081 Appen-Etz

Folienhersteller

Chemische Fabrik Grünau GmbH
System Wolfin I B
Moselstr. 35
6450 Hanau 1
Tel. 0 61 81/1 50 77

Dynamit Nobel
System Trocal
Postfach 1209
5210 Troisdorf
Tel. 0 22 41/85 24 39

Held GmbH
System Aquaplan
Alter Eppinger Weg 9
7519 Gemmingen
Tel. 0 72 67/3 66

Niederberg-Chemie GmbH
System Carbofol
Postfach 1163
4133 Neukirchen-Vluyn
Tel. 0 28 45/8 08-0

Omniplast GmbH & Co. KG
System Ursuplast
Postfach 1256
6332 Ehringshausen
Tel. 0 64 43/9 01

Plasto-Plan GmbH
System Plastoplan
2355 Ruhwinkel
Tel. 0 43 23/64 92

Saar-Gummiwerke GmbH
System SG tan
6648 Wadern-Büschfeld
Tel. 0 68 74/6 90

Tegum AG
System Monarflex
Taunuswiesenstr. 11
8570 Weinfelden
Tel. 0 72/21 17 77

Schutzvlieshersteller

Deutsche ICI GmbH
System Terram
Lyoner Str. 36
6000 Frankfurt a. M. 71
Tel. 0 69/6 60 01

Fränkische Rohrwerke
Gebr. Kirchner GmbH & Co.
System Lutraflor
8729 Königsberg/Bayern
Tel. 0 95 25/81

Lohmann GmbH & Co. KG
System Paratex
Postfach 120110
5450 Neuwied 12
Tel. 0 26 31/78 61

Lutravil Spinnvlies GmbH & Co.
System Lutraflor
Liebigstr. 2–8
6750 Kaiserslautern
Tel. 06 31/53 11

Teichpumpenhersteller

Hanning und Karl GmbH & Co.
Hanning-Pumpen
Frachtstr. 19
4800 Bielefeld 1
Tel. 05 21/6 30 81

Heissner KG
Heissner-Pumpen
Schlitzer Str. 24
6420 Lauterbach
Tel. 0 66 41/20 47

Wübker und Söhne GmbH & Co.
Oase-Pumpen
Postfach 2069
4446 Hörstel-Riesenbek
Tel. 0 54 54/70 33

Sachregister

Register der Pflanzen und Tiere

I = Gehölze;
II = Krautartige Pflanzen;
III = Sumpf- und Wasserstauden;
IV = Wasserpflanzen;
V = Unterwasserpflanzen
Kursive Seitenzahlen = Abbildung

Gelbbauchunke

Bildquellenverzeichnis

Tony Angermayer Tierbildarchiv, Holzkirchen:
223; Haselberger: 210 u.; Pfletschinger: 225 u., 226 o.r., 226 o.M.; Reinhard: 225 o., 229 u.
Johannes Apel, Baden-Baden:
9, 14 r., 15 l., 18 u., 35, 71, 140, 141 M., 145 o., 146, 147 M., 148 M., 151, 153 M., 154 l., 155, 156, 165, 167 u., 170/71 r., 180, 183 M., 184 o., 187 o., 191, 193 o.r., 194 o., 195 l., 200 l., 204 o., 205 u., 206 r., 218/19, 219 r.
Aquaplan, Gremmingen: 74
Archiv für Kunst und Geschichte, Berlin:
12, 14 l.
Gerhard Bambach, Geisenheim:
177 u., 217 u.
BHB-Photo, Friedberg: 190 l.
Burda GmbH „Mein schöner Garten", Offenburg:
168 u., 173 o., 179 o.l., 180, 190/91.; Flora-Bild: 28; 143, 145 M., 148 u., 160 o., 164 u., 176 l., 202 M. l.; Felbinger: 7, 33, 153 o., 169 o., 182 r., 183 u., 187 u.; Fischer: 16/17, 163 u., 170/71, 179 M. l.; Franke: 199 o.; Groß: 23, 175 o.; Kögel: 182 l.; Wetterwald: 15 u., 22 u., 37 u., 161, 163 o., 164 o., 183 o.
dpa, Frankfurt:
Barone: 8/9, 13; Sammer 10
Verlag August Güse GmbH, Karben: 203 r.
Ingrid Gabriel, Wiesbaden-Naurod: 19, 26/27, 75
Martin Haberer, Nürtingen-Raidwangen:
53, 173 M., 174 M., 179 r., 181 r., 192/93, 194 u., 195 r., 197 o., 198 o., 214 l.
Heisser, Lauterbach: 36, o. + M., 37 M.
Friedrich Jantzen, Arolsen:
139 u., 141 o., 149, 152 u., 167 o., 177 o., 189 r., 207 u., 211 o., 220 o.
Dr. Jesse Bildarchiv, Köln:
140 l., 147 l., 148 o., 150 o., 159 r., 170 l., 174 o., 175 M., 176 M., 179 M., 181 l., 185 M., 188 o. r., 189 M., 193 M. r.
Dr. Rudolf König, Kiel: 142 o. + M., 168 M.
Michael Palm, Frankfurt: 11
Photo-Center Greiner und Meyer, Harstrick: 6
Plastoplan reNatur GmbH, Ruhwinkel:
7 o., 15 o. r., 39, 232, 233 l. + r.
Schrempp: 206 M., 224 o., 226 u., 227 o.
Ingeborg Polaschek, Linsengericht/Altenhaßlach
21 l., 27 r., 30, 77 r., 170 M., 199 M., 200/01, 202 M., 206 r., 210 o., 217 o. +M., 227 u., 231
Prenzel-IFA Bildagentur, München; Cecom 2/3
Reinhard-Tierfoto, Heiligenkreuzsteinach-Eiterbach:
1, 5, 7 u., 17, 22 o., 25, 70/71, 100, 100/101 r., 138, 139 o., 144 l. +r., 150 M., 166, 168 o., 169 u., 172, 173 u., 178, 185 o., 186 o. + u., 188 l. + M. r., 189 l., 196, 197 M., 198 u., 199 u., 201 l., r. +M., 202 r., 204 M. + u., 205 M., 207 o., 208 r., 209 M. +r., 212, 213, 214 M. +l., 215 l. +r., 216, 217 M. l. +r., 218 u., 220 u., 222/23, 224 o., 224 u., 226 o. r., 228 o., 228 u. r., 229 o., 230/31, 239
Gerhard Röhn, Verlag für Garten- und Landschaftsbau, Heusenstamm:
142 u., 152 o., 154 r., 157, 158/159, 159 l., 162, 176 r., 177, 184 M., 202 l., 203, 208 l., 209 l., 211 u., 221 l. +M.
Wilhelm Schacht, Frasdorf: 160 u., 221 r.
Max F. Wettenwald, Offenburg: 38/39

Lizenzausgabe mit Genehmigung
des Falken-Verlages, Niedernhausen/Ts.,
für die Buchgemeinschaft Donauland Kremayr & Scheriau, Wien,
die Bertelsmann Club GmbH, Gütersloh,
die Buch- und Schallplattenfreunde GmbH, Zug/Schweiz,
und die EBG Verlags-GmbH, Kornwestheim.
Diese Lizenz gilt auch für die Deutsche Buch-Gemeinschaft
C. A. Koch's Verlag Nachf., Berlin – Darmstadt – Wien.

Einbandgestaltung: R. Kasparek (Dia: ZEFA)
Druck und Bindung: Freiburger Graphische Betriebe, Freiburg

Bestellnummer: 063321